新装版

あゝ祖国よ恋人よ

きけわだつみのこえ　上原良司

上原良司
中島博昭 編

写真にみる上原良司の歩み

かにかくに　有明村は恋しかりけり
思い出の山　思い出の川

家族との最後の別れの場となった乳房橋。
橋の向う側に良司の育った有明集落がある。

ふるさと　家族

上原良司は学徒出陣で入隊するまえ、遺本『クロオチェ』の見返しに書いた遺書のなかに、この歌を残している。

秀麗な有明山の麓、現在の長野県南安曇郡穂高町の有明区は、良司が育った故郷である。

良司は、大正十一年九月二十七日、近くの北安曇郡池田町大字中鵜鵜山《うやま》で、医師の父寅太郎、母よ志江の三男として生まれたが、それから九州小倉、台湾を一家転住し、三年後この有明へ移り成長した。兄二人妹二人の五人兄妹。兄妹は仲がよく、時々近所の子供もあつめて、幻灯大会やお化け大会をしたり、音楽にも親しみ、文化的な雰囲気に包まれた家庭だった。

だが上原家は、良司だけでなく兄の良春、龍男と男の子全員を戦争で失った。

昭和14年、出征している軍医の父寅太郎に、撮って送った写真。右から兄良春、龍男、良司、母よ志江、妹清子、と志江。

自治の伝統の学風に育つ

良司は二人の兄に続いて、古くから自治を尊ぶ校風をもつ松本中学校（現在の松本深志高校）に昭和十年入学し、十五年三月卒業。それから慶応義塾大学予科から本科経済学部へ進んだ。慶応も福沢諭吉の創設になる独立自尊、自由な精神に満ちた学舎であった。

ちょうど入学した昭和10年、校舎が松本城内から現在地に移転した。新築なった風格ある校舎で、生徒たちは理想を追う。

しかし良司の学業は十八年十二月、学徒出陣によって断ち切られた。

日中戦争が始まり、いよいよ強まる軍事化は、学校の教育の中にも及んでくる。運動会での模擬戦。

予科時代の上原良司。寡黙ではにかみやの若者だった。

卒業の際の交換写真。

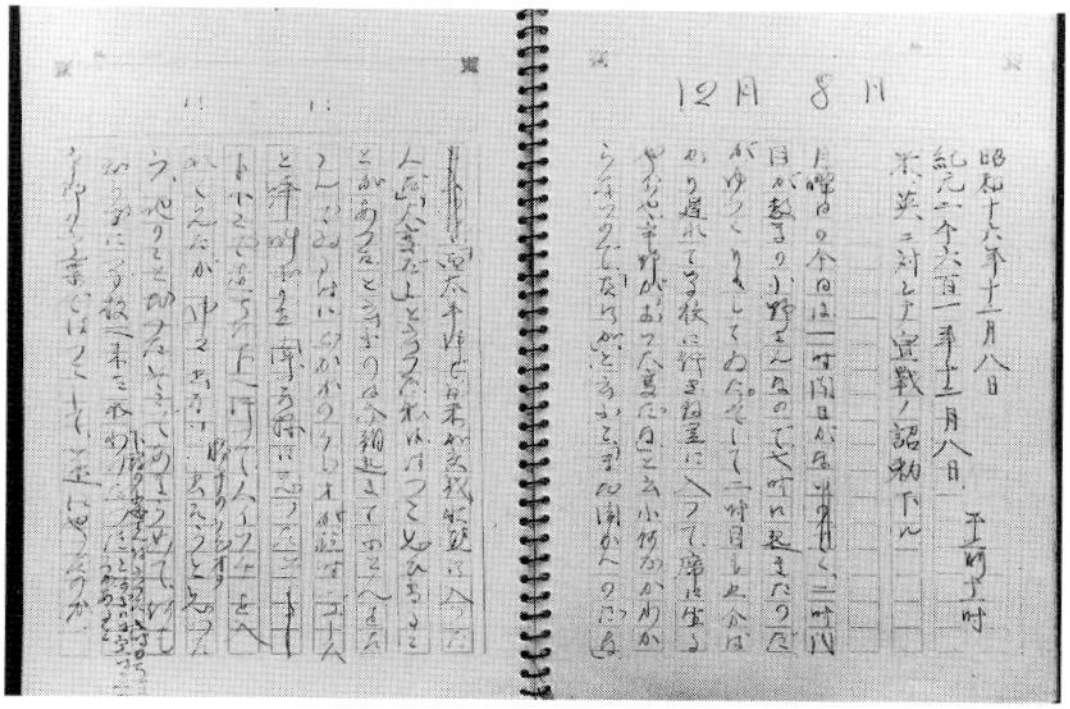

昭和16年12月８日、太平洋戦争勃発の日の良司の日記。彼自身書いているが、この年のもっとも興奮した１日だった。

軍事教訓を終わって。

初恋の女性冷子《きょうこ》

石川冷子——十六年の日記に良司は「初めて愛情を感じ、私《ひそ》かに期待する女性、会うと赤くなって下を向いた彼女、初心《うぶ》だった彼女」と書いているが、そういう良司自身「冷子ちゃんと会った時は、いまだ自分に相当の勇気が欠けて居たので、話も出来」なかった。

戦局がひっ迫するにつれ、良心的な彼はいよいよ本心をうち明けることができなくなった。やがて兵隊に行き、死ぬであろうわが身を考えると、彼女を愛するが故にそれはできなかった。

上高地の思い出とみえ子

師岡みえ子——慶応時代、良司の東京高円寺の親戚へよく訪れた遠縁の女性である。当時は女学生だった。良司と彼女は昭和十七年、友人を誘って信州の上高地に遊んだ。

その後、兵隊となった良司が、みえ子に「楽しかった上高地の日々を思い出している」と便りに書いた。当時、熱心な軍国少女だったみえ子は「そんな甘い考えでどうします。日本は負けてしまいます」と返事を書いた。折りかえし良司の手紙が届いた。「人を愛せない人間がなぜ祖国を愛する事ができるでしょう」みえ子は頭をなぐられたおもいがした。

彼女は戦後を、良司との交流のもつ重さを背負いながら生きつづけてきた。

良司、冶子一緒の写真　後列左から良司、良司の母よ志江、冶子、冶子の母。

良司たちが上高地で撮った写真。左から良司、師岡みえ子。

昭和15年5月11日、日曜日、みえ子の誕生日に東京拝島へハイキング。良司は3月慶應医科を受験したが、失敗、浪人中たっだ。2人はこのときはじめて親しくなった。前列左から、2人が出逢った青木家の耿《こう》子、みえ子、みえ子の姉てる子、後列左から龍男兄、良司。

学徒出陣

太平洋戦争はわずか一年をたたずして、わが国の立場を攻勢から守勢に逆転した。敵に主導権を奪われ、すべての制空権を失って危機に立った政府は、今まで徴兵猶予をしてきた大学生の特権を奪った。

昭和十八年十月二十一日、氷雨降る明治神宮外苑で行われた壮行会に良司も参加した。すでに死を覚悟していた彼は、緊張で一杯だったにちがいない。実は、その一ヵ月前の九月二十二日夜、彼は愛読書『クロオチェ』の見返しに遺書を書いていた。そしてこの本の中にひそかに愛する冶子への思いを、普通ではわからぬ形で残した。いまこの本の頁をめくってみると、あちこちに○で活字が囲まれている。この文字を最初から追って読んでみると、次のような文章になる。

きょうこちゃん　さようなら　僕はきみがすきだった。しかし　そのとき　すでにきみはこんやくの人であった。わたしは　くるしんだ。そしてきみのこうフクをかんがえたとき　あいのことばをささやくことを　ダンネンした。しかし　わたしはいつも　きみをあいしている。

初恋の女性、石川冶子。

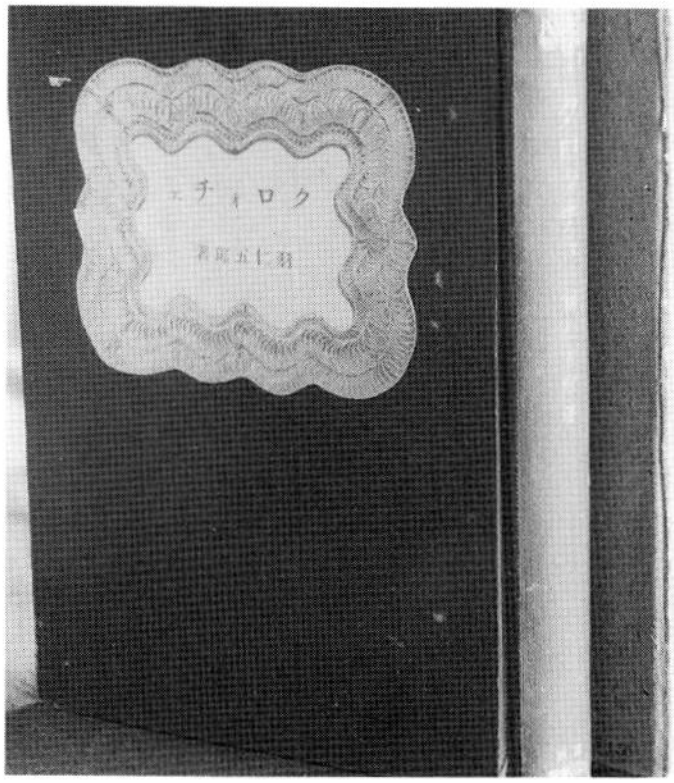

遺本『クロオチェ』

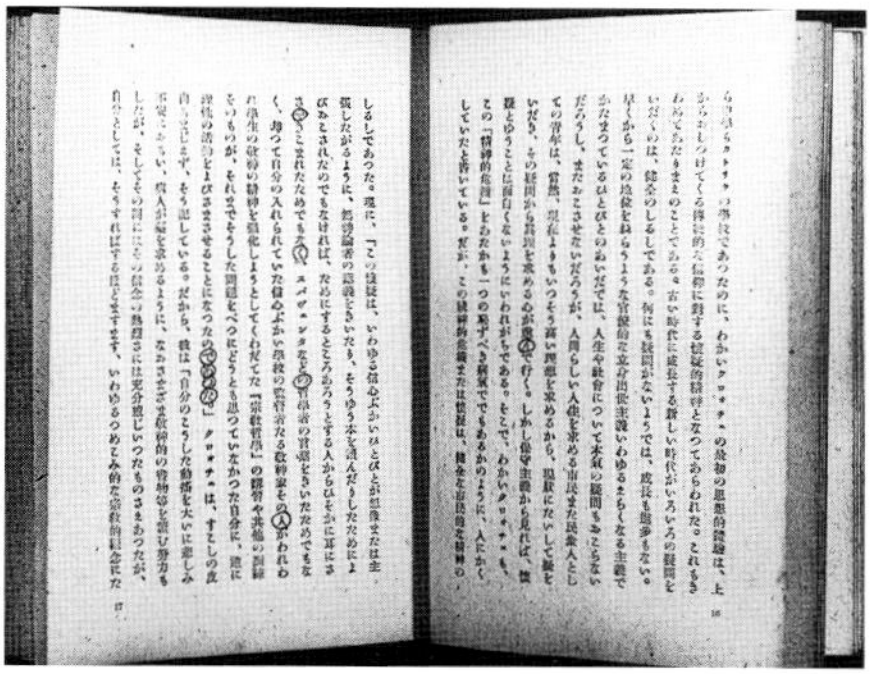
『クロオチェ』の文面。良司が感動した部分に、赤鉛筆で傍線が引かれている。活字が○で囲まれているのが、冷子への想いを伝えたもの。

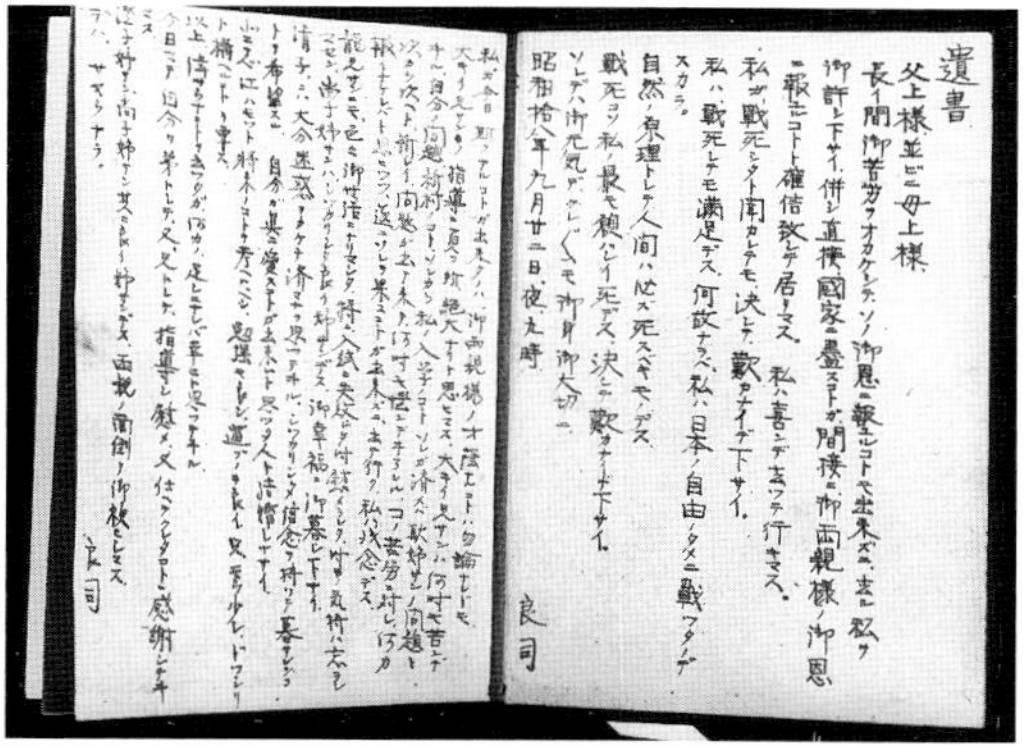
遺書
父上様並ビニ母上様
長イ間御苦労ヲオカケシテソノ御恩ニ報ユルコトモ出来ズニ、去ル私ヲ御許シ下サイ。併シ直接國家ニ盡ストガ間接ニ御両親様ノ御恩ニ報ユルコトト確信致シテ居リマス。私ハ喜ンデ去ツテ行キマス。
私ガ戰死シタト聞カレテモ、決シテ歎カナイデ下サイ。
私ハ戰死シテモ満足デス。何故ナラバ、私ハ日本ノ自由ノタメニ戰ツタノデスカラ。
自然ノ真理トシテ人間ハ必ズ死スベキモノデス。
戰死コソ私ノ最モ相応シイ死デス。決シテ歎カナイデ下サイ。
ソレデハ御元気デ、くれぐれモ御身御大切ニ。
昭和拾八年九月廿二日夜九時
良司

遺本の見返しに書かれた第一の遺書。

学徒出陣の日の丸の旗に書かれた寄せ書き。てる子、みえ子の名が見える。

特攻隊員への道

昭和十八年十二月一日、良司の軍隊生活は、松本第五十連隊の初年兵から始まる。厳しい上下の規律、空腹など、軍隊生活は、予想以上に不合理に満ちていた。

すでに死を覚悟して入隊した彼の目前には、ただ死に向ってのレールしか敷かれていなかった。問題はその死をどう価値づけるかにあった。

翌十九年二月、特別操縦見習士官となり、熊谷陸軍飛行学校の相模教育隊に入り、航空訓練に励む。死ぬことだけが生き甲斐といった訓練が毎日続く。次に移った館林教育隊は、もっとも徹底して消耗品速成教育を施した隊で、一切のシャバ気を禁じた。良司はここでの極限の生活を体験して、日本の敗戦を確信するに至る。そしてイタリアの歴史学者クロオチェの理論に導かれて、自由主義＝人間性の充実した世界を、やがて近い将来くるであろう敗戦の向うに期待するに至った。だが、敗戦より彼自身の死の到来の方が一歩速かった。二十年四月、特攻隊員となる。

初年兵時代の良司。松本50連隊。

相模教育隊米田隊鈴木斑のメンバーと。昭和19年３月17日撮影。

特別操縦見習士官（略して特操）時代の良司。昭和19年７月27日撮影。

昭和19年７月、熊谷陸軍飛行学校を修了。知覧の第40教育飛行隊を経て、佐賀県目《め》達原《たばる》基地に転じた。第11錬成飛行隊所属。この姿は目達原にて。

五月十一日早朝の出撃

特攻隊員となった二十年四月、良司はその決意を次のように綴った。

「悠久の大義に生きる（天皇制国家に忠誠を捧げる）とか、そんな事はどうでも良い。飽くまで日本、愛する祖国のために、独立、自由のため闘うのだ。天国における（冶子との）再開、死はその過程にすぎない。愛する日本、そして愛する冶子ちゃん」

冶子は前年軍人と結婚したが、わずか半年でこの世を去っていたのだった。

五月十一日出撃の前夜、報道班員高木俊朗氏に求められて、良司は最後の遺書ともいえる「所感」をしたためた。これは彼の二十二年の短い生涯を必死に生き抜き到達した思想的帰結を示している。これは、恐らく特操時代に帰郷の折り書いたと推測される「遺書」と共に、『きけ　わだつみのこえ』に収録されている。

五月十一日早朝、彼は祖国の戦後における自由主義への変革を国民にひたすら切願しながら、鹿児島県知覧飛行場を出撃し、祖国をあとにした。

特攻隊員を命ぜられた特操二期の第56振武隊員たち。昭和20年４月撮影。前列から小沢幸夫、小山信夫、良司、金子範夫、鈴木重幸、川路晃、後列左から朝倉豊、三根耕造、京谷英治、橋本良男、四家稔、左上は池田之威、全員が陸軍少尉。

出撃を前に、高らかに「男なら」をうたう隊員たち。左から３人目が良司。

出撃前日。菅原第６航空軍司令官の送別壮行の訓辞のあと、解散した直後、高木班員が撮った写真。左が早稲田出身の京谷少尉。右が良司。早慶の面白い対照だったのでならんで貰ったとのこと。

第二の遺書の入っていた戸棚。

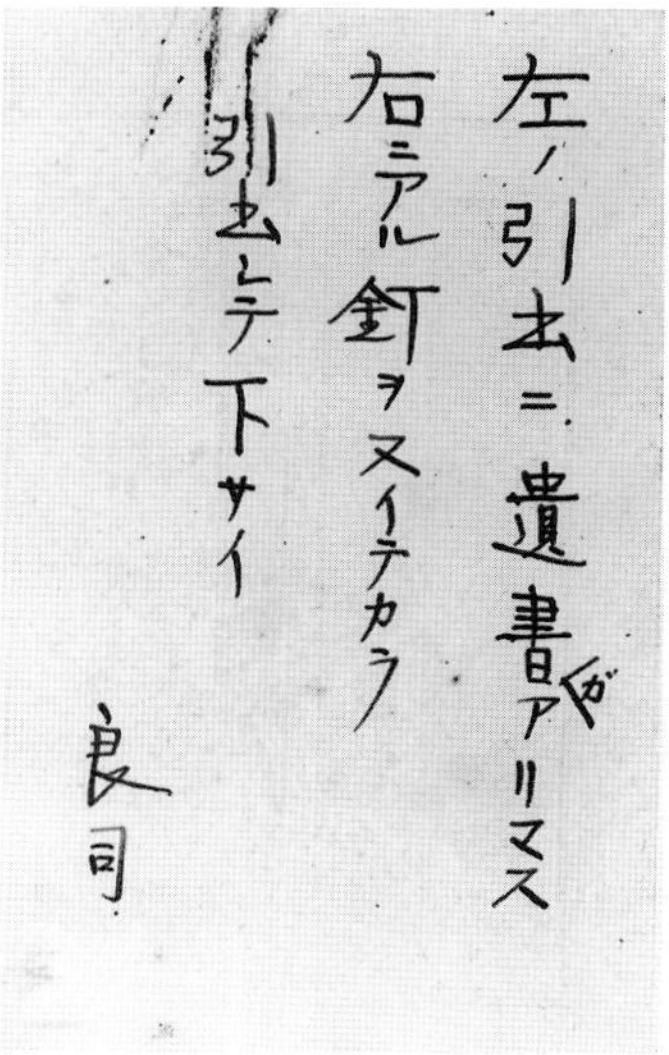
左ノ引出ニ遺書ガアリマス
右ニアル釘ヲヌイテカラ
引出シテ下サイ
良司

第二の遺書の所在を知らせる手記。

死の帰還

良司が有明の故郷に無言の帰還をしたのは、昭和二十一年四月二十六日のこと。特攻隊員ときまり、最後の別れを告げに帰郷した二十年四月から一年経ってからであった。

最後に帰郷した際、良司は母親には別れの言葉を言えなかった。部隊にかえるとき、家を出て遥か離れた乳房橋の上で立ち戻り、「さようなら」とこれまで聞いたことのない大きな声で三度も言うわが子をみて、母親は「良司は死ぬ気でいるんだな」と思ったという。その辺りは、兄の龍男が「アンズの花よ　乳房（川の名前）の流れよ　橋の上までくると我が家の赤い屋根が見えてくる」と詩に読んだ場所である。

その橋を一年後、小さな骨壷に納って帰還する良司だった。

二十一年五月十五日、有明村は良司を含めた十一柱の村出身の戦死者の村葬を行った。ちなみに良司の戒名は特攻院殉空良司大居士という。

兄弟像

最愛の優秀なわが子三人を失った上原寅太郎は、北村西望の弟子、彫刻家の上条俊介に子供らの彫刻を依頼した。

いまこの三人の彫像は上原家にある。

龍男兄の仇を討つと復讐の念に燃えた良司。「愛とは人の心の最も自然な明るい美しい働き」と彼は記しているが、この三人の兄弟像は彼らの豊かな兄弟愛を示すと同時に、兄弟愛と良司の冷子への愛を貫徹せしめなかった、歪められた祖国のあり方に無言の抗議をしているかにみえる。

有明小学校で行われた村葬。

村葬が終り黙然と帰宅する良司関係の行列。遺骨、戒名、遺影が続く。

３人の彫像。左から次男龍男、長男良春、良司。

あゝ祖国よ 恋人よ＊目次

上原良司の手記

上原良司

凡例

一、遺稿の配列は、冒頭に『きけ　わだつみのこえ』に掲載された、「遺書」と「所感」をおき、その他については執筆順とし、時間的経過を通して上原良司の軌跡をたどることとした。

一、本書掲載の「遺書」ならびに「所感」は、原文をそのまま採録したものである。

一、文中、読者の理解を助けるため、編者の責任において適宜注を付した。

一、表記については、原文を尊重しながらも本書が学術書ではなく、読者を一般対象としている建前から、読み易さを念頭に次のような方針で統一を図った。

(1) 漢字＝良司の兄・龍男の「龍」を除き、全て新字体とした。接続詞は平仮名とし、原文の味わいを残したいものについては、同音の書き替えは行わず、ふりがなを付すなど配慮した。

(2) 仮名づかい＝すべて現代かなづかいに改め、送りがなについては、内閣告示の基準に従った。

(3) 誤字・脱字＝原文で明らかに誤字・脱字と判断されるものについては、できるだけ正した。

(4) 句読点＝原文の句読点が適切でない場合には、これを補った。

〈編　者〉

一、『きけ　わだつみのこえ』遺書と所感

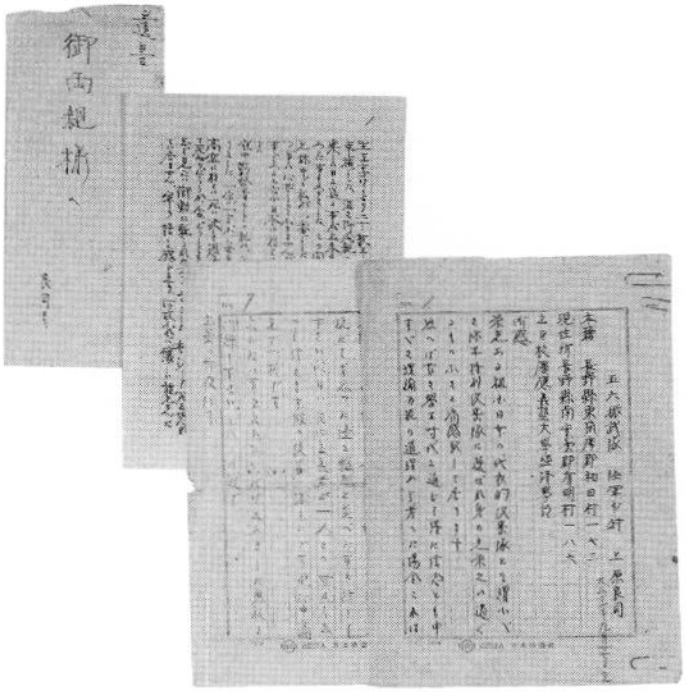

（第二の遺書）

遺　書

生を享《う》けてより二十数年何一つ不自由なく育てられた私は幸福でした。温《あたた》かき御両親の愛の下《もと》、良《よ》き兄妹の勉励により、私は楽しい日を送る事ができました。そしてややもすれば我儘《わがまま》になりつつあった事もありました。この間御両親様に心配をお掛けした事は兄妹中で私が一番でした。それが何の御恩返しもせぬ中《うち》に先立つ事は心苦しくてなりませんが、忠孝一本、忠を尽す事が、孝行する事であると云う日本においては、私の行動を御許し下さる事と思います。

空中勤務者としての私は、毎日毎日が死を前提としての生活を送りました。一字一言が毎日の遺書であり遺言であったのです。高空においては、死は決して恐怖の的《まと》ではないのです。このまま突っ込んで果して死ぬだろうか、否《いな》、どうしても死ぬとは思えません。そして、何かこう突っ込んで見たい衝動に駈《か》られた事もありました。私は決して死を恐れてはいません。むしろ嬉しく感じます。何故《なぜ》なれば、懐しい龍《たつ》兄さんに会えると信ずるからです。

天国における再会こそ私の最も希《のぞ》ましい事です。

私は所謂《いわゆる》、死生観は持って居ませんでした。何となれは死生観そのものが、飽《あく》まで死を意義づけ、価値づけようとする事であり、不明確な死を怖れるの余り為す事だと考えたからです。私は死を通じて天国における再会を信じて居るが故に、死を怖れないのです。死をば天国に上る過程なりと考える時、何ともありません。

私は明確にいえば自由主義に憧《あこが》れていました。日本が真に永久に続くためには自由主義が必要であると思ったからです。これは馬鹿な事に聞こえるかも知れません。それは現在日本が全体主義的な気分に包まれているからです。しかし、真に大きな眼を開き、人間の本性を考えた時、自由主義こそ合理的なる主義だと思います。

戦争において勝敗をえんとすれば、その国の主義を見れば事前において判明すると思います。人間の本性に合った自然な主義を持った国の勝戦《かちいくさ》は火を見るより明らかであると思います。

日本を昔日の大英帝国の如くせんとする、私の理想は空《むな》しく敗《やぶ》れました。この上は、ただ日本の自由、独立のため、喜んで命を捧げます。

人間にとっては一国の興亡は実に重大なことでありますが、宇宙全体から考えた時は実に些細《ささい》な事です。驕《おご》れる者久しからずの例えどおり、若し、この戦に米英が勝ったとしても、彼等は必ず敗れる日が来る事を知るでしょう。若し敗れないとしても、幾年後かには、地球の破裂により粉となるのだと思うと、痛快です。加之《しかのみならず》、現在生きて良い気になっている彼等も、必ず死が来るのです。ただ、早いか晩《おそ》いかの差です。

離れにある私の本箱の右の引出しに遺本があります。開かなかったら左の引出しを開けて釘を抜いて出して下さい。

ではくれぐれも御自愛のほどを祈ります。

大きい兄さん清子始め皆さんに宜しく。
ではさようなら、御機嫌《ごきげん》良く、さらば永遠に。

良司より

御両親様へ

（最後の遺書）

所　感

栄光ある祖国日本の代表的攻撃隊ともいうべき陸軍特攻隊に選ばれ、身の光栄これに過ぐるものなきと痛感致しております。

思えば長き学生時代を通じて得た、信念とも申すべき理論万能の道理から考えた場合、これはあるいは、自由主義者といわれるかも知れませんが、自由の勝利は明白な事だと思います。人間の本性たる自由を滅す事は絶対に出来なく、例えそれが抑《おさ》えられているごとく見えても、底においては常に闘いつつ最後には必ず勝つという事は、彼のイタリヤのクローチェも云っているごとく真理であると思います。権力主義、全体主義の国家は一時的に隆盛であろうとも、必ずや最後には敗れる事は明白な事実です。

我々はその真理を、今次世界大戦の枢軸国家において見る事が出来ると思います。ファシズムのイタリアは如何、ナチズムのドイツまた、既に敗れ、今や権力主義国家は、土台石の壊れた建築物のごとく、次から次へと滅亡しつつあります。真理の普遍さは今、現実によって証明されつつ、過去において歴史が示したごとく、未来永久に自由の偉大さを証明して行くと思われます。自己の信念の正しかった事、この事はあるいは祖国にとって恐るべき事であるかも知れませんが、吾人にとっては嬉しい限りです。現在のいかなる闘争も、その根底を為すものは必ず思想なりと思う次第です。既に思想によって、その闘争の結果を明白に見る事が出来ると信じます。

愛する祖国日本をして、かつての大英帝国のごとき大帝国たらしめんとする私の野望は遂に空しくなりました。真に日本を愛する者をして、立たしめたなら日本は現在のごとき状態にあるいは、追い込まれなかったと思います。世界どこにおいても肩で風を切って歩く日本人、これが私の夢見た理想でした。

空の特攻隊のパイロットは一器械に過ぎぬと一友人がいった事は確かです。操縦桿《かん》を採《と》る器械、人格もなく感情もなくもちろん理性もなく、ただ敵の航空母艦に向って吸いつく磁石の中の鉄の一分子に過ぎぬのです。理性をもって考えたなら実に考えられぬ事で強いて考えうれば、彼らがいうごとく自殺者とでもいいましょうか。精神の国、日本においてのみ見られる事だと思います。一器械である吾人は何も云う権利もありませんが、ただ、願わくば愛する日本を偉大ならしめられん事を、国民の方々にお願いするのみです。

こんな精神状態で征《い》ったならもちろん、死んでも何にもならないかも知れません。故に最初に述べたごとく、特別攻撃隊に選ばれた事を光栄に思っている次第です。

飛行機に乗れば器械に過ぎぬのですけれど、いったん下りればやはり人間ですから、そこには感情もあり、熱情も動きます。愛する恋人に死なれた時、自分も一緒に精神的には死んでおりました。天国に待ちある人、天国において彼女と会えると思うと、死は天国に行く途中でしかありませんから何でもありません。明日は出撃です。過激にわたり、もちろん発表すべき事ではありませんでしたが、偽わらぬ心境は以上述べたごとくです。何も系統だてず、思ったままを雑然と並べた事を許して下さい。明日は自由主義者が一人この世から去って行きます。彼の後姿は淋しいですが、心中満足で一杯です。

云いたい事を云いたいだけ云いました。無礼を御許し下さい。ではこの辺で。

出撃の前夜記す。

二、文集——他人見るべからず集

昭和十五年

飛行機

紀元二千六百年
五月六日　午後四時

突然グワウグワウと、物凄い音が新緑の空気をひびかせて聞こえて来た。無意識に机を離れて、窓に飛びつく。日光がまぶしくって空が見えない。物凄い音だ。重爆かなと思いながら空を眺めたが音ばかりで青い空が見えるのみ。向こうの空を眺めていると、その反対の方から、家の屋根から急に光るものが現われた。戦闘機だ。三機編隊で九機。まるで誰かにあやつられた模型の飛行機みたいに、翼に日を受けて飛んで行く。

素晴しいなあと思っているうちに、もう木の中にはいって見えない。また出るだろうと思っていると、何か光るものが目に入ったと思ったらもう隣の屋根へ入ってしまい爆音が聞こえるのみ。机にかえった時には、もう爆音すら聞こえなかった。

庭では坊やたちが眺めていた。

IMAGINATION

白い腕章をつけた工夫が、二人ばかりずつ組をなしている。その日は最後部の電車の最後にいたのでよく見える。

嫌いな物

僕は元来、知ったか振りをしたり、あるいは何か話題が出た時に、その話題に対しては何でも知っている、というような顔をしてすましていることは嫌いだ。そんな奴を見るとなぐりたい衝動にかられる。

また、人と話をしている時、自分の心では余り興味を持たない事を、如何にも自分はそれに共鳴しているかの如く、声を大にして言うのも嫌いである。人の話に心にもなく共鳴することは一つの社交上のポイントではあるにしても、僕は東京の子供（これはある一部分に限られるかも知れないが）は嫌いだ。

人と話している時には如何にも、知っているように話すが、いったん自分の言っていることを相手からつっこまれれば、六感的に話題を変える。俺のような田舎人はある話題なら話題を最後まで話すことに愉快を感ずるので、途中から変な話題に変えられると非常に不愉快だ。

人の虚勢はある時には必要であろうが、ふだんは勿論、今のような非常時においては、そんな心はいらないと思う。東京の子供の虚勢を張ることといっても、子供のことであるから、大人の言うことを実際は知っていなくても、知っているような口調を以てすることであり、少しとつべんな大人はかえって、その口調におされてしまう。こんなことは皆、親の感化によるのかも知れない。実際その親達は、飯のお菜のことに至るまで、他に負けまいとしている。この虚勢、見栄が廃されない以上、子供たちは、その他人ばかりか、己れをも欺くことから一歩も改良の歩を進めることは出来ないのであろう。

矛　盾

昨夜耿《こう》姉さんから、兄（注・良春）さんが下宿に移るということを聞かされた。僕がその理由を尋ねると意味ありげに笑って、明日聞けば判るでしょうとおっしゃった。僕は何か簡単なる理由でそれが行われるであろうと思った。しかしその理由の大体の予想を五時間後につけ得るとは毛頭思っていなかった。十時間後には判ると思ったけれど、学生でなければ味わえない土曜日の最後のベルの音を聞きながら林と共に例の食堂へ向った。林はなかなか落着いており自分と気があう。もっとも気が合ったから友人となれたのかも知れないが。

そんなことをして家へ帰ったのが一時半頃であったろう。そのうちに一時間ばかりして私に予想を与えてくれる便利な人が来た。その人は腕に「憲兵」の腕章をつけていた。眉の太いどこか田舎のおっさんという感じの人だった。彼は最初に文ちゃんを相手にしていたが、遂に私を引張り出してしまった。そして耿姉さんと兄さんの行動について根掘り葉掘り質問した。

例えば十一月一日から兄さんの帰った時刻を言えとか、七日の晩に人が来て柿を食ったろうとか、うるさいくらいに質問した。文ちゃんはよほど口惜しかったと見え、遂に泣き出してしまった。僕も心中ではその侮辱に泣いておったかも知れない。憲兵の質問は巧妙で、文字どおりなだめたりすかしたりであった。

そして最後に耿姉さんはその時、房子ちゃんと待合わせてピアノの先生の所へ行くために留守だったのであるが、耿姉さんに牛込の憲兵分隊への出頭を依頼したのであった。

僕はそれで兄さんの引越しの理由が大体判った。六時頃兄さんが来たので聞くと、予想通りであった。兄さんはこのことを数日前憲兵隊長から聞いて悩み、いま、下宿を探して来たそうである。夕方龍兄さんが来たので（兄さんが電話をかけたそうであるが）二人して明日の引越し準備を手伝った。

人間が、単に夜おそくお茶をのんだり、テニスをやったことなどでその関係をうたがわれ、そのために、少なからぬ犠牲を払はねばならぬとは何たることだろう。兄さんもただ一言世の中は浅いなあとおっしゃった。

夕飯がすんで兄さんと風呂へ行った帰り、角の所に眼鏡をかけた男が立っていたので、こいつ変な奴だなと思って、鎌田さんへ入る時に振りかえってみたら、そいつがこっちを見ていた。私はこの時そいつをなぐりつけたいような気がした。僕たちに何のやましいところがあるのだ。また、耿姉さんと、兄さんがどうしたというのだ。このことを自分達の家と青木家との関係を知っており耿姉さんの性質を知っている人に聞かせたら、こちらの非を責めるであろうか。こんなことで一々後をつけられたり調べられたりしたならば、日本中の出征家族の家へは男性が入ってはならぬという法律が出来たかと思わせるのである。

自分は憲兵がその職務に忠実の余り我々を調べるということには反対しないが、この種の事件の内容については常識と人情とを以て、その探求に当らんことを切望するだけである。大人の兄さんが隣りにいるということは、自分にとり、あるいは耿姉さんたちにとって、精神的にその影響は大きかった。こんど明日の夜から隣りの家の一間に兄さんがいないということは私の寂しさでもあり、悲しみでもあるのだ。

昭和十六年

一月六日

今日より三月まで笑いと私語を滅殺する。ただ勉強あるのみ。頑張れ、勝利は近い。

一月十九日

私がみえ子ちゃん（師岡・旧姓）を知ったのは去年である。それ以来あまり来なかったので、彼女についてよく知ることは出来なかった。それが夕べ、しかも今まで一度も着て来なかった着物を着て来たのだ。

私は昨日地理の講習があったので、帰ったのは五時頃だった。そのときみえ子ちゃんは、茶の間で房子ちゃんたちと何かして遊んでいた。夕御飯がすんでから、みえ子ちゃんの和服の立姿を見た時、私はそのスラリとした体にチャームされてしまった。彼女は背丈が高いことは高いが、やせているからあまり体格のよい方ではない。顔もシヤンとまではゆかないだろう。しかし私がチャームされたものは和服の立姿とその性質と声である。みえ子ちゃんの声は、私が心に描いた理想像である。これが私をチャームした一原因である。また気だても確固としており、頭も相当良いらしい。

私は彼女にチャームされてしまった、私は、私は、私は、彼女と結婚したい。しかし養子はいやである。そのうちに養子がよいと思う時が来るかも知れず、あるいは、またその必要がおきるかも知れないが、今のところあまり好かない。私は将来、蘭印に行く積りだ。又支那にも行きたい。夕べみえ子ちゃんを見たとき、私は抱擁の衝動にかられた。

私のみえ子ちゃん、たびたび来て下さい。そして私の心をはずませて下さい。

しかし彼女の私に対する心如何ときかれたならば、私はその答にはすこぶる自信がない。

今日も模試があって帰ったのは四時頃であった。私は急いで帰った。兄さんの所へよったけど兄さんがいなかったので、ますます焦って帰って来た。何故か？　それは私はもう一回みえ子ちゃんの顔を見たかったからだ。しかし家へ帰ってみると、もう彼女は見えなかった。私は非常に淋しかった。私のこの淋しい心を慰めてくれるものは勉強だ。

さあ勉強しよう。そして慶応を突破しよう。その暁には彼女は、自然に私のふところに飛び込んで来るであろう。

敬愛するみえ子嬢

超非常時　紀元二千六百一年

大和民族興亡の秋

物資の欠乏
経済的弱点
　　──米の恫喝（強腰）
蘭印の強腰、上海のテロ事件濫発
帝国海軍の用意
　清水さん（戦艦陸奥乗組）の手紙、対米関係の危機
帝国陸軍の用意

対ソ戦争必至の準備、敵前上陸（蘭印・フィリッピン）。
独逸の経済的巧妙
他と競争するときは、いくらでも安く機械を売るが、いったん、その機械が必要欠くべからざるものであると、非常な高価でそれを売る。
仮想敵
仏印・蘭印・支那・ソ連・英米
米政治家の強腰

昭和十六年十二月八日　午前十一時
紀元二千六百一年十二月八日
米・英ニ対シテ宣戦ノ詔勅下ル

月曜日の今日は、一時間目がなく、二時間目が数学の小野さんなので、七時に起きたのだが、ゆっくりしていた。そして二時間目も五分ばかり遅れて学校に行き、教室に入って席に坐るや否や、宇野が「おい大変だな」と言う。何だか判らないので、「なにが」と言うと、「まだ聞かんのだな。西太平洋で、日米が交戦状態に入ったんだよ。大変だな」と言った。私は、はっと思い当ることがあった。というのは今朝起きてふとんをたたんでいる時に、どこかのラジオが臨時ニュースと叫ぶのを聞いたように思った。そこで直ちに下へ行って、スイッチを入れて見たがなかなか出ない。勝手のラジオが出たと思ったら、他のことだった。そこであきらめて、何も知らずに学校へ来たわけだった。

下宿の小母さんは言った、七時ちょっとすぎには定時のニュースがあると。

宇野の言葉ではっとして、遂にやったのか、そしてどんな所でどんな風に行われているかということを聞きたくてたまらなかった。そこで宇野に聞こうと思っている時に、黒板へ出て問題をやっていた小林、里井、佐久間の三人のうち、小林がプラットホームから下りて来た。そして間もなく他の二人も下りて来て、先生の説明が始ったので話はそれ切りとなった。小野さんは問題を説明しながら、問一において、公式が使えるということを小林がぬいていたため、それをやゆして言うことに、「今戦が始ったということは私は学校に来て生徒から聞きましたが、ここで公式を使えるということを断らないで使っているのは、ちようど、潜水艦が、軍艦が浮かんでいれば敵味方の区別もしないで、魚雷をぶっ放すようなものです。」それから時間の終りに、私は丙種ですが、戦争に喜んで行く決意のあることを述べた。

二時間目の休みは、教室の中は、けんけんごうごうだった。私は宇野に尋ねた。どこでどんな風にやっているのだいと。しかし宇野は言った。俺も人から聞いたのでよく知らない。しかし何でも西太平洋でやったそうだと。私は知りたくて堪らなかったので、佐久間に尋ねたが、これも、歩きながら臨時ニュースを聞いたというのでよく判らない。三時間のブザーがなったが、奥野さんの来る様子もない。そのうちに、金原と誰かがとんで来て、まずい字で黒板に、「大本営陸海軍部発表 今八日未明我国は英米と交戦状態に入った。上海方面において英艦一隻撃沈、米艦一隻捕獲」我々はここまで、黒板の字を追って、思はず、わぁと歓声を上げた。ところが字がまずいと言うので野中を引張り出して書かせる。いやはや大変なさわぎだ。奥野さんは依然として来ない。休講だ。その中に授業が終ったものと見えて、いつのまにか大勢の者が我々の教室に入って来て、黒板の字を追っては歓声を上げる。誰かが職員室の方を指さして、何か言っている。それっと、皆が廊下に出た。私も出て見ると、職員室では、先生が、まるくなってラジオを聞いているのがガラス越しに見える。そして外には、たくさんの学生が聞いている。第四時のブザーが鳴ったが、誰一人として教室に入るものもなく、先生であるグリッグス（英人）も来る様子がない。私はニュースを聞きに行こうと思って食堂の所まで行くと多勢のものが、ブザーを聞いてかけて来る。私はそのうちの一人に聞いた。ハワイ、シンガポール、ホンコンを爆撃したと。私は快哉を叫んだ。教室に入って見ると、このニュースはもう伝わっていた。漢文を読んでいる奴、その他試験の勉強をしている者があった。

私は宇野に言った。「おい、どうせグリッグスは来ないよ。ニュースを聞きに行こうよ」そこで二人して、職員室の所に飛んで行ったが、すでにニュースは終って、軍艦マーチが奏されていた。私はこれを聞いて熱い血がわきたつ思いがした。宇野が先生が来たと言って、飛び出したので、とんで来て見ると、他の先生で、他の組は授業をしているのにD組だけがそうぞうしかった。

そのうちに渡辺がグリッグスは休講と告げた。あんなのなぐってしまえ、あいつは今頃警察だと言うものもある。かくて教室はあわただしい空気につつまれて、あちらでも、こちらでも四五人がかたまって論じている。

教練は一時十分より、一四三番教室と黒板に書いてある。相川は「冷静たれ」と黒板に大書した。私はニュースを聞こうと思って、学校を出ると、とたんに頭上に爆音がして、戦闘機が一機低空で飛んで行く。いつになく頼もしく感ずる。途中、家（日吉）に荷物をおきに行く。三橋と一緒に　丸善の所まで行った。彼も興奮していた。私は、始め丸善でラジオを聞こうと思ったが、丸善にはなくて、主人が塾生の一人からシンガポール爆撃の報を聞いている有様。そこで私は写真機屋に飛びこんだ。幸にしてここには、ラジオがあり、三人ばかり先客があったが、一つ椅子があいていたのでそれにこしかけて、ラジオの叫ぶのを待った。なかなか出て来ない。こういう時には心がぶりぶりするものだ。やっと出たかと思うと、経済市況だ。こういう時の経済市況はすぐ聞かれるだろうと思ったことだ。とともに、その落ち着きを頼もしく感じた。

金子と吉田が、表に立っていたので、そちらを見ると、私を見つけて入って来た。山本が隣りの洋服屋から出て来て、こちらへ来いと言った。ややしばらくして二人とも洋服屋へ行った。私は頑張った。正午の時報だ。それが終ると、宣戦の詔勅の奉読があった。この時、金子・吉田も入って来た。私達は脱帽し、起立してこれを聞いた。相当長い間、これが続き、その後で、東条首相の、宣戦の詔勅を奉ったことに対する熱烈なる、祖国愛にもえる演説を聞く。我々の心を打たざるものなし。これが終って手帳にあるが如き戦況ニュース。ここでも我々は歓声を上げた。一時まで聞いて写真機店を出て学校前の本通りまで来ると、後から三橋が来て、あそこに、〇時五十分まで全予科生は中庭に集合せいという掲示があったとのこと。私がどこにと言うと、あそこの電柱だという。私は少しも気がつかなかった。いそいで行って見ると、なるほど中庭にはもうすでに多くの者が集まっている。食堂の扉には、全予科生に告ぐ、〇時五十分までに中庭に集合せよ、と書いた貼り紙がある。私は教室へ行って、風呂敷と、教練バックを持って中庭に帰って来た時にこれを見た。中庭に整列した。ラウドスピーカーのラッパは、二階の窓にすえつけられている。

我々は、小泉塾長によく似た学生主事の先生から、このさい我々は冷静に落ち着いて一層勉強すべし、この際我々がさわいだところで、我々のためにも国家のためにもならない、もし国家が諸君を学校以外の地において必要としたならば、敢然戦に赴くべし、との訓示を受け、それからニュースを二、三報告し、ガンジーに似た先生から、塾生の記章を輝かすのはこの時である、よく沈着に行動して貰いたい、戦は長期戦であるから、ここに思いを至して、勉強して貰いたいとの訓示。

既に長沢大佐、急拵えの壇上に上れば、皆拍手してこれを迎う。大佐殿曰《いわ》く、私は南支の作戦に従事し遮断作戦をよくやったが、その度毎に思うことは、あの香港さえなかったらと思うこと切であった。我々はよく遮断作戦をやったが、あれは末葉のことで、香港には外国の船舶が堂々と入港し援蔣物資を陸上げし、それを夜に乗じてジャンクにのせて、他の方面に運び、重慶を助けていたのであるが、今日我が空軍が香港を爆撃したということを聞いて、我々遮断作戦に従事したものは、痛快に堪えません。元来日本が、南方にのびようとした場合には、二つの門柱がある。その一つは、フィリピン、一つは仏印である。仏印進駐は、実にその右の門柱をたたいたのです。私は仏印に入ったのですが、仏印には驚くべき用意をととのえていた。

私は軍秘上之を云うことは出来ない、多数のものを持って行っている。諸君は我が陸海軍を信頼してよいのです。向こうが軍備をととのえている間、日本だって、ぼんやりしてはいないのです。海軍がハワイを攻撃したのは当然のことです。今度はきっと、ミッドウェー島に向かうでしょう。あそこは、潜水艦と空軍の基地です。グァムも爆撃したそうです。また陸軍は、マレーに上陸したとのことですが、私が仏印にいた時分、泰《タイ》との国境におったのですが、このような時は泰をはさんで戦争が行われるであろうと思っていた。一般の人がそうでしょう。ところが今度の作戦は、我々の想像を裏切った。あの作戦は泰を抱きこんだも同じことです。諸君は陸海軍を信頼して勉強されんことを望む。とにかくこの最初の戦果は良い結果をもたらすでしょう。それにもまして必勝の信念を敵から奪い去ることができる。この点我々のきいたニュースは、帝国のために万歳を唱えてもよろしい状態ですとのお話があり、我々を頼もしがらせた。それで解散し、五時間目の授業は平常通りに行って帰った。

教練、一四五番教室にて話。

昭和十七年

愛情　二月二日

自分は今、女の愛情に飢えている。それと同時に満ち満ちた自分の愛情のはけ口をもひどく希求している。こんな気持ちになったのは初めてだ。近頃男女間の友情について考えることもあり、宇野等と議論したこともあったが、こんな気持ちの起ったのも、あるいはそんなところに原因があるのかも知れない。今のところは女の愛情よりも自分の愛情を集中出来る女性を希求する念の方が強い。現在自分の愛情の集中できるような女性が欲しい。愛情と恋との差異はしらないが、自分はこう解釈している。愛情は一方的なものであり、恋は相対的なものであると。だから自分は、よく世間の人がいう初恋というものを今までに持ったことがないといえる。恋という以上は相対的なものでなければならぬ。それが相対的であった場合は勿論、初恋といえよう。しかしそれが男あるいは女の一方的ないわゆる片想いであったとすれば、それは恋とまでは行かなくて、その人がある人に対する愛情、即ちある異性が、他の異性に対して愛情を感じただけであると自分は思っている。

今の自分の気持ちは前にも述べた通り、自分の愛情が集中できる女性を求めているのだから、即ち愛情であるから一方的なのである。そして、それで自分は満足できると思う。しかしいくら一方的な愛情であっても、幻影に対しては抱くことはできても、それは泡のようなもので、幻影の消えると同時に消えてしまうから、その一瞬一瞬はよいが、時間的に連続することが難しいから、集中はできない。即ち真の相手が実在しない限り、あるいは実在しても自分の身近かにいない限り、それは出来得べくもない。（中略）

冷子ちゃんと会った時は、今だ自分に相当の勇気が欠けて居たので話も出来なかった。向うではあっけなく感じたことであろう。

（略）

神よ我に恵みを与え給え。　　　終り

遂にこの文章も終った。

また新しいのを買って来よう。これで大分反省させられることが多い。

二、三枚むしって焼いてしまったのが、今となっては惜しい。

一番興味を以て書いたのは最後の「愛情」である。また興奮の中に筆を進めたのは「十二月八日」である。

一生の中のよい憶い出となることを期待して、この終りの文章といたします。

昭和十七年二月二日（日）

三、朝日日記

昭和十八年

一月一日　(金)

七時頃起こされた。新年らしい気分は少しもない。先づ仏を拝み、父母に対し新年の挨拶をなす。十一時家を出て一人で中山スキー場へ。バスは三時半とのこと、大町を十二時頃出てスキーを肩に歩いた。四年前、兄さんと一緒に来た時のことを思い出す。懐しい曲り角。行けども行けども山また山である。人は通らない。雪はチラチラ降って来る。シャツは汗ばんで来た。若し、スキー場まで行けそうもなかったら途中で引返してもよいと思って、ひた上りに上る。スキー場まで3キロの立札あり。勇気を出して上る。肩が痛い。スキー場近くなり、四人のスキーヤー（二人は学生）をぬく。その前に二人の小父さんあり。これもぬく。エンギを持ったその一人は八幡様へ行って来たとのこと。スキー場へ着くと、雪が足りず、所々木が出ている。三〇センチ位しかつもっていない。直ちにすべる。ヒユッテのドアの所に、室内に入る方は金拾銭頂くと貼紙あり。スキーヤー二十人足らず。皆上手で、女二人居り。一人上手なりしも一人は下手で男の人に教わっていた。気を呑まれて余り滑らず。

赤沼が帝大生ともう一人三人でいた。向こうは知らぬらしかった。大町中の先輩でKO（注・慶応）のバッヂをつけた男が来て、大町中の奴と話をしていた。これはうまく、そのすべり方は見ていて気持ちよかった。約一時間滑って下る。五百ばかり下ったら、ちょうどバスが上って来た。山を出る頃は汗もかき、ひざもいたんだが、この下りは面白かった。六時五十二分の電車で帰る。家に着くと父さんまだ来たらず。淋しさ一入《ひとしお》なり。やがて疲れが出て九時半頃床に入る。しばらくして父さん帰ったらしかった。と志江は浅間へ父さんの後を追って行った。今晩帰らず。

一月二日（土）

起こされて下へおりて来るともう八時だった。雑煮を食べ、薬局の手伝いをなす。伊藤さんの末兄さんが、家へ行って今日来た。午後はお母さんが来た。米を背負って来た。父さん往診の間に、少し『運命の人』を読み、寄せ書をなすべく封筒の上書を書いた。午後は余り人来たらず。夕方、往診した所で薬をとりに来た。耳塚が来た。明日の送別会場、公会堂に変ったと知らせてくれた。

今朝、二条淳夫が発ったそうだ。母さん朝早く餞別を持って行った。後で聞けば、しおれて行ったとのこと。龍兄さんより、謹賀新年。大きい兄さんより、チョコレート一箱、手紙来る。東京の塚本さんより、姉さんの洋服一式来る。

夜は健康保険を書きうつして、雑談して、寝たのは一時。

一月三日（日）

八時起床。母さんは明日の用意で忙しい。

朝、巡査が来た。新屋の兵隊が発つらしく、薬局の窓からは見送りの人が見える。十一時半家を出て忙しい家を後にして同級会の会場たる公会堂に向う。四人ばかり来ていた。間もなく、林も来、清明も来、中村水守も来た。水守は清明と同じ学校を出て、東京航空計器へ勤めているそうだ。日吉のすぐ傍だのに、今まで一回も会わなかったのがおかしい位だ。清明は眼鏡をかけ頭をのばしてすっかり変っていたが、話すうちにだんだん昔の面影が出て来た。水守は今朝着いたところだと言って寒さにふるえながら、サラリーマンらしく髪をのばし、背広を着ていた。四月十日に入営だそうだ。松島もその日。畠山は四月一日。清明はこの七日とか。その他二十人位。男十五人位が集まった。昼飯はライスカレー。純然たるもので、会費五十銭は安い。やがて皆で写真をとり炬燵にあたり、話をしているうちに一人去り、二人去りして、結局、男女合わせて十人位になった。林と共に帰った。

場々渉が今日発った。今まで軍属で行っていたそうだ。

一月四日　（月）

今日は大きい兄さんの結婚式。父さんは八時頃、自動車で酒類を持って出かけた。母さんと清子（清子のこと）と志（と志江のこと）の三人は九時半の電車にやっと間に合った。自分は十二時五十二分に、これもやっと間にあい、浅間玉の湯へ向かう。この頃までに、井ノ口の小母さん手伝いに来られる。初めて姉さんに会う喜びに胸をどきどきさせて玉の湯へ。ちょうど玄関で、安達さんと一緒になる。清と、と志は着物に着換えており、式場は二階の大広間で、わが控室はそのすぐ傍であった。風呂へ入りかれこれするうちに、多勢、人が来て、いよいよ式となる。先づ初め、双方の肉親だけが坐って、仲人（キイチャン）の紹介で、各人の紹介に移る。少し上がったか、固くなった。キイチャンが清をと志と間違えた。それが終ると間もなく、披露の用意をしていよいよ披露が始まった。皆席につき、酒宴に入る。姉さん時々、角かくしをすかすようなかっこうで、こちらを見ている。

酒宴が始まり、自分はしゃくをして歩き、大分酔が回った頃キイチャンが謡《うたい》をやった。笠原先生、久保さん、倉下さんは一角にあつまり、といっても、そう席を定めてあったのだが、我々の攻撃目標はこのコレヒドール要塞に向けられた。親父も大分酔った。床の間の兄さんの写真が苦笑していることだろう。とにかく、さしたり、さされたりしているうちに、酔が回って苦しくなり、便所で大分吐いた。何時の間にか一人帰り二人帰って、最後には本当の呑ん兵衛が集まり久保さんの発声で万歳をとなえた。

気持ち悪かったけれど、父さん、久保さん、清子、と志江と帰る。松本で姉さんの両親と一緒になった。母さんと姉さんは先に自動車で帰った。家へ帰ったのは十時半頃であった。向こうの父が車中で吐いたのは醜態だった。

姉さんのF・I（注・ファーストインプレッション）はすばらしかった。

一月七日　（木）

昨日の疲れも何のその、終日薬局にて働く。もう今日は七日。明日から学校だ。何時の間にか夢の如くすぎてしまった。何も出来ずにしまった。『運命の人』をただ見たのみ。かりそめにも読んだとはいえぬ。彼の文は実は味のある文だ。見れば見るほど、読めば読むほど、自分の身に切実に感ずるところ多し。

有賀大先生より、性教育につき講義あり。無料にて、これほどためになる講義、他になし。

一月八日　（金）

精米の修ちゃんが、入営のため出発するので朝から忙しい。僕は駅まで送って行った。乳川を少し越えた所で、一枚写真を撮った。十一時二十四分の電車は向こうからの兵隊で一ぱいだ。新屋の望月床屋の奴も一緒に立った。帰ろうとすると、中村水守と清明に会う。話していると、耳塚と甫が来た。そこで駅をバックにして写真を撮った。助役が駅を撮らぬようにと注意した。（注・防諜上、駅など公共施設の撮影は禁止されていた）

今日は患者も普通だったらしい。東京で観兵式があった。

夜、父と口論。

今日より学校なり。今日は皆出たろうか。何も出来ずに終った休みとなってしまった。時は過ぐ。しこうして我何物かを摑み得ず。淋しい。焦慮を感ず。これでよいか。駄目だ。ではどうすればよいか判らぬ。自分には判らぬ。

一月十九日　（火）

一時間目欠。昨朝と同じく、駅附近にて日本医大予科の奴と会う。国語は相変らず面白い。ストーリーだと思っていたら英作とのこと。慌てて問題を借りてやって見る。四時間目英作当る。昼休み屋上にて、K・Uの三人にて理想の女性について語る。宇野も近頃、年の故か、仲々どうして凄いことを言うようになった。彼等しつっこく自分に打ちあけろと迫るが、冷子ちゃんの事だけは話されない。どうしてって、彼女を話題に上らすことは、彼女を侮辱し、けがすようなものだもの、どうして自分に出来よう。

一月二十日　（水）

起きたら八時。一時間目欠席。経済はいろいろ面白い話であった。本から離れて、中間一休みして、昼食をとる。教練は銃剣術の第一教習（教官と習技者があって、教官が、隙を与えてやる）。それから、土曜日の予行として、閲兵分列。終ったのは二時。一人で渋谷へ出て、模型飛行機を漁るも適当のものなし。帰りに東京パンでうにを買って帰る。一円也。

一月二十三日（土）

朝小雨。風はげし。されど次第に晴れる。原田さんと二人して出る。駅近くにて、帰る人あり。今日は中止と渋谷に発表ありと。予科は授業ありと直ちに帰り、かばんを下げて学校へ。通学道路にて林君来たるに会う。今日は有りと一緒に帰る。下宿へ帰り又ゲートルをまいて、原田さんを誘い、出かける。代々木へ着いたのは十一時也。一回予行あり。半分以上来ていたのにはおどろいた。出欠を取る。十二時出発。新宿を経て陸軍戸山学校へ。校庭は代々木以上のぬかるみ。底の靴の取れなんことを恐る。御視閲終り、戦場運動、剣術等あり。特に狭窄射撃の上手なのには一驚を喫した。それより、裏の谷間に集まり軍楽隊の演奏を聞く。初めに塾歌、最後に愛国行進曲の合唱あり。終ったのは四時頃。靴を失くせし者多数あり。

今朝のまごつきは、戸山学校ではやらないと言って来たのだそうだが、賀陽宮様が、やれとのことであんなにあっちこっちしたそうだ。木村と二人で新宿で寿司を食って帰る。呉さん夜帰る。

一月二十五日（月）

今日の晩より、カメラーデン（注・ドイツ語で「仲間」のこと）一人増す。名前は神長といい柔道初段。名古屋の人。お父さんいないとのこと。兄さんは二人。東京工大を出て幹候の人と、今年三月名古屋高商を出て広島へ入営する人とである。林型の人で仲々面白い。遠慮がない。配給の菓子を出したらまたたく間に食べてしまったのにはおどろいた。大食漢らしい。親類は市内に二軒。玉川電車の方ともう一軒。千葉、銚子の方にも一軒。今までは横浜の黒河内のいるすぐ傍にいた。知人の家とかである。

一月二十九日　(金)

レンネル島沖海戦、戦艦二、巡洋艦三を撃沈。戦・巡洋艦各々一隻中破。by　海軍航空隊。我方損害十機。(欄外に地図あり)

一月三十日　(土)

今まで皆勤を通して来た萩原が今日一日休んだ。病気らしい。朝早く来るので無理をしたらしい。

夕飯をすませ、八時頃下宿を出て馬橋へ。龍兄さんが来ていた。今日は卒業式（甲種）があり、特別に外泊を許されたとのこと。

てる子ちゃんと冶子ちゃんが、夕食を食べて行ったと聞く。会えなかったのが残念。彼女のムッターが自分のことをしっかりして来たと言っていたとのこと。いささか良い気持。ムッターが、彼女のフィアンセを色が黒く、小さいから嫌だと言っているそうだ。よろこぶべきことか、悲しむべきことか。僕は彼女さへ幸福になってくれたら満足だ。

彼女にひそかなる愛をささげて来た自分。今、積極的に出ればどうか。不肖、自分には彼女を幸福にしてやる見込みはない。

前途を見ろ。先づ戦場、そして……帰れたら、いや帰ることなんか考えてはならぬ。戦死こそ汝の最も希望するものではないか。しかし良く考えろ。口ではそんなことを言いながら、心中では死を恐れてはいないか。この地上より自己の消え去る一瞬を考えると、一寸変になるが、十分の一秒位で直ぐ現実に戻る。

一月三十一日　(日)

昨夜、馬橋に御厄介になり、朝九時に出て、帝大安田講堂における古事記展覧会に行く。御茶の水にて吉村と会う。総勢十人。十時頃佐藤先生御出になる。入口より並ぶ。堀越来たり。総勢十一人となる。外に並ぶこと一時間。やっと入れたが、早く早くと急ぐので、余りよく見られず。田中市郎衛門兄が来ていた。女の学生の多いのにはちょっと微苦笑ものだった。木村と二人で、神田の方まで歩いて、万世橋から乗ることになったが、自分は大便をしたくなったので先に帰ってもらい、用を足し新宿へ出、飯を食べようと聚楽へ入ろうとしたら、入口でばったり待ち合わせた如く龍兄さんに会った。それから、不二家で御飯と肉を御馳走になり、むらさきで、しるこ、あんみつ。聚楽でコーヒー、ケーキを御馳走になり、駅前で別れる。(三時半)

耿姉さん達と一緒に□□座の下の食堂で、すきやきを食べたとのことであった。むらさきで、信州人会の、顔を知っているが名を忘れた人に会った。

龍兄さんと別れ、朝日ニュースの前で、黒鯨亭を見て帰った。

二月一日　(月)

東洋史、ドイツ語と続けて休講。エッセイをさぼる。後で聞けば話をしただけだそうだ。

二月二日　(火)

耐寒訓練今日で終り。木村の奴、ついにさぼる。一週間を省みて、果してこれが訓練といえるかと思うほどのなまぬるさ。しかも参加者は、毎日平均七十人位。こんなところにもKOらしいところあり。また木村にもKOの型を見出したと思う。松本良三が最後に挨拶をして、この訓練が諸君の一生の中で良い経験になることを願うし、またそうなることを確信すると言ったが、自分には、そんなに印象深いものとは思えなかった。

二月三日（水）

福沢先生（注・福沢諭吉）の御命日。朝から雨が降り寒きことおびただし。時々、雪が交っている。二時間目まであり。渋谷へ出て白十字で飯を食べ下宿へ帰り、炬燵に火を入れる。論理少しやる。昨日の分までやることが出来た。

二月四日（木）

十六時、大本営発表。

一、帝国海軍航空部隊は、二月一日ソロモン群島イサベル島南方に機動中の敵海上部隊を捕捉攻撃し、又ニュージョージャ島方面に於て挑戦し来たる有力なる敵航空機群と交戦。之に多大の損害を与えたり。戦果及び我方の損害左の如し。

戦果。巡洋艦一隻轟沈。一隻小破。飛行機三十三機撃墜。我方の損害。自爆及び未帰還十機。

二、帝国海軍潜水艦は、一月二十三日及び同三十一日フェニックス諸島カントン島の敵軍事施設及び水上機母艦、在泊艦に砲撃を加えたり。林大将死す。

今日は、旧の正月。銭湯に行くも臨休なり。途中「鬼は外」の声を聞き、とたんに故郷を思い出す。エッセイ休講。

現金二円と若干。心淋し。ノート配給あり。石原より二円十銭借りる。その他、借金なし。

二月五日　（金）

今朝、日食あり。七時三十七分85％欠く。雲あり。色ガラスの代りとなる万年筆のキャップの色を通して見た。釧路では皆既食。九十二年間はないとのこと。教練課より三時間目、萩原と自分とに呼び出しあり。考科調査が来ていないとのこと。ドイツ語休講。勧銀のグランドに入り、木村と写真を写す。傑作ある見込なり。

議会、徴用工の期間延長を考慮（厚相言明）。国民をあくまで信頼。（強権の発動について）首相言明す。

銭湯の混み方物凄し。本当に手拭い要らず。芋を洗うようとはこのことなり。今日から春。

耐寒訓練をさぼった罰として約束により、木村からモンブランでおごって貰う。高原先生夫妻と子供さんが居られた。なかなか可愛い子供さんだ（十一位）。ワイフはやせて余りシャンではない。

（日食の絵あり）何故？　わからぬ。いや、してはならぬ。思い切って……。思い当る節あり。

佐藤先生風邪をひいている。曰く恋愛の時、こちらからあなたはきれいだと言うべきで、女から好かれようとする如き態度は女性的でいかん。

論理。私はこう思うと言って、英国の学者の言（これは佐藤先生にきいた）をそっくりいう。急にバカに見えて来た。

二月十一日　（木）

本日は三田へ行く番であるが、遠慮して（講堂が狭いから二年生全部出たら、入り切れないと思って）下宿で経済原論を勉強す。量もずい分あるが、むづかしいことおびただし。試験の時が思いやられる。遂に第二編全部出来ずに残す。

夕食の時、十円小母さんより借りる。

二月十二日（金）

一時間目欠。佐藤さん曰く、朝寝坊するような奴は、偉くなれないと。何だか自分のことを言われているようで、変だった。井原さんの問題は健康問題。ドイツ語は一階でやるはずなのにまた、一〇四を一年に占領されてしまっている。一〇三で仕方なしやる。二学期より始まりし、経済原論、西洋史、法学通論の二〇点満点とのこと。頑張るべし。

石原に二円十銭（ノート代）返した。夜ドイツ語、ゲーテをやった。

木村、腕時計を持って来る。駄目だったそうだ。時計屋の親父さんが寝ていて。

二月十三日（土）

一時間目遅れたが、直して貰った。同類項十人位あり。ドイツ語休講。三時間目の休みに週番交替す。控室にて西洋史を写し、日吉のあたりをぶらぶらし、しるこ屋に入る。丸善の前に大きな穴を掘っている。傍の婆さんの言うところによれば、防火用水とのこと。なるほど、底の方では水が湧いている。おやつはパンが一片と四分の一、今日はパンで腹の中がうまっている。週番解散する頃、庭球部の連中、校舎の前の道路を走って来た。隈丸さんもいた。

会話の時、黒川が野中の代返をして曰く、yes,sir　ハイ、心臓の強いことおどろくばかり。食後レコードを聞く。夜、経済原論をやる。

六月二十六日（土）

予科大会。日吉移転十周年記念運動会。早駈け、棒倒し、戦場運動に出る。早駈けは四等。戦場運動一等（キャプテンたり）。棒倒しも面白かった。二回とも勝った。戦場運動今年始めて加えられたもの。蜂谷の坂を、縦横にとび回る。庭球部クラブハウスの後ろで交代、三人ずつ走る。僕は後半。交代する所壕あり。勢い余り壕の中へ頭から突込み、全身泥まみれとなりたるものあり。交代後直ちに坂を上り、壕を越え、鉄棒に出る。えいと一回尻上り、それからやぶの中に入り、木のバリケードをくぐり、ネットの所より、中庭へ平均台を飛び渡り、並木道を下ってトラックへ。入口の所で三人まとまり、コースを逆にかけて一着。終始キャプテンの責任もて一等。スタンドに帰り、皆に感謝の歌を歌って貰う。こんな気持ちのよいことなし。然れども気持悪し。

夜、腹が痛み、ねられず。四時頃ようやくねむる。腹痛あり。原因判らず。

六月二十七日　（日）

朝食、一杯だけで一日中寝ている。四時頃馬橋より電報来たり。今夜来てくれとのこと。何しろ、有明から電報があったとのこと。何だろうと思って、晩食はうどんを食べ、明日の道具を持ち出かけた。行って見ると、驚いたことには、親父が来ていた。何でも久保さんの所へ三日ばかり講習に行って、今帰るところだとのこと。今度有明村が、健康道場？　になるのだそうだ。医大の二次試験は白線浪人絶滅の関係上、今年はないらしい等の話をする。十時四十五分新宿まで送る。割合に空いている。寝台ありしも、一杯。高円寺へ帰り、泊らせていただく。良くねむれず。一時頃目が覚む。盲腸ならずやと心配し、覚悟し、ますますねむれず。右足をまげる毎に右下腹痛む。

六月二十八日　（月）

昨夜、父の持参せし白米もて、粥を作りて貰い、登校す。約二十分おくれる。まだ痛い。ますます盲腸と心配す。帰りて寝る。夜、粥を作って貰う。すぐ寝てしまった。

六月二十九日（火）

充分寝た故か、大変気持よい。哲学五分おくれる。直してくれず。時々腹痛あるも、漸く盲腸の疑いとれる。二時より、海軍飛行予備少尉森田龍史氏（塾兄、野球部）の講演あり。血の湧くを覚ゆ。早く鼻の骨をけずって貰って、応募せんことを願う。訓練のはげしきことは相当らしい。半年たてば、単独飛行が許されるそうだ。操縦で難しいのは着陸。十米にて桿を一杯引け。単独飛行では教官の代りに、砂嚢を積むとのこと。早く行きたい。三時半終り。直ちに近藤教官の教練。選ばれて、査閲の日に試合をすることとなった。責任重し。張り切ってやること。毎日練習あるらしい。今日は腹のためファイト出ず。少しさぼりすぎた感あり。

六月三十日（水）

一時間目ストーリ。二十分おくれて入るも直してくれた。入るとしばらくして当る。今朝電車の中でやったところだ。ちょうどやったところまで、危く助かる。運命とはこんなものだ。エッセイ、功利主義に対する哲学的反対とは何かと問うと、哲学の先生に聞けと言う。ちょうど五時間目哲学なりしを以て、授業の進度に関係してはと思い、終ってから尋ねると、困ったな、何時かまた言いますとて、本をたたんで逃げさる。究学の志も空しくなり、教師とはあんなものかと、さげすみたくなる。明日エッセイがあるから、その時何とか話が出るだろう。

銭湯に入る。十六貫二百匁（注・約61kg）ばかりに欠けぬ。やせてしまった。

七月一日　（木）

今日から東京都長官、大達茂雄氏。一時四十分、相当強い地震を感ず。ちょうど重井さんの授業で幽霊の話をしている最中なり。放課後、近藤教官の下に銃剣術。なかなかうまくやれず。でも興味出て来る。

七月二日　（金）

下田（敢て私は呼び捨てにする、その価値充分なり）休講。この前はとてつもなく早く来て、出席もとったとのこと。十分ばかりおくれて行くと皆騒いでいる。殆んど皆、来ていた。この前のことでおどかされたのだ。こうなると、弱き者よ汝の名は学生なりと言いたくなる。それにしても下田の皮肉なのにはあきれた。この前の前までは、いつも四十分位おくれて来たのだ。そのくせ入って来るといつもえらそうなことを言っている。経済に興味のもてないのは先生が悪いからだとしみじみ思う。それにしても級の者も、先生がこわいと見える。皆でストライキをやってもよい位だ。こんな教師がいるうちはケイオーはだめだ。

経済の点が悪くなるかも知れぬが、敢て意に介す必要なし。

七月三日　（土）

十時より小講堂にて長沢少将の講演あり。

相変らず、我等の信頼を集むるに充分なる人なり。少し変ったところといえば、わざとらしい謙虚さが、見えるようになった。塾長も来られて聞かれた。後のてっぺんが禿げているのに初めて気がついた。塾長、槇主任、町田副主任すぐ前に居りしが皆てっぺんが禿げている。とんだところに共通点を見出す。町田副主任は近くで見ると、如何にも無頼の徒という感じのする男なり。十二時頃講演終る。内容は陸軍予備士官学校のことについてなり。

七月四日（日）

十時頃下宿を出て、松田さんへ。十二時、青山師範を出て、東横、お好み食堂にて洋定食をとり、高円寺へ。鉱山を持っている人とか五十歳位の人来ており間もなく帰る。草間の人来たり。五時頃夕食いただく。七時頃草間さん井草へ。八時半頃おいとまして帰る。桃を買う金十円あづかり来る。今日より九時半就寝。五時起床を始めんとす。軍隊に入る準備なり。

七月七日（水）

学校へ行くと眠くて仕方ない。五時起床の制度は駄目。また元に戻ることにした。

本日は六周年記念。（注・日中事変勃発）

本日、樺俊雄（『歴史哲学序説』著者）の講演十五時よりあるも予行のため聞けず残念なり。

朝、勝又中尉の挨拶あり。現役に復し、現地の部隊長とのこと。万歳三唱。大きな声で、彼の挨拶あり。

七月八日（木）

式のため哲学つぶる。昨日今日のつぶれるのを知ってか知らずか、おそらく、知らなかったのであろうが、一時間中、ウップンをばらまいた宮崎教授の顔が見たい。午後一時より査閲予行。最後の分列は非常によく出来たと言われた。教官等も嬉しそうであった。解散後田村と試合教習をやる。気持ちのよいほど入る。手のすりむいたのも忘れて六時頃下宿に帰る。家より小包（卵・あられ・十円）

来る。いつもながら有難いのは親の心なり。

七月九日　(金)

朝八時十分より、夕方の六時近く迄査閲の予行。この間三時間休憩あり。中村屋へ来る。綿玉、あんみつ食べる。予行はよく出来たとのこと。月曜にやるのを中止になる（余りうまく出来る故）。夕食後、呉さんと議論。大東亜共栄圏のスローガンは時局日本が、自己のため他を用いるにあると主張するに対し、自分は否、共栄圏は理想であって各々所を得しむるにあり、その結果として、米英打倒に、アジア民族が歩を揃えるのだと主張す。呉さんは、日本が他国に独立を与えるのは、米英打倒に協力せしめんとするからであるとするに反し、自分は他国が日本の理想たる、各々所を得るという主義により独立を与えられ、その結果米英打倒に参加すると主張。九時まで論戦。良く考えれは、呉さんのいうことはもっともであるが、日本人としてその事に賛成できない。日本人同志なら勿論同意したであろう。しかし、このような区別を設けて考えることは、却って呉さんをして自分が殊更に形式的に論じているとの感を与えたかもしれぬ。しかしあの場合、リアリストの呉さんに対しては他に方法がなかった。実際に、現実はそうであるから、なお困った。一そうのこと呉さんの言うことを認めて、それがどうしたと高く出た方がよかったかもしれぬ。しかし議論すると気持ちがさっぱりする。今朝、下田に会う。早く来たのかと思うと、胸がさっぱりした。七時、風呂に行く。踏切の所で留学生が一人、子供数人と走って行くのを見た。

七月十日　(土)

放課後、綱島へ桃を買いに出るも、農家の入口には野菜ありませんとの貼紙。または、スダレ戸板で、通せん棒をしている。神長さんは、わりきっていた。アイスクリーム屋を探し食べる。なかなかおいしい。

日吉でおりて、一事お□□そうとすると、斉藤・藤川がこれから試合をしに行くと言っていた。相手は判らぬ。多分、岸田・河本・畑だろうとのこと。応援に行かんと思っておりしも止める。場所は東伏見の帝大コート、関東選手権大会なり。

夕方高円寺へ。克明ちゃんの湿性胸膜炎で、慶応大学病院に入院せしことを聞く。おどろいていると、耿姉さんは夜行軍が、たたったのだろうと言っていた。早速見舞いに行くべし。十二日から試験とのこと、可哀想になってしまった。

七月十一日　(日)

朝より曇天なりしため海水浴行はやめて、レコード等を聞いている。三時半頃大宮公園へ、坊やと二人で。

ボートは少し乗っただけ、後は陸で遊ぶ。大分金を使った。六時半頃帰る。夜、落語等聞き、九時半頃下宿へ帰る。原田さんが起きていて戸を開けて貰う。今日はつかれし故か眠い。

七月十二日　(月)

朝からむしあつい。眠気さめず。鼻の調子悪し。休校に決め、ねころぶ。蚊に喰われて仕方なし。足にねまきをかけて寝る。昨日の疲れか、こんこんとして眠る。ただ、暑さを感ずるのみ。起きて見れば十三時半。法、通の勉強をし、三時半床屋へ。南方留学生の銭湯から出て整列するのを見る。夕方荻原来り、明日教練ありと教う。このこと既に予想しあり。何となれば、明日は近藤教官の来る日なればなり。ドイツ語を十二時までなす。仮試験日割を作り、今月末までに、全課目一通り復習の予定とす。夕方原田さんと、方言について語る。靴の減るのが「チビル」、人を撲ると言うのを「叩き延ばす」、等面白かった。

本日の温度、日中二十九度、夜（十一時）二十二度

七月十三日　（火）

哲学、おくれるが直してくれる。

剣術、五時まで試合をなす。二人ぬくも、三人目にやらる。

八日十日　（火）

悲しき日、勤労奉仕より帰りて久し振りに馬橋へ伺う。今日は行かなければよかった。否、行っても聞かなければよかった。彼女の結婚の相手が、きまったことを。しかし、これは前から話のあったことだ。冷子ちゃんに、自分の愛情をすっかり、注ぐことができると信じていた。女性は何故、揃いも揃って、他の男の許嫁《いいなずけ》であったのだろう。私はあなたを愛していると、何度告げようと思ったことか。しかし、それは私の良心が許さなかった。告げることは易しい。しかし、彼女にその後に来るべきことによって不幸にしてしまうのでは、私が彼女達を愛しているという理由は何処に行ってしまうのか。今後も私は心秘かに、彼女の幸多からんことを祈ろう。不幸なるもの、そは汝なり。

九月六日　（月）

予備学生、入隊者の歓送会あり（三時間目）。

九月七日　（火）

蚊取線香とともに、新しい灰皿、家より送り来る。灰を落すのがもったいないくらい新しい。

九月八日（水）

小沢、海軍予備学生飛行科合格。十三日に三重航空隊へ入るとのこと。

九月九日（木）

イタリヤの無条件降伏発表さる。三日に某中立国にて休戦協定調印されていた。精神的ショック大なり。時間の切迫をいよいよ感ず。

九月十八日（土）

チッキ、三つ出す。一つにつき、五十銭とのこと。配達にて二円何銭。馬橋へ三十分ばかり寄る。十時四十五分に間に合わず次にする。指定券必要とのことにて二十分ばかりねばって遂に貰う。甲府にて一箱に五人位となる。それからまた増えて、また満員となる。大月までは、デッキに腰を下ろしていた。

小笠原より小母さんのガッチン来る。バナナをいただく。土産として家に持ち帰る。

四、小メモ・ノート

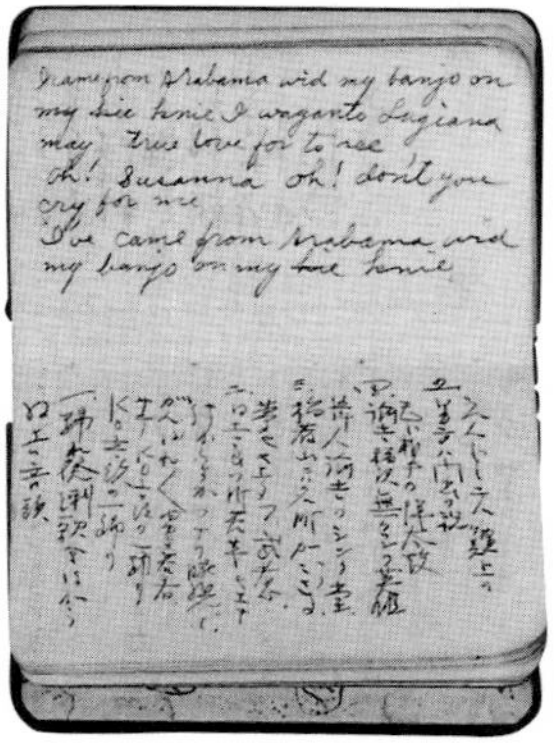

昭和十八年

一月十九日　（火）
午後四時、田園集会
一月二十二日　（金）
シベリヤの旅（チエーホフ）、友情について（キケロ）、炭焼の娘（長塚）、抒情詩集（白秋）、風車小屋だより（ドーデー）。
一月二十三日　（土）
陸軍戸山学校見学、制服制帽、ゲートル、弁当（フロシキ包）、九時　代々木練兵場集合、十二時出発。
一月二十四日　（日）
午前九時　日吉集合、体力検定、集合。
一月三十日　（土）
午後一時三十分　日吉集合。
一月三十一日　（日）

帝大安田講堂にて古事記展覧会（黒鯨亭）。

二月一日（月）

東洋史、ドイツ語休講。Essay　帰る。

二月三日（水）

福沢先生命日、二時限。

二月五日（金）

腕時計、木村に託す（修繕のため）。

ドイツ語休講。

二月六日（土）

馬橋へ。

二月七日（日）

龍兄さんより三円、小包雑誌代として。

二月九日（火）

二時より（堀口昌雄）、蘭印より濠州へ（抑留の実相）。

二月十三日（土）

週番

二月十六日（火）

ストーリーsleeping hollowだけ。

二月十七日　（水）
試験日割発表。
二月十九日　（金）
西洋中世の文化、大類伸。
二月二十四日　（水）
試験開始、自然科学・漢文・修身。
二月二十五日　（木）
英会話、西洋史。
二月二十六日　（金）
東洋史、論理。
二月二十七日　（土）
法通、エッセイ。
三月一日　（月）
ドイツ語、経済原論。
三月二日　（火）
数学、ストーリー。
三月三日　（水）
英作、国語。

三月六日　（土）
師岡（注・みえ子宅）にて御馳走になり泊る。龍兄さん来ず。
三月二十日　（土）
耿姉さん信州へ来るとのこと。
三月二十八日　（日）
同級会あり。家の都合で出席できず。
三月二十九日　（月）
龍兄さん尚子姉さんと帰る。朝、堀内に会う。
三月三十日　（火）
この頃、龍兄さん帰るはずなり。金森、二条、小林、須沢等入営。
四月三日　（土）
てる子ちゃん誕生日。
四月五日　（月）
夜、警戒警報発令さる。
四月六日　（火）
親父になぐらる。
四月十一日　（日）
母より手紙あり。切々胸を打つあり。思わず泣ける。立派に成人することを誓う。ここで負けてなるものか。
四月十二日（月）
医大受験の件、多分良いだろうが、念のため三田の教務主任に聞くべし。
四月十五日（木）
龍兄さん卒業式。出動、実験、於各務原、成層圏飛行。
四月二十二日（木）
連合艦隊司令長官戦死、山本大将飛行機上にて。
五月一日（土）
坊やの節句、馬橋へ向かう。冶子ちゃん居り、久し振りに会う。何時見ても朗かで気持ちよし。会うたびに好きになる。彼女もフィアンセになってしまって、もう会うのも少ないことだろう。しかし何時までたっても彼女が好きであることをここに断定することができよう。あ、あわれなる者よ！
五月十八日（火）
990 k2 1　黒田正利『ダンテ神曲』。（注・記号は図書館分類を標示、以下同じ）
五月十九日（水）
360 01 1『ドイツ社会政策と労働戦線』。
五月二十日（木）
ルソオ『エミイル第一篇』370 1R1　25二篇。
五月二十一日（金）

360Ｓ５１『マルキシズムの崩壊』。

五月二十二日（土）

シンコヴィッチ『ルソー民約論』310１Ｒ１１。

五月二十三日（日）

勅語奉戴式、日吉。

五月二十七日（水）

夜営、日吉銃器庫前八・〇〇

五月三十一日（月）

本日にて五日間の夜営終り、一三・二一御殿場発、帰る。

六月一日（火）

慰労休暇

六月四日（金）

130Ｋ162　クローチェ『実践の哲学』。

七月十二日（月）

信州人会送別会。

七月十五日（木）

査閲。

七月二十六日（月）

座間にて勤労奉仕始まる。土木工事、航空廠の敷地の建設。
八月二十三日　(月)
龍兄さん横須賀気付となるのはがきあり。
八月二十四日　(火)
試験に備えての勉強、家多忙のため渉《はかど》らず。焦《あせ》ることおびただし。
八月二十八日　(土)
本日付の耿姉さん宛のはがきにて、大きい兄さんの台湾留まるを知る。行先きビルマでなくなったとのと。ニューギニアであろう。
九月一日　(水)
三木清編。R100M21『哲学辞典』。
九月八日　(水)
試験開始。
九月十四日　(火)
試験終了。class会、雅叙園にて。
九月十七日　(金)
運送屋一個につき50、チッキ30kgまで。一人で幾個でもよし。小荷物申告を要す。
九月二十七日　(月)
My birthday

十月四日（月）
入学式一〇・〇〇　大ホールにて。（注・慶応義塾大学本科入学式）
十月十一日（月）
夜上京。
十月十四日（水）
チャブ台、手荷物はだめ、四方に足をつけてチッキで。
十月十八日（月）
四時間　憲法。
十月二十一日（木）
学徒出陣壮行会。制服制帽、八・〇〇、外苑競技場、キャハン。
十月二十二日（金）
ニュー・ヘブライズ諸島、龍男兄さん戦死。
十月二十三日（土）
馬橋へ泊る。
十月二十四日（日）
師岡氏――餅、落合氏――シメジ、石ケンのこと。
十月二十五日（月）
教練あり。

十一月一日　（月）
教練。
十一月十五日　（月）
教練。
十一月二十日　（土）
塾関係戦没者合同慰霊祭（出席せず）。
十一月二十三日　（火）
新嘗祭、午前九時　出陣塾生壮行会（大ホール）。
十一月二十九日　（月）
教練。
十二月一日　（水）
入営の予定。

五、遺本に残した遺書（第一の遺書）

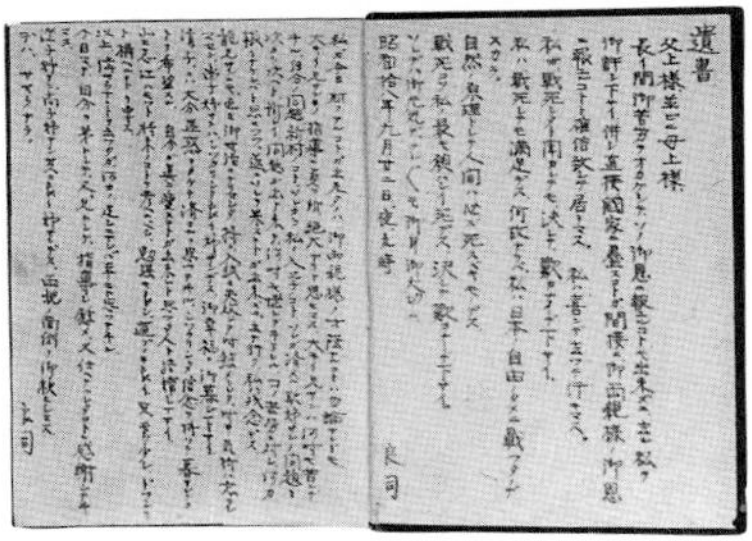

遺書

父上様並びに母上様。

長い間御苦労をおかけして、その御恩に報ゆることもできずに、去る私を御許し下さい。併《しか》し直接国家に尽すことが、間接に御両親様の御恩に報ゆることと確信致して居ります。私は喜んで去って行きます。

私が戦死したと聞かれても、決して歎かないで下さい。

私は戦死しても満足です。何故ならば、私は日本の自由のために戦ったのですから。

自然の原理として、人間は必ず死すべきものです。

戦死こそ私の最も願わしい死です。決して歎かないで下さい。

それでは御元気で、くれぐれも御身御大切に。

昭和拾八年九月廿二日　夜、九時

良司

私が今日斯《か》くあることができたのは、御両親様のお蔭なることは勿論なれども、大きい兄さんの指導に負うところ、絶大なりと思います。大きい兄さんは何時も苦しんでいる。自分の問題、新村のこと、それから私の入学のこと、それが済めば耿姉さんの問題と、次から次へと、新しい問題が出て来て、何時も悩んでいられる。この苦労に対し、何か報いなければと思いつつ、遂にそれを果たすことができずに出て行く私は残念です。

龍兄さんにもいろいろ御世話になりました。特に入試に失敗した時、慰められた時の気持ちは忘られません。尚子姉さんは、しっかりした良い姉さんです。御幸福に御暮らし下さい。

清子には大分迷惑をかけて済まなく思っている。しっかりした信念をもって暮らされんことを希望する。自分が真に愛することが出来ると思った人と結婚しなさい。

と志江はもっと将来のことを考えるべし。勉強も良い、遊ぶのも良し。ただ、もう少しどっしりと構えることを要す。

以上、偉そうなことを言ったが、何かの足しになれば幸いと思っている。

今日まで自分を弟として、また兄として、指導し慰め、また仕えてくれたことに感謝しています。澄子姉さん、尚子姉さん、共に良い姉さんです。両親の面倒を御願いします。

では、さようなら。　　　　　　　　　　　　　　　良　司

学半ばにして、学窓を去るの已《や》むなきに至る。かくなりしは我等の責任ならざれど、それを詮索するには時がなさすぎる。我等は国家のため喜んで戦地に向かう。我々の犠牲が何等かの意義を持つことを確信して。

東京において御世話になった青木さん、竹林さん、師岡さんに厚く御礼申上げます。

特に私如き者に種々御心配をして下さった青木さんには、御礼の言葉もありません。耿姉さん、御身体御大切に。房子ちゃん、元気で強くなって下さい。元雄君、正しい立派な人になって下さい。てる子ちゃん、さようなら。幸福を祈ります。僕の良い姉さんでした。みえ子ちゃん、御機嫌よう。御多幸を祈ります。あの上高地の思い出を胸に。克明ちゃん、自信を持って下さい。総《すべ》ての方面において。

最後に彼女のために祈らせていただきます。

昭和十八年九月二十二日夜　　　　　　　　　　良　司

ふるさとの山に向いて言うことなしふるさとの山はありがたきかな

かにかくに有明村は恋しかりけり思い出の山思い出の川

若き血は燃えて征かん征かんかな大君に召されし我れはいざ

六、戦陣手帳

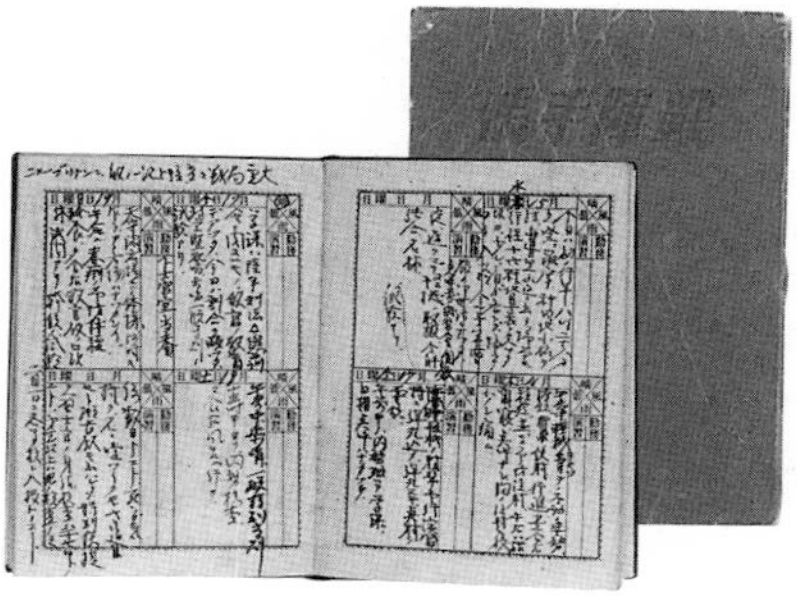

十二月五日（日）　勤務　内務当番
午前中天守閣※広場にて基本体操。午後、内務整頓並びに入浴。夕食後、垣崎上等兵殿の基本体操は十三種類。内務令に関する説明あり。　※松本城天守閣
十二月六日（月）
午前中、県営グランドにて不動の姿勢担銃、右左向、敬礼の教練。午後は基本体操並びに午前中の復習。十五時より精神訓話（教育隊長）勅諭に関するもの。夜総びんた。
十二月七日（火）
師団長閣下来られた。閲兵終って十二時より射撃の動作。
十二月八日（水）
大東亜戦争二周年、皇居遥拝式並びに命下達式あり。吹雪の中にて行わる。午後、晴、運動場にて手榴弾投、弾丸こめ弾丸ぬけ、速足行進。
十二月九日（木）

地形地物の利用。

十二月十日　(金)

午前中、田町国民学校にて勅諭に関する隊長の精神訓話。午後、戦闘各個教練。新兵入隊式。この部隊は間もなく仏印に向かうとのこと。

十二月十一日　(土)

午前中、戦闘各個教練。午後十五時より内務検査。

十二月十二日　(日)

二回目の日曜、午前中体操、皆出かけるも七名の者はB・C・Gの注射とのこと。しかし、これはなかった。午後は風呂へ。今日は眠るに横になってもよかったのだが、その間がなかった。

十二月十三日　(月)

午前、中隊にて中隊長殿の礼儀の項に関する訓話あり。われわれ七名はB・C・Gの注射をなすため残る。本日初めて軍旗を拝す。注射終りて、中隊に出かける途中、帰る者と行き会う。靴を変えてもらい帰る。午後は県営野球場にて射撃演習。移動目標、陰顕目標等の射撃、目標の速かなる発見等、教官殿は見えられなかった。夜、石廊下にて訓話。礼儀を正しくしろ、学生気分を去れ、早く軍人らしい軍人になれ。

十二月十四日　(火)

上等兵殿が、昨夜から風邪で一日中寝て居られた。午前中は昨日と同じく戦闘各個教練。午後銃剣術、我々七名はまたもB・C・Gの注射とのこと。午前は練兵場にて、午後は営庭にて演習。二、三日来新しい略帽、脚半、靴等を着けた新兵を見る。二、三日のうちに仏印に向かう部隊だ。朝、教官より、早く学生気分をぬくべしと注意された。

十二月十五日　（水）

今日は初の行軍。八時二十分出発。筑摩、神田、北小松を経、里山辺に出て帰営。行程十六粁。背嚢を負った故か、少し肩が痛んだ。帰ってから入浴。金子軍曹殿の御世話になった。点呼前、内務令綱領の試験あり。夜、遅くまで軽機の取扱、分解、結合、名称。

十二月十六日　（木）

午前中、軽機をもっての不動の姿勢、担銃、伏射、行進。昼食後種痘並びに予防注射。午後は就寝、点呼なし。胸の注射の後少し痛む。

十二月十七日　（金）

午後、軽機の射撃予行演習、特に弾丸込め、弾丸ぬき、点射の要領。午前中、内務にて学課、日朝点呼はなかった。

学課は陸軍刑法及び懲罰令に関するもの、教官の教育であった。今日は割合に暖かった。対空監視哨、歩哨一般守則の試験あり。

十二月十八日　（土）

午前中、歩哨。一般特別守則。十三時半より内務検査、夕食後風呂へ行く。

十二月十九日　（日）　下士官室当番

天守閣広場にて体操。何時もながらその広場はなつかしい。午後は赤痢の予防接種。休養、夕食後教官殿の口頭試問あり。幹候の試験後数日《あと》とのこと。死んだ気持ちで、石に噛りついてもやり通せと班長殿も言われた。特別操縦見習士官の身体検査は二十七日とのこと。第一乙以上は眼の検査のみ。二月一日に各学校に入校とのこと。

（欄外に）ニューブリテンに敵の一部上陸、益々戦局重大。

十二月二十日（月）

午前中、中村部隊長殿の礼儀項に関する訓話。終って体操。午後十四時頃、師団参謀長殿来られ軽機の操作巡視せらる。軽機の射撃、弾丸ぬけ等。夕食前兵舎移るとのことで、五人位で掃除に行く。明日移るとのこと。

十二月二十一日（火）

午前は移転で終った。一番端の兵舎に移ることになった。午後、軽機を持っての射撃と運動の連続目標の発見。擬製弾を確かに点検して入れたのに、帰って見ると無い。そのため責任のない福本にまで迷惑をかけて了った。実に申訳ない。夕食後班長殿からこんこんと言われた。純情を持てと。純情こそ自分に欠けていたものの一つだ。裸になれ。かえすがえすも福本には済まなかった。

十二月二十二日（水）

午前中軽機の射撃と運動との連繋、地形地物の利用、一躍進後、照尺を直すことが大切。午後は胸床の利用と地形の改修。改修の要点は敵と脚とひぢとが同一平面上にある如くすべし。

今日より松本班長殿が二、三日留守をされる。代りに池内軍曹殿が来られた。元気で朗らかにやろうと言われる。何だか龍兄さんに似ているような気がする。克明ちゃんより手紙来る。耿姉さん十三日に信州へ来たとのこと。

朝、点呼終りて、昨日の演習場に行き擬製弾を探す。五分にして見つかる。嬉しきこと限りなし。戦友の情けが身にしみる。

夜、上等兵殿は公用にて行かれる。夕食後、三号風呂へ入る。一ノ瀬が失帽にて元気なし。自分もおぼえがあるから、良くその気持は判る。しかし彼は兄貴の威光で見つけて来た。

夕食前、松本班長殿より軽機の故障原因及び排除に関する学課あり。

十二月二十三日（木）～二十四日（金）

午前中は午後の行軍の準備。軍装、外套の他に天幕、擬装網、飯盒等をつける。その他飯の菜等準備にて忙殺。池内班長殿より小哨歩哨の学課あり午前は終る。早々にして飯を食べ、十二時半整列。情況を与えられ、出川、村井に向かう。第二中隊、第一小隊第一分隊の四番として行軍。松本を出る頃より村井に着くまで連絡兵鹿野と二人して一生けんめいやった積り。しかし風が吹き連結兵間の距離が長すぎたため連絡がつかず。村井より向ケ原に入る。三叉路に着いた時には、本隊までが尖兵につまってしまった。鹿野は足の痛いのに、良く頑張ってくれた。肩に喰いこむ背嚢の皮、銃の重さが一歩一歩肩に応えて来る。十六時半頃、向ケ原の宿営予定地に着く。直ちに食営の準備及び飯盒すいさん。銃歩哨に立ち、特別守則を某大尉殿より問わる。自分の立った時は、日暮れより夜に入る移り時、敵を発見することの困難さと戦地に出て真の敵と対する時のことを考えると、もっともっと真剣にやらねばならぬと思った。夕方より風が吹き始む。寒いことは寒いが、こんなものは気の持ち方一つだと思った。歩哨の教育を班長殿より受ける。外套を着しているものの寒さのため、とかく気が奪われそうだ。こんなことではならぬと気を持ちかえる。

二十一時頃、ようやく民家にて飯が炊けた。天幕の中で火を燃やしているが、四、五中隊全部は入り切らぬ。交代せよと言われても、奥に入った者は知らぬ顔をしている。実際戦友愛がない個人主義だと思うが、果して自分が逆の場合になった時を考えると危いものだ。

一時整列、直ちに出発す。営舎の中で十分位眠ったきりだので、眠いことおびただし。風が強い。村井駅に出て中山に向かう。駅の所には藤林大尉殿がおられた。教官殿は今日は演習大隊長として活躍されている。小隊長は五中隊の教官殿だった。

眠くて眠くてたまらぬ。前の人が動いているのかいないのか判らぬ。ふらふらしている。眠りながら歩くとはこんなことかと感ずる。危いことおびただし。約一時間して小休止。皆ぐったりと雑魚を並べた如く寝る。正体なしだ。皆眠いのだ。前に人がいないのに、いるような錯覚に陥る。とにかく眠い。何こそと思うが、何時の間にか、うつらうつらする。前の人が止ると、ぶつかる。自分にも後の者がぶつかる。こんなことを繰返して、中山を左に見て坂道にかかる。早い。実に強行だ。はるかに松本の灯が見える。汗をかき始める。もう無我夢中で歩いている。眠気は少し去った。だんだん睡魔に勝って行くようだ。頭の方でも眠ることをあきらめたらしい。

中山を回るのに相当かかったが、皆無言で強行している。二度目の休止。三井に聞くと筑摩神社の所だと言う。もう帰ったも同じだと思うと、張りつめた気がゆるんで眠気がおそって来る。駄目だ。戦線に行けばこれから戦闘するのだ。何だ、これくらいと思うとまた元気が出る。ここまで来る途中、三人位転んだ。皆足が重いのだと思う。

かくて六時頃練兵場に着く。部隊長殿の閲兵及び分列ありて後、突撃をなし行軍を終る。松本に入ってから雨に会う。中山の所でも会ったが、大したことはなかった。皆青白い顔をしている。直ちに兵器の手入れ等をなし就寝。

直ぐ起こされた。午飯だ。昨日より腹がへって、仕方がない。昨夜は人参の味を憶えたが、甘くておいしいものだ。持って行った菓子は昨日の夕食前に終ってしまった。

午食後、兵器の手入れをなし、就寝。夕食前班長殿の戦闘間兵一般の心得に関する学課あり。夕食後風呂に入る。

朝も昨夜の舎営中のことでびんたを貰ったが、夜も軽機の手入れが悪いとて総びんたを貰う。一つ毎に自分という人間が完成されると思うと有難い。

受信　耳塚、吉田、母

十二月二十五日　(土)

大正天皇祭。昨日の疲れでぐっすり前後不覚に寝た。演習の予定で外套を着け始めると急に兵器検査とのこと。直ちに銃その他の手入れをなす。十時半検査開始。弾丸入れの中に緑青がついていて注意さる。十二時頃終る。午後食器返納に出たが、一等兵殿がなかなか来ない。大分おそくなった。午後は四種混合予防接種、金子軍曹殿に会う。注射の後就寝。

十二月二十六日　(日)

昨夜は就寝点呼。今朝も就寝点呼。午前中洗濯、勉強。午後、特別操縦見習士官の身検（レントゲン）試験日発表二十九日とのこと。夜、松本班長殿帰られ点呼後試験。夕食は何時になく大量であった。皆満足そう。金子班長殿に御世話になる。

十二月二十七日（月）

一日中、航空見習士官の第一次身体検査、幸いにして合格。二十八名合格した。志願者は六十余名なり。

十二月二十八日（火）

今日は一日中明日に備えて勉強。午前中は使役あり。午飯を食うてから試験あり。経理の試験は本日なり。これは午前中で終った。戦陣訓の中から出ている。明日が心配。何となれは戦陣訓は読んでないから。夜十一時まで延灯。大体自信はついた。班長殿が今日の経理の問題を解説しているので気が気ではない。四時半から不寝番、眠いことおびただし。

　経理の問題

　①信義の項　②服従に就て勅諭、戦陣訓並びに年限内務令に教示せられある所を簡述すべし（以上一時間）③官給品の取扱いについて知る所を記せ　④簡単に説明せよ　㋑緊急財政処分　㋺管理工場　㋩営団　㊁南方開発金庫　㋭国土計画（一時間）

十二月二十九日（水）

待ちに待った試験。不寝番のため少し睡眠不足。しかし張切って試験場たる下士官集会場へ。十時より試験、十二時二十分まで。

一、礼儀の項　二、㋑皇軍とは如何なるものなりや、簡単に記せ。㋺武人の嗜《たしなみ》みとして、かねて家人に含め置くべき事項如何

十三時四十分より
一、攻撃精神とは何か　二、指揮官たるべきものの最も戒むべきは何か　三、各個教練の目的　四、軍人基本の姿勢を説明せよ　五、射撃のため地形地物を利用するの要旨
一、建軍の本義　二、軍隊統率の本旨　三、軍隊に於ける意見の具申に就て
十五時一〇分より
一、軍隊の指揮に就き述べよ　二、警戒の主要条件如何　三、敵に関する報告には如何なる事項を包含せしむべきや　四、対空監視哨の一般守則
十六時三〇分より
一、小銃撃発の要領　二、飛行機に対する射撃は通常の場合直距離幾何ならば効果ありや。又採用照尺如何
陸軍礼式　兵の停止敬礼をなすべき場合を順序に記述すべし
試験場の整理のため使役あり。市川上等兵殿の話を聞く。
夜、上等兵殿の洗濯の事に関し六、五中隊の一等兵殿より有難きビンタを頂戴す。
受信　宇野君より

十二月三十日（木）

午前中は大掃除、洗濯。午後使役（わら運び）洗濯。受信　母上より。本日は餅搗きあり。試験の後の故か、気の弛《ゆる》みが来たようだ。こんなことではいかぬ。眠いことおびただし。今年も後一日となる。一番印象に残る年であった。

（欄外に）　十三時から赤痢の予防接種あり。

十二月三十一日　（金）

午前中入浴、洗濯、擲弾筒の学課。午後洗濯、自習。上等兵殿他五名中隊へ衣、袴を取りに行く。午前中池内前班長殿来らる。朗かで元気な班長殿である。

昭和十八年も今日で終りだと思うと感慨無量。今年は実に印象に残る年だった。憧れの本科へ入ったのが十月、それとともに国内体制強化に伴い徴兵猶予取消、入営等目まぐるしいくらい人生の重大事が次々と現われ、その間、自己の信念に矛盾する事を経験するとともに、それに対して悩んだ。しかし、時日はその間にどんどんたってしまった。現実を直視する暇も無いほど数多くの出来事にぶつかった。ただ、命《めい》のままに忙しく送ったこの年月は、果して如何なる結果を与えることだろうか。それを考えると恐しいような気がする。しかし過ぎ去った事は何も言うまい。あくまで自己の信念を堅持するのみ。自分もいよいよ二十三となる。ますます考えを練り、問題解決に邁進しなければならぬ。幸なれ、我が前途を。

防空演習あり。今夕より乾布摩さつ。

夕食は班長殿と会食、後《あと》、歩四・五・六中隊合同の演芸会あり。盛大なり。

点呼後火災呼集あり。もう二十三歳になってしまった。

昭和十九年

一月一日　（土）

輝かしき昭和十九年の元旦、待望の外出あり。朝より皆何処へ出かけようかと楽しい相談。朝、飯上げと使役に出る。そのため拝賀式には出られなかったが、式は十時半より始められた。朝食は餅二つの雑煮、昼食は折詰と密柑、するめ、それに飯。

皆待ち兼ねたる如く外出準備、曹長殿、日直士官殿の注意あり。又班長殿の敬礼、衛生に対する注意等を受け三人一組の用便外出に出かける。時間の経つのが惜しいように皆駈歩を以て去る。十一時半出発。二村・岡田と自分の三人は一途、二村の叔父さんの家（源池）へ行くことにした。外出証を失くすなと元気一杯。しかし眼は欠礼してはいかんとあちらこちらきょろきょろ見回す。かくて源池に着き、雑煮、ブドー酒等を御馳走になる。腹一杯久し振りに食べ満腹。家へ電話すると、母さんは八幡様へ行き、父さんは往診とのこと、清子が出た。明日も外出ある予定につき食物を持って玉の湯まで来るようにと頼む。外出の帰りは駈歩。十六時十分頃出たので駈歩にて帰る。帰営して皆噂し合う。店が休みで面白くなかったろうが、皆結構食べたらしく、その証拠には何時も争って飯を取るのに、皆悠然としている。皆変だという顔、腹が嫌になるくらい食べる、皆満足そう。

夕食後、腰相撲、腕相撲、ゼスチュア等をなす。東西に分かれ腰相撲に勝ち、一等兵殿より密柑を貰う。今日外出に出られなかったものが五人。小笠原は手が痛くて困るとのこと、可哀想だ。今日一日は愉快だった。

張切ってやるべし。日夕点呼前、伊藤兵長殿と、青木勝茂さんと友人とのこと、耿姉さんの話が出る。愉快な人とのこと、誰にも良い印象を与えることは耿姉さんの良いところだ。早く寝ろとのことで消灯ラッパ前に寝る。

（追加として）日朝点呼前、一同護国神社へ参る。普通の日と変りなく、別に御目出度いという気もせぬ。変なものだ。女鳥羽川畔で号令調整をなす。

一月二日　（日）

午前中、下士集会所にて中村部隊長殿の熱誠溢れる精神訓話。この前、今朝入浴した者は皆初ビンタを貰う。班長殿の入って居られたのを知らずにいて、五中隊の者がながしてくれたとのこと。五中隊へ御礼に行けと言われて行くと対抗ビンタ。しかも一方的なビンタを食う。口惜しくて、自分が見たならば、こんなことにはならなかったであろうと、自慢ではないが思った。実際全然気がつかなかった。これも注意力の欠乏ということになるだろう。

正午母上が面会に来られる。先に出て二村の小母さんの所で待って貰うことにする。二時頃兵営を出て駈歩にて浅間へ。途中教官殿と一緒になる。二村さんで母が家から持って来てくれた数々の尊い品々を食べる。実際有難い。おしるこは特においしかった。腹一杯食べる。岡田の兄さんが、ちょうど浅間橋の所にいて会う。それより電車にて源地へ。二村の叔父さんの家へ。父上が来られていて、ここでも御馳走になり、御飯を出してくれたが、どうしても食べる気にならなかった。もったいないくらいだ。かくて帰りに鶴林により先日歩兵砲の手にてこわされた万年筆の代用を買う。少々駈歩を以て帰営。途中歩兵砲の班長殿と一緒になる。腹が苦しくて動けない。実に良く食べた。帰営後、畠山伍長に会う。八日に仙台へ行くとのこと、苦労の後が見える。甲幹だ。かくて待望の外出も終りいよいよ張切って勤務すべく決意を固める。

部隊長殿の訓話は正月の行事についてが主であった。

一月三日（月）

今日は非常に寒かった。午前中小銃の対空射撃、擲弾筒の伏射。午後は軽機の高射並びに擲弾筒の伏射。これより前、午後の始め、目測の演練。演習終ってから擲弾筒の射撃に関する学課。午前中は偏流に関する学課あり。班長殿の金銭出納簿検印あり。

一月四日（火）

勅諭奉読式。十時半より朝点呼後、剣術。奉読式後、宮城遥拝、分列の予行。解散後、教官殿に対する敬礼を違えて物品販売所まで早駈を二回やらされた。午後軽機及び擲弾筒の発進停止。夜、夜間演習。暗い中を早駈を繰返えすこと十数回。さすがに疲労を覚える。静粛行進、照明に対する処置、突撃の動作。

一月五日（水）

午前中、擲弾筒、軽機の前進、攻撃目標の異なる場合の射撃。擲弾筒については目標の見えない時は補助照準点をとることが大切。それと偏流の修正。午後は射撃場にて、狭窄実包。雪が降り寒いことおびただし。何くそと頑張る。大体かたまって当る。帰ってから洗滌、手入れを行う。

一月六日　（木）　下士官室当番

今日は口頭試問。朝の点呼は舎内。朝、非常に寒し。酒保の下にて待つ。試験場は二階の下士集会所。九時より始まる。服装を整えて待つもなかなか終らず。三分位で終る者にそれ以上かかる者、いろいろある。遂に午前中は待って終る。急いで昼食を食べて待つも、なかなか来たらず。二時頃ようやく始まる。

委員長は藤森大尉殿。試験官は全部で五人。自分は、①軍人精神とは何か、②国旗の制定日は何時か、③皇紀何年か西暦何年か、④映画を見てどうするか、等の質問を受く。大体応えられたが、②は知らず。④でも大分まごついたが、④を半分位応えていると、よしと言われた。

帰ってから掃除。

上等兵殿より積極的に任務を遂行すべしと注意さる。金子殿も近く出発されるらしい。乾布摩擦、射撃予行演習を行う。

一月七日　（金）

銃剣術。基本、直突連続。一つ防具を着けて実施。午後は明日の分列の予行並びに幕舎の張り方。但し、これは天幕を合わせたのみで中止。私物の風呂敷の中に入れておいたゲル何れかへ。

一月八日　（土）

朝点呼後、幕舎張をなす。閲兵分列を行う。今日は軍旗ホーサン会発表式だ。それと陸軍始めとが一緒になった。式後飯盒すいさんで炊いた飯を来賓に上げるため、将校集会所に運ぶ。大した御馳走が並んでいた。

午後治療に行く者を除いて六人が演習に出る。擲弾筒の射撃予行演習を行う。間もなく終り、内務にて少し学課の感想を書くことを宿題とさる。入浴、洗濯。夜、演芸会あり。

一月九日　(日)

今日は経理の口頭試問がある。朝治療に行った者が大部分。残ったものは六人。使役に出る。間もなく待望の番となる。

午後は給養。洗濯をしたり入浴をしたりしているうちに楽しい日曜も終った。上等兵殿は明日の晩帰るとのこと。

一月十一日　(火)

五時起床。先発隊二人とともに射撃場へ。紺谷上等兵殿の指揮にて行く。寒いところを折角用意して飯を持って来て貰ったが、イ部隊の射撃とて取止めとなる。

午後は分隊戦闘教練。軽機関銃手として出たが、基本の発進の時、安全装置をかけるのを忘れていた。昨日あたりより左のアキレス腱痛む。岡田の二代目だ。上等兵殿はまだ帰って来ない。今日は天気が良く絶好の射撃日和だったのに惜しいことだった。また明日あるとのこと。分隊戦闘教練は破壊口通過。

一月十二日　(水)

昨朝と同じく射撃準備のため先発。準備は昨日と同じなので早く片づいた。昨夜の不寝番の疲れで少し眠い。不寝番の最中、十一時頃恒崎上等兵殿が帰って来られた。

九時近くになってやっと皆がやって来た。飯は冷いが、とてもうまい。十時頃から始まる。初めは方眼的に向かって射つ。五発命中で甲合格となる。十二時近くになって、第二習会に入る。今度は不思議にも当らず。わずか十一点、自信が失くなってしまった。

記号技手壕勤務をなす。壕内にて畠山伍長に会う。今日の最高点は堀部の三十四点。十四時頃、昼食。それ以後は兵器の手入れをなす。昨日の良い日和に代って今日は雪降りの寒い天気。調子が悪かった故か当らなかった。

午後は分隊戦闘教練。鉄条網破壊口実破及び陣内戦。突撃は勇猛果敢ならざるべからず。陣内における逆襲に対する処置等。

一月十三日　（木）

分隊戦闘教練。軽機の射手をなすも、発進の動作中、安全装置をなすことに注意を怠る。地形地物の利用もまた大切なり。突撃は勇猛果敢なるべし。

一月十四日　（金）

午前中銃剣術。県営運動場にて基本及び第一試合教習まで。突いた時両手をこめることが大切。

午後は十三時整列。女鳥羽川畔よりトーチカの附近まで分隊戦闘教練。突撃及び陣内戦。地形地物の利用、基本の動作を忘れるべからず。二回行う。二回目は軽機射手をなし、逆襲の場合、速かにこれを射撃することにつき教官殿より注意さる。第一回目は敵の逆襲をもう少し猛射して引寄せ、しかる後突込むことが不十分だったのでこの点注意するを要す。狙撃手は七、十一番なり。

入浴。一等兵殿と松本兵長殿の背を流す。今日より地下足袋をはく。左のアキレス腱依然として痛し。地下足袋をはくと少しはよし。

一月十五日　（土）　下士官室当番

治療患者の治療中、掩体についての班長殿の学課。午後は射撃場附近にて掩体工事の実施及び分隊の防禦。帰りにガスマスクをつけて駈歩。始めの故か呼吸困難。午後より雪降り寒い。昨日の入浴中風邪を引いたらしい。鼻水が出て仕方がない。

本日、本部軍司令官殿入信とのこと。

一月十六日　（日）

擲弾分隊の散開。午後は休養、洗濯をなす。金子班長殿、十九日〇時出発との事、いろいろ御世話になりし班長殿と別れるに忍びないとはいえ、運命の致すところとあきらめる。良い上靴と代えていただく。形身と思って大事にすべし。ゲル（注・ゲルト＝おかね、ドイツ語）五〇〇円

一月十七日　（月）

午前中、部隊長殿（中村中佐）の精神訓話、午後、擲弾分隊の攻撃。

一月十八日　（火）

擲弾分隊戦闘教練。特に移動目標に対する照準点の選定、陣内における逆襲に対する動作反覆実施し、帰るとて並んだ際に班長殿より蓋螺《がいら》がとんでいることを注意され、初めて気づく。何時失くなったか判らぬ。点検不十分といえよう。昨日もやったのであるが点検しなかった。午前中にも擲弾筒を使ったが点検しなかった。点検の不十分から恐るべき結果を生じてしまった。誰が失くしたかも判らない。しかし誰でもない自分の責任だ。この罪は死して補なうより外はない。しかしながら特別操縦

見習士官の試験を二月に控えて、これを通ってからでもおそくはない。龍兄さんの仇を討つと共に死によって解決さること多し。

一月十九日　（水）

午前中手榴弾投擲並びに突撃。地形地物の利用、特に注意を要す。午後は毛布、わらぶとんの日乾し、班内掃除。夕食後竹内少尉殿の所へ。この間入浴あり。夜、駐兵殿の防諜に関する学課。家よりはがきにて龍男兄の英霊三十日に帰るとのこと。

一月二十日　（木）

午前中、手榴弾投擲突撃、側防火器に対する地形地物の利用、陣内戦。午後、軽機関銃各個戦闘教練、治療を除く六人にて始む。

夜、竹内少尉殿に呼ばれ御馳走になる。今朝は上靴のことで班長殿に呼ばる。四、五日前洗面所で間違えたのであるが、そのままにしておいたのが悪かった。今度は気をつけなければならぬ。特別操縦見習士官の第二次検査が二十四日、立川第八理学研究所において行わると発表さる。しっかり頑張ってどうしても通るべし。

M・M（注・師岡みえ子）より手紙来る。自分が航空の方に行かなかったので心外に思っている様子。自分が今度立川に試験に行くと聞いたらおどろくことだろう。てる子ちゃんが嫁さんになったとのこと、どんな顔をしているか見たいものだ。

一月二十二日　（土）

朝から第一線兵舎へ移転の準備。一切の毛布にくるんで運ぶ。中隊の人も忙しげに働いている。昼食は班長殿との会食。自分等は最も下なることを自覚すべし、班長の教えた事だけは守ってくれとの最後の訓示あり。

午後は一線兵舎の掃除。会食の時、班別に名前が発表され、鹿野、一ノ瀬、花村と自分が一班。班長は中山軍曹殿。使役に鹿野と二人して出る。二、三日来、水道が凍って水が出ないので、消防ポンプを使って炊事の水槽に水を満たすのだ。昼食時だったので当番室に入り暖かき食事を取る。飯は三人前食わしてやるから三人前働けとのことだが、午後は出られない。十三時教官殿が中隊長殿に申告をなす。午後は金子と二人して明日立川へ出発のため、中隊長以下水原曹長各班長殿に申告をなす。

（欄外に）　中隊長殿より三十日外出許可さる。

午後より吹雪となる。夕食後、かめの湯へ。ガラスが破れていて寒きことおびただし。帰りは駈歩にて帰る。漸く間に合う。一ノ瀬が汗びっしょりになったのは印象深い。明日の出発を楽しみに床に入る。準備のため消灯後も延灯す。

一月二十三日　（日）

起床依頼をしてあったので三時四十分起床。不寝番は戦友がやってくれる。有難い。皆に励まされて出る。炊事に行くも連絡なしとかで朝食なし。パンと砂糖を貰う。がりがり噛じりながら本部の前に整列。松本班長殿が一人送って下さる。有難い。五時営門出発。駅にて母上に会う。田中氏の所へ宿ったとのこと、目がうるむほど有難い。六時二分出発。座席は空いている。六中隊の佐藤と三人で坐る。車中、曹長殿（若林）の訓話あり。将棋等して母上より給りしものを食べ、久しぶりに陽気になる。こうも自分が精神上楽になれたことは入隊以来初めてだ。人間性の自由はここにおいても勝利を得たかのようだ。しかし国家と個人の自由とに関しては疑問である。

十二時五十三分立川着。途中甲府にて汽車弁を貰う。他の連中でそれまでにすでに五つ位食べた奴がいる。

踏切を越えた右のほまれ館に十八名曹長殿と宿る。二階に三、四、六の五名取る。皆御機嫌になっている。今頃戦友は新しき戦友を迎えて忙しい事だろうと思うと申訳ない。熱い味噌汁に腹つづみをうって飯のお代りを少し、久し振りに満腹す。皆おいしいおいしいとて食べる。熱いからおいしいのだとつくづく感ずる。この旅館は特別に待遇がよいらしい。小母さんも面白い人だ。今度折があったらここへ泊ろうと思う。現品二人食券はすでに出してある。班長殿が心配された。良い米だ。明日の試験のことを考えながら、またしても如何に自由ということの有難いことかと思う。

夕食後、金子、佐藤と三人して外出。本当はだめであるが、そこは心臓でとばかりで、この挙に出る。三軒ばかり飯屋に立寄る。もう売切れですと言っても、兵隊さんだからとて特別に食べさせてくれる。軍人に対してこの特別扱いは考えものだ。むしろ国民に対して特別扱いをしなくてはならぬ。軍人だからといってそれに甘えてはならぬ。軍人のみが特権階級となりつつある事実を見て考える。軍人の故を以て腹一杯食べられたが、こんなことはもうしてはならぬと思った。

夜、拍子木の音が聞こえる。不寝番を思い出す。四人のふとんに五人寝たので、夜目が覚めて見ると、つぎ目に当っていて寒い。小便をしに行く。そのまま行けることがこんなにもうれしいことか。それにしても、戦友の事が思われてならぬ。夕食後畳の上でふとんに寝られることの幸福さを皆と語りあったことだ。

一月二十四日　(月)

いよいよ待望の試験日。六時に起きて顔を洗う。これも嬉しいことの一つ。味噌汁が腹にしみる。お代りをする。八時頃出発。第八航空技術研究所へ行く。約三十分かかる。控室に集まりしもの、五十、五十一、五十二、五十三、五十四、五十五、約百名なり。

最初控室にてクレペリンを行う。数字を足して答えを出すのだ。終って①レントゲン、②血沈、③問診、④望診、の順に回る。望診は軍医少佐殿がなされる。Ⓐを貰う。十一時頃終る。昼食をして午後の検査。十三時より内科→眼科→耳鼻科→心理→口頭試験の順になされる。五時頃全部終り帰る。曹長殿は居られない。

夜、金子とおでんを食う。今朝電報を打っておいたので、耿姉さんが坊やと来られた。おむすびとチョコレート二つ、何時もながら有難い。神田へは電話をかけた。九時頃風呂へ。曹長殿は終られない。十一時就寝。寝てから暫くして、十二時頃曹長殿帰らる。

一月二十六日　(水)

六時二十四分、松本着。直ちに屯営へ。帰郷の申告をなし朝食をとる。雪が一面に降っていて営庭で雪をかいている。松本班長殿より本日は射撃なる故、参加すべしと言われ、寝不足をおして出る。小銃、応用射撃第一習会(軍装)、軽機関銃基本射撃第二習会、距離三百米なり。小銃は発射弾⑥、命中弾①、集中弾⑤で甲格。軽機は五発連続なりしも、眼鏡をつけた故か、二百米の射的に射ってしまった。

ますます寒くなり、昼食は持って来て貰って器具部屋のストーブを囲んで食べた。三時半頃帰営。

直ちに浅間温泉へ風呂に入りに行く。薬師湯という湯に入る。夕食は既に仕度してあり。食器を洗いに行く。今朝もそうであったが、冷いこと限りなし。

一月二十七日（木）

朝から明日の準備。食器を洗う時の冷たさは格別なり。十六時、軍装検査。昨夜不寝番あり。昼、中隊長殿の内務検査あり。

一月二十八日（金）

四時起床。六班にて準備。日朝点呼後、直ちに食事をして七時半整列。手は冷たい。練兵場の真中にて部隊長殿の検閲を受く。敬礼の動作、補助官より対空射撃の照尺をきかれた。終っての戦闘各個教練、弾薬手となり、ポプラの所でちょっとやってやめ。直ちに分隊戦闘教練立番となる。五十米位で突撃となる。破壊口の通過は良くできたが、陣内戦で右に迂回した兵が対抗敵がなくて、空をついたのを見られて、やり直されたのは惜しかった。午前中に終って班内に帰って背嚢を下ろした時は本当に重荷を下ろしたような気がした。それと同時にがっかりして、なんだかあっけないような気がした。皆で手入れをして東山温泉へゆっくり入って帰る。食後、衛兵所へ毛布を持って行く（花村とともに）。

昼食後、食器を洗っていると直ぐ階上下士官室へとのこと。行って見ると、知らぬ少尉殿がおられる。山田五郎氏の恩人とのこと。いろいろ話をする。帰って来ると岩下班長殿がお前の兄さんのことが新聞に出ていると言うので見ると出ている。何だか嫌な気持ちだ。写真を見た故か。

二十三時、本部前に集合して野戦（イ部隊）部隊の出発を見送る。寒い。かがり火に照らされて壇上に上った軍旗旗手の白手袋が印象に深い。やがて出発となる。粛々として精鋭は出で行く。空には星が一杯だ。果してこの星を何処で眺めることだろう。感慨無量なり。

一月二十九日　(土)

八時整列。射撃場に向かう。検査官は藤森大尉殿。三百六発。当らず。集中弾三、命中弾なし。十二時頃終る。皆がっかりした様子。自分も力がぬけたような気がした。検閲も終った。何だかあっけない。昼食前、教官殿、班長殿、上等兵、一等兵殿に御礼を言う。本当に今まで御苦労様でした。何にも知らぬ我儘な自分達をここまで導いていただいた御恩は忘れられない。辛かったことも今は良い思い出となった。

午後は入浴に行ったが自分は風邪気味でやめ。点呼前、班長殿より臨時外出証を頂き、点呼後各班長室、曹長室に申告をなす。明日は内務検査一部隊長殿の一八時二十分から。皆整頓をして準備に忙しい。かくて待望の検閲も終った。

十日余り水道が出ないので不便を感ずる。三日前より日朝、夕点呼後誓いを言う。曰く、我等は上下相和視し一意報国の誠を尽くし、如何なる理由あるも絶対に私的制裁を行わず。

一月三十日　(日)

臨時外出証を貰い、七時外出。駅にて飛騨屋に英霊安置されあるを聞き、直ちに対面。涙の湧くのを如何ともし難し。八時三十三分の電車にて有明に向かう。写真をいだきて行く。あの大きな龍兄さんが、こんなに軽くなったのかと思うと、心中涙溢れて言うことを知らず。遺骨は村松軍医大尉にいだかる。元山時代の友達にて横鎮(注・海軍横須賀鎮守府)勤務とのこと。有明駅前にて挨拶す。直ちに家へ。一時忙しきこと限りなし。夕方になり人去り淋しさ加わる。夜八時御詠歌とて数人の人集まり、涙をもよおす歌を歌う。夜、朝から少し食べすぎた故か気持ち悪し。

一月三十一日　（月）

朝ゆっくり眠る。一日中寝たり、食べたりの生活。極楽なりとはこのことであろうか。八時四十三分の電車にて午後、玉の湯へ。尚子姉さんと文さんが送ってくれる。十一時近くに寝る。明日入営の人多勢宿り居る。

二月一日　（火）

五時半玉の湯を出て、六時衛兵所へ着く。班内にて整理をしていると間もなく起床となる。昨夜は三時間位しか寝ていない。

九時頃より初年兵入隊式。十時頃十七名入る。皆きょろきょろしている。自分達のことを考えるとおかしい。午後二十三名入る。計四十名入った。急に班内がごたごたして来た。やかましいこと限りなし。

二月二日　（水）

初年兵をつれて食器洗いとか班長殿とかの世話の説明をする。使役あり。

二月三日　（木）

使役後、入浴。初年兵が入って来て、うるさいこと限りなし。自分達も初めにこんなであったのかと思うとおかしい。

二月四日　（金）

朝、勅語奉読式あり。幹侯の第一次発表あり。序列は中隊で四番、全部で五六十番らしい。もっと良くしなければならぬ。これからの幹部教育において頑張るべし。一番は樋口、鹿野、二村と続く。早く航空の発表がないかと思う。経理には花村、御子柴、唐木が受かる。皆唖然としている。岡田と坂井が落ちたのは可哀想だ。坂井はともかく岡田は真面目にやったのにどうしたわけだ。変えられるなら唐木と代ってやりたかった。岡田が班長に悲壮な言葉で言っていたのは見る目も痛々しかった。

二月五日　（土）

午前中、被服庫（中隊）の使役。編上靴の水洗、洗濯物を干す。

午後、自分の洗濯、舎後の掃除等の使役。明けても暮れても使役にて、こんな生活には味もなければ、有用なこともない。こんな生活が何時まで続くことやら。

朝四時四十八分の下り列車にて花村、御子柴、、唐木、金沢四十八部隊へ立つ。班長殿以下八名見送る。皆元気一杯にて立つ。帰ると五時半まだ眠いうちに起床となる。

坂口と市川即帰となり、初年兵は三十八名となる。

二月六日　（日）

炊事場の使役。ポンプで水汲み、洗濯等にて午前中は過ぐ。午後母上面会に来る。浅間に父上居られるとのこと。いろいろ話をして見たが、中でも冾子ちゃんが十一日に結婚式とのことを聞く。故郷でやるらしい。

二月七日　（月）

夜、池内班長殿より小成に安んじてはいかんと皆御教えを受けた。頑張らなければならぬ。

篠原教官の下に午前中戦闘各個教練。発進時期の看破、地形地物利用等。午後は銃剣術。構え銃、前進後退、直突。風寒し。

夕食時、松本班長殿に呼ばれ特別操縦見習士官に合格、九日六時二分発の列車にて出発の旨を告げらる。二十人ばかり落ちて十七人合格とのこと。希望通り受かり、心中この上の喜びなし。このことは予め期しており、早く命令が来ないかと念じていたが、遂にその日は来た。この嬉しさを何にたとえたらよいだろう。龍兄さんの仇を討つ日は近づいた。いろいろ御世話になった教官殿、松本班長殿には何と言って御礼を言ってよいか。明日の昼は将校集会所で、部隊長殿との会食があるということだ。この上は一死奉公を以て国家の自由のため潔よく神とならん、ああこの喜び。行先は厚木。勤労奉仕でおなじみの所。これも何かの因縁か。一ノ瀬と鹿野は淋しがる。両君の健康を祈るのみ。

二月八日　(火)

勅語奉読式あるも明日の準備のため参加せず。私物の整理、使役等にて時間たつ。今日は被服検査にて朝五時半起床。毛布と枕覆を外に出す。

午食前、本部前にて部隊長殿に申告。師団参謀長殿も来らる。済んでから将校集会所にて部隊長殿と会食。いろいろ御話しあり。申告時、葉隠れ論語の反対に生きられるだけ生きよと言わる。仇を討つまでは死なない。

午後中隊長殿以下に申告。御取計らいにより中村屋より家へ電話して駅に出て貰う。総べてを整理して夕食を済ますと直ぐ整列。二十時本部前に軍装外套着用にて集合。十八名なり。小林班長殿引率の下に出発。松本班長殿以下七名駅まで送って下さる。駅にて母上に会う。藤森医師殿も甥を送るとて来り居らる。母上より食糧を受け取る。何時もながら御苦労様でした。二十一時三十一分、多数に見送られ意気揚々と出発。再び生きて帰らじと決意固く出発。竹内少尉殿も送りに来て下された。いろいろ御世話様でした。
上諏訪にて金子に食糧入る。うつらうつらして眠る。大変な混みかたである。かくて意気揚々と出陣す。

二月九日（水）

六時新宿着。十時四十分迄自由行動。高円寺に行く。戸が開いていない。御邪魔して、朝飯をいただく。早々として新宿へ。小田急のホームにて金沢部隊と一緒になる。電車の中では昨夜の寝不足が祟り眠る。厚木にて下車。荷物だけトラックにて歩いて行く。見習士官殿が迎えて下さる。なつかしい大山が見える。相模川を渡り一里ばかり歩いた所でトラック二台迎えに来る。皆楽しい噂をして行く。間もなく相模分教所に着く。赤トンボ（注・複葉複座の練習機）がぶんぶん離陸して行く。早く乗りたいと思う。まだ出来たばかりの所だ。記名、問診を受け、班内に入る。軍刀がづらりと並んでいる。嬉しい。外にて襦袢、股下、見習士官の服、靴、営内靴、上靴、作業衣等所持品を貰う。皆にこにこしている。中野見習士官殿の諸注意あり。疲れが出てぐっすり眠る。

二月十日（木）

起床と言われるまで寝る。起きると週番士官殿が回っていられる。五時半だ。まだ暗い。乾布まさつをなす。少し寒い。
午前は諸物の注記をつける。午食後、ようかんが出る。甘みはないがうまい。

午後は身体検査、一般、耳鼻咽喉、眼科のみ。夕食後、片岡区隊長殿の内務の躾《しつけ》、中野見習士官殿の御注意、若さを以て諸事をなせ。牛乳を上る。さすがに給養は良い。今年中には戦線に立つとのこと。待遠しい気がする。ここでは地上訓練のみらしい。期間は二カ月。昨日六冊の書物を渡さる。ちょっと中を覗《のぞ》いたが面白い。しっかりやろう。当分の間、飯上げ、食券の片付けをなさねばならぬ。人手が足りないのだ。男女の庸員が少しはいるが。

七、修養反省録

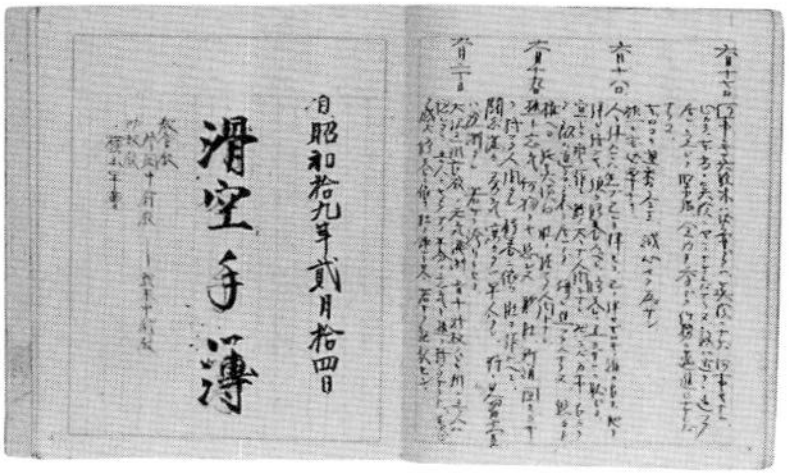

二月十三日　(日)

十時より校長閣下臨場の下、飛行場において入校式挙行せらる。今日より栄の特別操縦見習士官たり。確か任務の重大なるに鑑み感奮起せざる者あらんや。御訓示に曰く国家存亡の危局に際し、よろしく一切の私を去りて、おのおのその持てる若き血と熱意とを、殉国の大義に融合するところなかるべからずと。悠久の大義に生きんと志す者ここに七百四十八名、その意気正に当るべからず。今日より我は将校学生なり。よろしく卑屈なる考えを捨て万事懼《おそ》れず将校たるの矜持を持せざるべからず。科学において我より一歩先んじたる敵米英の航空勢力絶滅のためには如何にすればよいか、敵と空中戦をなす場合を考えて見ろ。敵の航空機は優秀なのだ。しかれども懼れることなかれ。我に必滅の体当りあり。一機以て必ずや一機を滅せん。第二の横崎少佐たらん者、よろしく修養すべし。ただ修養あるのみ。

この二ヵ月に操縦将校たるの精神を鍛うべし。

二月十四日　(月)

午前、映画により、操縦学、及び飛行理論を習う。ヂャイロの作用のところ、不解のところあり。

よろしく研究すべし。終りて内務実施。煙草を喫って注意されし者あり。軍人はよろしく、区別を、はっきりつけるを要す。

午後、滑空機並びに、徒歩教練。滑空機は前班が組立ててあり。主として調整法。初めての故か、案外時間のかかるのに、一驚す。徒歩教練は不動の姿勢並びに敬礼。不動の姿勢において、左手は刀の上に置くと中野見習士官殿より習いしに恵比寿見習士官殿は刀を後にせいと言わるる。質問せる者ありしも、正式には決まっていないとのこと。

二月十五日　（火）

七時より滑空機、片岡区隊長殿は高等練習機にて空にあり。田谷少尉殿の学課あり。第四班横山軍曹の指揮にて地上勤務の要領を習う。ゴム索を引張る時、先頭になりしが、この際目標を誤らざる如く引張るを要すと注意さる。以後、気を付けなればならぬ。一、二、一、二、と引張るのが初めての故かうまく行かぬ。

第二段各個教練。不動の姿勢と敬礼。巻脚絆の位置悪いとて直さる。巻き直す時間がなかったとは言え、軍人たる者、命令通りなさねばならぬ。何処から巻いたら端末が、うまく行くかを、早く覚えれば良い。

寒いことは寒い。しかれども将校学生たらん者、すべからく、やせがまんをすべし。十四時より操縦学、眠いことおびただし。少しうつらうつらする。こんなことではいけぬ。睡魔に勝てぬ者何んぞ己に克つを得んや。己に克《か》つことを得ざる者何んぞ敵に勝つを得んや。

二月十六日　（水）

朝、滑空機、地上滑走。距離は十米位なりしも、夢我夢中にて、何も判らず。何時の間にか、止っている。動いてから、少し変な気がした。果してこんなことで、飛行機に乗れるのかと思う。

十時二十分より格納庫において、地上操縦学、練習機につき実際に習う。早く乗りたいと思う。しかし、如何に操縦が難しいかということが、朧気ながらも判るような気がする。

二月十七日（木）

朝の乾布摩擦はもう少し長くやったらと思う。かえって寒くなる。しかし、これも、こすり方が足りないのかも知れぬ。裸になるたびに、入浴後の良い気持ちを思い出す。一昨日の風呂は実に良かった。久し振りに入った故であろう。滑空を始むる前まで、寒さを感ずる。修養すべし。軍人たる者すべからく、瘦《やせ》我慢を必要とす。本日は二回搭乗す。一回目は翼（右）を地に着く。助教殿、ぼんやりして乗っていてはいけない、と注意さる。難しいものだ。二回目はうまく行ったつもり。他の者が皆うまくできる。自分だけが取り残されるような気がする。焦ってはならぬ。焦っては何もできぬ。落着け落着け。地上操縦学は計器について西山少尉殿より、教えらる。これが一目で判るようにならねばならぬと言われ、自分には何だかできないような気がする。努力を必要とする。要は、精神の統一にあり。

操縦学、学課講堂にて、後に、四区隊の見習士官殿居らるるを知り、緊張す。人がいるから、緊張する。いないから緊張しないと言うのは総べて意志の弱さ、ずるさから来る。未だ、修養の足らざるを恨む。人間は自由を本性としているから、力を加えられない時には、自由性を発揮して、自分勝手なことをする。誰もいないと、勝手なことをしがちである。しかし軍人たるものは修養により、この自由性を滅却しなければならぬ。何となれば、軍人の主とするところは戦闘にして、戦闘においては自由は許されぬからである。自由性の撲滅こそ吾人現在の最も緊要なることではあるまいか。しかしこれは大なる困難を伴なう。人間性としての自由を撲滅することは不可能ではあるまいか。それは撲滅されたように見えても、底においては依然として、戦い続け、また新しく、生じて来るのではあるまいか。自分には判らぬ。ただ、現実を直視して、一日一日を最も良く、過すより方法がない。

二月十八日　（金）

滑空機の地上滑走にも慣れ、勤務要領も判り、今日も二回搭乗出来た。回を重ねるほど良い。一回でも多くやりたい。寒さも何も忘れて、没頭できる。特に搭乗中は無念無想だ。この境地に達することは普通ではできない。しかし皆、忘れてしまうには困る。よく落着くべし。地上操縦学は、西山少尉殿のもと、飛行要務の学課、特に発着係は、なかなかうまくやれないと思った。少し時間が余り、学課講堂にていろいろ面白い話を伺う。ノモンハンの勇士たる少尉殿は実に面白い。我々を笑わせて疲れを直して下さった。多謝々々。

教練は刀の手入れしかしてなくて教官殿より、切磋して戴く。

二月十九日　（土）

滑空機が終って駈歩にて帰る時苦しいと感ずるひとあり。これくらいの駈歩が何だと思うが、相当の運動の後とて、我儘な心が起きて来るに相違ない。自覚せよ。我は将校学生なり。中野見習士官殿も何時も言われている。今、自分達が頑張らなければ、日本の国が危ないのだ、自覚せよと。見習士官殿は実に良くやって下さる。有難い。何時か、便所の掃除をしておられるのを見て頭が下った。修養の差が、そこに出て来ると思えば、何で自覚、修養せずにいられようか。良く反省して見ろ。貴様は口でそんなこと言いながら、行動的に修養しているか。修養していないではないか。日々を何者かに追われて、送っているのではないか。今年一杯の命だ。命を失う時に、見苦しくないように今から腹を練れ。修養しろ。

靖国の神となる日は近づく。

体操二区隊岸田教官殿のもと、中津川の川原にて、皆でコーラスをなす。度々はかかるゆとりのある時間も必要だ。引張り切りのゴムが、要をなさなくなるように、人間も緊張し続けることは出来ない。印象に残る午後だった。

二月二十日　(日)

滑空機は今日より〇・五米滑空。いよいよ本格的な段階に達したことを感ず。十時二十分より学課講堂にて、西山少尉殿の地上操縦学、操縦の難しさを痛感す。又、実戦談を伺って、果して自分は、そんな事の出来得る人間になれるのかしらんと、危惧の念が湧いて来た。しかしながら、一死を覚悟してやったら、できんことはないと思う。

日曜の故か面会人非常に多し。清子でも来ているかと探す。とにかく短い命だ。今の中に、面会したいものだ。

十四時からも学課、鈴木中尉殿。内閣の一部改造。トラック諸島に敵機動部隊来襲を聞く。いよいよ戦局重大にして、困難至るの感深し。奮起せざるべからず。

二月二十一日　(月)

滑空機、今日より二段となる。腹の空くことおびただし。将校はすべからくやせがまんすべしとはこのことなりと思うも、腹の空くのは如何ともし難し。よろしく、前戦将兵の苦を思い、がまんすべし。未だ修養の足らざるを残念に思う。昨夜確かに、きちんと整頓して寝た、上靴無し。宮下の言うところによれば見習士官殿が持って行かれたのこと。大方、便所へでも行った奴が、つっかかったに相違ない。整頓には確かに自信があったのだ。しかしこんなことは文句だ。結局実行されていなかったではないか。一日不便を感ず。夕食時、見習士官殿より返して戴く。同類項多し。探すなら徹底的に探せと言われた。

物事に徹底すること必要なり。反省を要す。

二月二十二日（火）

陸軍参謀総長、海軍軍令部総長の更迭あり。トラック島にて相当の損害あり。国難至るの感いよいよ深し。自重自覚以て、大任を完うせん。

地上操縦学は搭乗法。この訓練等、早く切り上げて、乗せてくれたら、と思うことも度々なれど、基本をおろそかにしてはならぬ。とにかく、早く乗って、敵と空中に、戦う日の一刻も早からんことを希望す。しかし、徒らに興奮するを止めよ。肚を練り、腰を据えて、遠慮なかざるべからず。大成を期すべし。

ともすれば切迫した空気を忘れがちな班内生活に、本日六名の新戦友を迎う。協同一致、真に死生苦楽を倶にせん。

未だ勉強の足らざると実行の伴わざるを強く感ず。矯正すべし。

母上より小包来たり。餅入りあり。戦友とともに食す。何時もながら、母上の慈愛に恵まれた我を幸福に思う。この期待にそわんがためには、ただ、実行あるのみ。入隊前一学友と実行と理論に関し議論し、互いに譲らず。我は実行の前に理論ありと主張せるも、軍人たる以上、理論の前に実行ありとした彼の学友の説をもっともなりと認めざるを得なくなった。

河合栄治郎氏、心臓麻痺にて歿すを聞く。思想界の巨星墜つの感深し。時あたかも、彼の如き思想家の生き難き時代なり。自殺せるのではないかと思わるる。真に心臓麻痺とせば彼は幸福なり。

二月二十三日　（水）

前段内務実施。給与係の加藤、滑空にて突込む。側で見ていて、操縦桿を押したのが良く判った。沈着ならざるべからず。地操は昨日の復習。朝外出用の手套代とて一円八十五銭出す。皆、外出の噂ばかり。しかし、良く考えて見れば、外出の暇などあってはならぬはず。しかし、外出ほど嬉しいものはない。

本日警戒警報発令さる。緊張す。夕方解除。二十七日は半日休養とのこと。早速面会に来るように便りす。二十七日が待ち遠しい。

トラック島にて、真珠湾の二の舞の損害を受けたとのこと、大きな痛手に違いない。帝国海軍奮起せよ。油断は大敵なり。我が陸軍、すべからく、緊張すべし。

特操たる者、大いに張切れ。陸軍の代表者は俺達だ。

龍男兄の霊よ安心あれ。必ず、仇は討つ。

二月二十四日　（木）

前段発動機学。教官殿が、長い竿を持って来て、眠った奴の頭を叩くやに見えた。教室に長い竿の頑張っている景色は余り良くない。しかし眠る奴も悪い。自覚が足らん。

滑空機は小雨の中を決行、皆緊張して、成果上る。ますます、面白くなって来る。発動機学は興味が持てる。特に液冷、空冷の問題に対しては、未だ解決がつかない問題だけに、興味深い。

後段、内務実施。予備室の掃除を行う。積極的に任務遂行を成したか否かを反省す。

昼食時、員数不足す。靴傷患者が炊事当番に代って為したのであるが、責任はやはり炊事当番たる俺達にある。滑空機の時、叱られた故か、皆気がたっており、時ならずも、議論行わる。班勤務は協力が足らん、団結せよと言う。しかし、このことは、なかなか難しい。要は校長閣下の訓示にもある如く、万事実行で行くことだ。未だ、自己主義的なところが多分に見える。貴様は果してどうか。利己主義的なところはないか。良心に聞いて見ろ。幾分そういうところがあるはずだ。修養せよ。

誰が何と言っても、エッセン（注・食事、ドイツ語）が先決問題だ。エッセンさへ豊富に得られたなら、問題は起らんはずだ。食べるためには人間何でもやる。将校学生たる者、よろしくエッセンの問題には超然とすべし。たとえ如何に腹が減ろうとも、泰然たる人間となれ。事エッセンに関する限り未だ賤しき気起るを認む。よろしく修養すべし。

雨が降って、訓練は休みとなれば、嬉しいのは偽らぬ気持ちであろう。しかし大局的に考える時、それだけ進歩がおくれるのは、国家のため、空恐ろしいような気がする。一日も早く、立派な操縦将校たらん事を期せざるべからず。自覚と修養の足らざるを残念に思う。

二月二十五日　（金）

南風強く（十米）滑空機の訓練中止。飛行場の真んなかに中練（注・中型練習機）一台転覆せるを見る。航空隊に金曜日は、厄日だと誰かが言う。事故のあるのは何時も金曜日と言う。迷信も甚しい。前段、最大滑空をして、二米ばかり潜り、二十分位気絶をした者があったそうだ。練習中死んだのでは申訳ない。注意を要す。

戦局は予想以上に緊迫しているらしい。張切らざるを得んや。俺達が出なければ誰が出るのだ。願わくば、現在地を死守されんことを。俺達がきっと、戦局を挽回して見せる。それまでの辛抱だ。

受信　母上より

二月二十六日　（土）

滑空機、何時になく、各組の助教殿が気合いを入れる。明日休養の故か我々の助教殿も、何時もに似合わず、早駈などさす。結局は実行の問題に帰す。実行とは何ぞや。自分の思ったことをなすことか。それとも自分が心にもないことをすることか。自分をあざむいてなすことか。心の底に於てはそのことが嫌でたまらんのに、表面上、或は自分と言うものを他人から良く見られんがためにそのことをなすことか。或は、確たる考えもなく、計画もなく、漠然となす、所謂実行主義的なことか。

二月二十七日　（日）

待望の休養日。四時半非常呼集、中津川橋に敵挺身空輸部隊降下との情況下に、演習開始。駈歩を以て、中津川に走り、爾後二時間半行軍をなす。途中、これが実際だったらと考う。自分たちは軍刀しか持っていない。敵は弾丸を持っている。とても勝ちそうもない。軍刀を振って、敵中に斬り込むか、或いは敵の糧道を断つか。否、敵はそんなことはしない。むしろできない。できないように制空権を握るのが我々航空隊の任務ではないか。皇土の制空権は我々が守るべきだ。もし、敵グライダー部隊が来たとしても、我々特別操縦見習士官が一人前としている時には、皆、大平洋の藻屑だ。一人たりともこの皇土に降下させてはならぬ故に、本日の想定は我々を侮辱するも甚しいと言わねばならぬ。歩兵の非常呼集ならばともかく、航空兵の非常呼集は速かに飛行機に搭乗出来る準備をなすを以て、我々の訓練とせば良いと思う。

勿論、その設備もなく、飛行服をなきを以て、現在それは無理であろう。しかしながら、心の準備（精神的）を訓練することは、最も必要である。本日の演習も、またその意味を以て行われたことと思う。

十一時まで掃除、洗濯を行う。見習士官の行うべきことならずともいえども、手の足らんを如何にせん。十二時近く、面会人来たるとのこと。面会場たる物品販売場に向かう。一回捜すも判らず。守衛をつかまえて聞き判る。親父が一人だ。他に誰か来ていると思ったが誰もいない。今朝着いたとのことで、具合が悪そうだ。馬橋に来ていると思って、いろいろ持参致してくれたとのことだったが、皆置いて来たとのこと。ちょうど良い小刀を持って来てくださる。これから落合氏の所へ行くのだそうだ。二時頃帰る。水筒をかけて、トランクを提げた外套の後姿がとても淋しい。見ていて、淋しく感じて仕方なかった。龍兄さんの戦死があってより急に老けたように思える。自分が医者になっていたら親孝行もできたのに、言うことも聞かずにしまったことが、何となく、たまらなく感ずる。可哀想なる父親。何とでもしてやりたいと思うが、如何ともし難い。こんなことを書けば敗戦思想だと言われるかも知れぬが、日本中に、このような、あるいはこれ以上の家庭が、どのくらいあることだろうか。総て悠久の大義に生きる大和民族の雄々しい、しかも悲壮なる現実を直視せよ。敵はトラックに来た。今こそ我々は、一切の関係を断ち切って君国に尽くすべき秋《とき》ではないか。しかも、そのこと自身が忠であるとともに孝であるのだ。孝を尽くさんと思わば、現在の自己の任務を完遂することを思え。小なる孝を考えてはならぬ。よろしく大なる孝を為すべし。

御世話様になりし中野見習士官殿、熊谷本校へ帰任さる。今まで真に兄と慕った中野見習士官殿を失うことは、泣いても泣き切れぬ心持ちだ。何の縁かは知らぬが、二週間余りを一緒に暮らし、良く我々を指導励ましてくれた兄さんが帰ると聞き、龍兄さんの戦死を聞いたと同じ衝撃に打たれた。実に行届いた良い人だった、我々を理解して下され、しかも甘やかさなかった。見習士官殿との最後の演習は非常呼集であった。俺達がやらなければ日本が危いんだと何時も言われた言葉。トラックの上から、立派な将校になれと言われた言葉は永久に耳の底に残ることであろう。胸底実に淋しさに満つ。しかし別離の涙をこらえて我は誓う。必らず立派な飛行将校になって御期待にそうことを。忠助兄さん、見ていて下さい。代りに本郷・野々田両見習士官殿来らる。

二月二十八日　(月)

滑空機、突風のため中止。飛行場に物凄き砂煙上る。その中を、二式戦が着陸して来た。空冷のも水冷のもある。直ちに、実用機見学に入る。水冷の二〇粍機関砲の大きいのには驚く。早く、乗りたいと思う。実戦射撃の帰りにて、ちょっと、風を避けたのだそうだ。調布の航空隊とのこと。

夜、転属の噂をきく。

昨日、兄とも頼む中野見習士官を失い、今夜また父とも頼む、区隊長殿の館林帰還を聞く。残念さ言う方なし。しかれども、命令の致すところ如何ともし難し。良き区隊長であった。冗談がうまく、思わず笑わせられた。後任は鈴木中尉殿とのこと。淋しく寝る。今夜より座禅行わる。

受信　宇野君・荻原定雄君・母上より

二月二十九日（火）

敵、マリアナ諸島に来るとの報を聞く。時局ますます重大さを加う。特別操縦見習士官たる者、すべからく、全智全能を尽くすを要す。我等の一人前となる日まで戦局を維持することすら危まれる。しかし、焦らず、恐れず、己の任務に邁進すべし。徒らに恐るべからず。一日一日を立派に暮らして行け。しこうしてそのためには信念を持て。信念に基く生活こそ、最も立派なものだ。総べての邪念を捨てよ。賤しい心を起すな。

未だ清廉潔白ならざるを恨む。修養すべし。本日よりいくら腹が減っても、さもしい心を起すなかれ。田谷少尉殿より、引率時の整頓が悪いとの注意あり。教練の時は、うまく出来ず、何故出来ないかと言わる。やはりここにても、人間性としての自由が現われているのではないか。早く、この我儘を直さねばならぬ。

三月一日（水）

今日はもう、三月だ。朝の乾布摩擦も慣れて、段々皮膚が丈夫になるような気がする。本日より、真物の発動機について、格納庫にて学課あり。複雑精巧さに、おどろく。確かに、現代科学の粋を集めたるものなり。地上操縦学は方向修正。毎日同じことをやっている関係上、あきやすく、すべからく自覚して、研究すべし。滑空機、志気よろし。昨日より張切っている。この調子が続けば良し。気候が暖いと、とかくだれがちである。しっかり心を緊張さすべし。

受信　宇野君・荻原君・有明国民学校平川夏子

三月二日　（木）

風強く、砂塵蒙々として滑空機中止。皮肉でなく、皆の残念がること、限りなし。一回でも多く乗ればそれだけ上達するのだ。一日中止すると何だか腕が落ちて初めに戻るような気がしてならぬ。

十八時より第一格納庫にて映画あり。日本ニュース、学徒出陣、あの感激を思い出す。今見習士官として、その当時を思えば、感無量なり。海鷲自爆のニュース。空中勤務者として、これまた、感無量なり。心中期するところあり。一死以て国に報ぜん。

学徒出陣にて、我班の望月現わる。緊張そのものと言った顔。

宣伝映画とはいうものの、給養の良いのは羨しい。また不時着せし者を助ける場面が多く出たが、上官と部下とが、生死を超越して結びついているのを感じた。また、陣中ピアノを弾いて、心を慰めている場面もあった。ドイツらしいところがあると思った。どこにいても音楽を愛す心は変らない。音楽によってどのくらい慰められ、また勇気を与えられることか。レコードぐらいは聞きたいものだと思う。ぜいたくなことを言うなというかも知れぬが、これは決してぜいたくでも何でもない。音楽によってもたらされる効果を考えたなら、考うべき問題と思う。設備がなければは、勿論致し方なし。「愛機南へ飛ぶ」は、その中に女がグライダーをやっているのが出てきた。しかもなかなかうまい。女でさえやれるのだと思うと、癪にさわる。とともに未熟な腕が恥ずかしい。真剣にやるべし。

同じ映画を学生時代に見たのと今とでは大分観方が変った。学生時代はただ憧れにすぎなかったのが、今はその場面々々において、一空中勤務者の気持ちが判り、自分がもし、あの場合だったらどうするだろう等と切実に感ずるようになった。飛行機そのものが生き物の如く感ぜられた。

〈教官より〉

批判は止めよ。ただ疑いなく批判なく日々の任務に邁進すべし。

実践あるのみ。

三月三日　（金）

前段、地操学。誘導標について、杉山少尉殿、一週間分、しゃべってしまったから明日からは話の種がないと言われる。しかし、なかなか難しいところがある、中段は教練、相変らずの課目ではあるが。幾らやっても上手にならぬのが、この学科の特徴等とあきらめていた学生時代とは異なり、賤くも見習士官たるものは、衿持を持する上からも、真剣にやって、早く身につけなければならぬ。要は精神なり。滑空機、大分上ったと思ったが、後で聞けば乗内で五十糎《センチ》位とのこと。上る時の感じは、エレベーターと同じ。接地操作は難しい。

節句の故か菓子の特配あり。菓子を貰うのが一番嬉しいとは、まるで子供のようではある。但し、食う時だけ童心となり、その他の時は雑念が交わるのは不可なり。昨日の新聞（戦時版）にて、石川さんが、通信学校長に補せられしを見る。もう昭南より帰られたことと思う。向こうの状況が知りたい。

三月四日　（土）

朝より曇、午後小雨あり。明日休養なりとの噂とぶ。夜に至り、デマなりと判る。休養を考えること既に誤りなり。吾人はただ一途に任務に邁進すべし。雑念なき心境を持つことこそ、修養の第一歩なり。

小雨の中を滑空実施。過去一週間、取締りとして、何もなすことなく終りしを残念に思う。四組のため、努力を惜しみしことなかりしか。滑空時の無念無想の心境、何時もこの心境を持ち得たならと思う。ただ操縦にのみ心が集中し、心と何物もなき心境こそ、最も尊いものなり。

父上より二十九日朝着郷せしとの便あり。まことに御苦労様であったと思う。吉田君よりは、元気になったとの嬉しい便りを戴く。友人として誠に喜こばしいことなり。後の御健康を祈るのみ。

将校たる修養は不言実行にあり。よろしく、身を以てことに当るべし。自覚こそ吾人の現在最も必要とするところのものなり。

受信　父上、吉田君

発信　吉田君

三月五日　（日）

起床と共に雪降りなるを知る。風も加わり、吹雪の様相を帯ぶ。舎内点呼。十時まで自習。杉山少尉殿の試験あるとのことなりしも中止となる。中段、格納庫にて機関学。足の冷たさを通り越して、痛さを感ず。じっと我慢す。この位が何だと張切ったが、冷たいことおびただし。休憩時体操をなし、ようやく暖《あたたか》味を感ず。今日は休養なりと報らせし故か、吹雪にもかかわらず面会人多し。宇野来ているかと思ったが、来らず。

後段、滑空機に代るに、鈴木中尉殿の操縦学の試験。これが出来なければ、原隊復帰と言われて、大いに張切る。しかし結果は半分出来たのみ。もっと勉強するを要す。殊に確実性を欠く。徹底、確実こそ大切。試験終り、吹雪の中を、半裸にて駈歩をなす。雪の中を裸で駈けしことは初めてなれども、案外寒くなし。寒いと思った時はこれに限る。終ってから体が暖くなって来た。自ら苦の中に、体を投げこむ時、勇気湧き、その後の心地良さ、言うにいわざるべし。古人曰く、身を捨ててまつ浮ぶ瀬もあれと。よろしく捨身の精神を養うべし。苦しみに堪えた後の気持ちは言うにいわれなし。

今日も昨日より丈夫になったような気がする。自信を持て。しかして、また希望を持て。汝、未だ信念を持たず、熱と意気とも必要なれど、また信念も大切なり。信は力なりと戦陣訓にもあり。信ずる者は強し。打算的、利己主義的感情を早く捨てよ。食物にこだわるな。ずくを出せ。戦友に親切なれ。

操縦学問題。

1、失速の徴候　2、旋回中の内滑りの原因及び修正法　3、プロペラの後流の離陸時の影響（簡単に記せ）　4、風圧力算出の公式　5、操縦者必須の性格。

発信　落合氏

入浴と甘味品は一日置きなり

三月六日（月）

朝、四時半頃非常呼集。飛行場、駈歩にて半週。夢現《うつつ》のうちに夜明けを迎う。皆、無言なり。滑空機、非常なる眠気に襲わる。何くそと頑張るも、目がいうことを聞かず。どんどんと落ちてからはじめて目が覚めるといった具合。睡眠時間の少し位の不足位、征服できないかと思うと、自分の体に自信が失くなった。

中段、地上操縦学の試験。出来具合は半分。判っているようでもいざ試験となるとなかなか書けない。もっと勉強するを要す。

後段は航空体操。見たところ、何でもないが、いざやって見ると、非常に強度の運動なり。特にその場跳びが揃わんとて、長く行ったのには、閉口した。最後には足がいうことをきかない。航空兵たる者はこのくらいで参ってはならぬと思うが、なかなかうまく行かぬ。未だ鍛錬の足らざるを思う。精神のみならず、すべからく肉体も鍛うべし。

三月七日（火）

滑空機。元気旺盛ならず。昨日の体操の故か、体の節々痛む。滑空の妙味とは行かぬも、その快適さがだんだん判って来た。早く飛行機に乗って、制空権を獲得したいと思う。後段の教育に面会のため、おくれて来し者あり。言語道断なり。よろしく切磋琢磨すべし。軍隊を甘く見ているなとの教官殿の言葉には心つかかるものあり。命令の徹底的履行、実行こそ軍人たるものの本分とするところなり。一騎当千の空中勤務者、特に指揮官たらんと志ざす者は、生やさしい訓練では駄目だ。血と涙の猛訓練あって始めて指揮官たり得るのだ。自由性を発してはならぬ。人間性としての自由を殺してこそ、真に立派な軍人たり得るのだ、この点未だ修養の余地あり。

海軍の大尉、視察に来らる。軍服を見ると、龍兄さんのことが思われてならぬ。

清子より端書来たり。東女医専に合格せりとのこと。女医になることの当否は別として、家の手伝いしながら、短い準備期間にて合格せしことを喜ぶ。父上も満悦のことと思う。

受信・発信　清子
〈検閲　野々田〉
乱雑なり。地方の日誌に非ず。修養途上に在る将校学生の反省録なり。

三月八日（水）

六時半より大詔奉戴式。第二格納庫前にて行われ、米英撃滅の念をいよいよ固くす。己の現在の任務に邁進することが、忠なりと隊長殿の御訓示あり。二、三、六区隊に何か事件あり。野々田見習士官殿、本日より我々を初年兵として取扱うとのこと。その他、全てにわたり、圧迫加わる。自分等の自覚が足りなかった故か。ある取分のために全体が迷惑する現象は良く起りがちである。軍隊においては一人残らずが良くならねば駄目だ。徹底的といおうか、号令調整法、舎外掃除勤務、切磋琢磨しあう。その後の石廊下の掃除において、最後に残りたる者何時もながらの顔ぶれにて七人、後の十五人は消えてしまっている。そんな奴がいるから、とやかく言われるのだと思うと、ぶんなぐってやりたい。自覚に待てと言っても、そんな奴に自覚反省のありようがない。他人を云々するのは良くないが余り腹立たしいからここに記す。

班内あたかも学生寄宿舎の如き感あり。人間性たる自由の偉大さを見せつけられし如き思いす。人間おさえられる力がないと、こんなにまでになるのかと思う位なり。寒心に堪えぬ。むしろおさえる力が上から圧してくれた方が、恐しい感じをいだかずに済んで良い。

野々田教官殿は言わる。「貴様等は魂は悪く、身体は弱く、操縦は下手だ」と。確かにそうかも知れぬ。ただしながら、そういう人間であっても熱と意気があれば良いと思う。要は情熱だ。純情も良し。淡白も良し。ただしながら情熱を欠くあらば、そはただの人形なり。

三月九日　（木）

滑空機が上手《うま》くできた故か、今日一日は元気に過ごせた。朝、上手《うま》くできれば、一日中楽しくこれに処し、失敗した時は、一日中元気が出ない。搭乗前、助教殿より今日やれなかったら、どうすると言われ、きっとやりますと答う。重ねて、できなかった時はどうすると言われ、きっとやりますと答う。自信あらざりしも、精神何事かならざらんと思い、為せば上手くできた。やろうと思えはできるのだ。ここが掴みどころだ。

後段、発動機学の試験、良く出来なかった。この前の地上操縦学の試験の結果は、助教殿が飛行機上にて（前方座席）点をつけられ居るを偶然に会い、見ると六十三点。がっかりすると共に、努力の足らざるを感ず。今日の試験は五〇点位か。根本から判るようにする。

面会に来ても、食物は食べてはならぬ。或いは週番士官殿が常に見張っているというので、面会の価値なしと思う。後、長くとも二年の命なりと考える時、せいぜい面会くらいは楽しみ度いものだと思う。希望を与えつ、それを目標として邁進させるというのも、一つの手段ではなかろうか。例えば勉強する際に、机の上にマンジューを置き、何頁まで済んだならば、それを食べようと思ってやる時は勉強の能率も上るのではないか。

何れにせよ、自分はいい加減なことをしておきながら、相手に対する時はあたかも聖人であるかの如くいうのは、恥を知らざるもはなはだしい者だと或る人が言ったが、確かにその通りで、自分が修養できないところは他人にもこれを強要してはならぬと思う。松本班長より写真来る。なつかしい。

受信　松本班長

三月十日　(金)

軍隊に入って初めての陸軍記念日。朝より一日中、雨降りにして寒し。過ぎし日露の戦に大勝を博し、奉天入城を行った記念日。当時の情勢と、現在の情勢とを比較するに、その規模の大小は異なるも、国民の精神的状態は同一なりと思われる。何れも世界の強国を相手としての戦であるだけに、そこに共通的な精神要素が存す。悲壮なる気持ち、これこそ共通なものではあるまいか。国力の相違は精神では補い得ぬ。今日の如き物質文明の世界にありては、精神第一主義を取る者も少いとは思うが、若しありとせば文明の力を知らぬ愚者というべきであろう。

日露戦役の当時は物質に対するに精神力でも良かった。何となれば、まだ物質は精神を圧倒するだけに発達してはいなかったから。しかしながら、今日においては既に精神を以て物質に打勝つことはできない。これは今日においてこそ万人の認むるところであるが、大東亜戦争以前においては、日本人は余りに精神力に期待をかけすぎていた。日本の識者が、このことを早く発見して、その策を誤まらなかったなら今日無理な戦をせずに余裕綽々《しゃくしゃく》として戦えたであろう。

日露戦争と大東亜戦争とを比較して、精神力と物質力とがその主客を転倒しているのを見る。ここにも又、人類発展の歴史が如実に示されている。文化を尊ぶものは栄え、無視するものは亡ぶ。文化の力は恐るべきである。吾人現在の希望を述べんならば、一刻も早く米英ソを屈服せしめて、彼等に勝る文化生活を展開し、往年のイギリスの如く世界何処の地に行くも日章旗の威力厳として存し、日本語を以て世界語となすに在り。

中段、岸田教官殿の戦術。将校たるものは戦術を知らんようでは困る、戦術は将校の表看板なりとのこと。教官殿は何時も愉快である。顔が良くて愉快ときているからこの上なしである。

後段、飛行機学。学課講堂にて、今日一日は事実上、休養という感じ。有意義な陸軍記念日とはいえなかった。

毎日毎日、何か一つでも良いから、つかむところのあった時は楽しいものである。それに反し、漠然と過ぎた一日ほど、悲しいものはない。何か得るところありし日の、貴重なるを以て修養とやいうらん。

受信　母上、耿姉さん

三月十一日　（土）

思い出す。忘れられぬ二月十一日より既に一ヵ月を経た。何による腹膜炎か、気の毒なり。快癒を祈るのみ。人の運命、計り知るを得ず。

滑空機、五米位なりしも、地上の人、小さく見え、空を行く気持ち良さをチョッピリ味わう。但し接地操作拙く、ドシンと落ちたのには閉口。一寸失速気味なりき。地上操縦学は例の如く誘導標の見方と実際に中練に乗ることの練習、とかくだらだらしがちな学課なり。小春日和の暖かさのため、居眠る奴あり。将校学生らしきところなし。

後段の体操は航空体操。号令に応ずる動作、なかなか早く行かず。

十六時五十分頃、舎前において写真を撮る。黒枠に入れられた龍兄さんの写真を思い出す。写真が出来たら何時死んでも良い。

近頃は毎日毎日が時間のたつのが遅く感ぜらる。早く飛行機に乗せてくれたらと思うことも度々である。焦っているのかも知れぬ。もっと落着け。焦っても仕方ない。しかし時間が惜しいような気がして仕方がない。

ここは二十六日に戦隊になるそうだ。二十日に訓練終り、二十四日が卒業式とのこと。十八日は作業衣を返すという噂もあるが、確たることは判らぬ。要するに後、一週間だ。最後の頑張りをなせ。

発信　母上、耿姉さん

三月十二日（日）

滑空機。風強くなり途中にて中止。残念ながら一回しか乗ることを得ず。しかりといえど五、六名は一回も乗ることを得ず。高度四米、支え方良く水平飛行こなすも接地直前、舵くずる。漸く自信を得るところまで漕ぎつけた。後、もう少しの頑張りだ。空には一期生が編隊も解かず乱舞している。もう卒業なのだ。南に或は北に戦隊に配属となる日も近いことだろう。自分等も、もうすぐ転属になるらしい。行先は館林か、相模は戦隊になるらし。トラックにて警備兵来たり。学課講堂に宿す。

中段の地上操縦学は自習。後段は密集教練の予定なりしも変更となりて第二格納庫にて、軍刀に関する講話。今度から正規の外装が変り、実用的な地味な外装になるとのこと。良く切れるのが欲しい。朝より訓練を行った故か、日曜ということなど全然忘れて、面会人がたくさん来ているのを見て初めて日曜であったと感づく。明日は休養とのこと。日曜を休養にせざるのも意味深である。

一日を反省して何か得るところありしかを考える。淡白になりつつあるは事実なり。しかれども肚をつくるに憾みなくも、敵と戦闘する肚を作れ。“いざといえば死ねば良い”この覚悟もち万事を処せん。けだし名言なりかな。

ここに来てから既に一ヵ月を経た。まことに早いものだ。一ヵ月前と比較して果たして将校らしくなったか。人格の陶冶はできたか。何だか一ヵ月前と変らぬような気がしてならぬ。入隊した当時が一番張切っていたように思う。段々意気地のない人間になるようで仕方ない。もっと猛烈なる訓練が加えられれば良いと思う。助教と我々との関係については憤慨したこともあったが、彼等と比較して何となく見劣りしまいか。そこに自分は訓練の偉大さを見る。訓練の差によって、如何に軍人らしく見え、また軍人らしく見えないかが決し、初年兵の如き訓練の烈しさが希《のぞ》ましい。一回でも良いから顎を出してみたい。そうしてこそ初めて、将校らしい軍人が出来上るのだ。

発信　松本班長

三月十三日（月）

休務。八時半より予備室にて高橋兵長、私物刀の検査。昭和刀約半数なり。終りて洗濯。午後は就寝。十六時まで。夕食給与良し。英気を取戻す。

これより先、朝の乾布摩擦後、飛行場に出で、田谷、西山少尉殿、神永曹長殿等五人の方を送る。双発高練にて去る。行先は水戸の防空戦隊とか。永らく御世話になりしを感謝す。飛行機の別れはあっけない。自分が兄を雁ノ巣で送った時もそうだった。

昨夜は将校室で十時半頃まで見習士官殿のお話を伺う。隊長殿はいられない。ラバウルにいる味方の飛行機の少ないのには驚いた。大丈夫かと思う。

今日一日は外出との話もあったらしいが、一人の区隊長殿の反対で止めになったとのこと。今日からは面会も禁止。衛兵所まで来た人もたくさんあったが皆帰らされた。気の毒と思う。厚木の駅にでも掲示してやれば良いと皆の噂。面会禁止の理由は防諜もあるが、足止めして封ずることもあるとのこと。とにかくここにいるのも後一週間だ、有終の美をなさんことを期す。今日一日養った英気を以て、後一週間張切って行くべし。修養と鍛錬の連続が明日より始まる。

受信　克明君、庸善君、倉田氏

発信　鹿野氏、一ノ瀬氏

三月十四日　（火）

朝より曇りおりしが、飛行機学（前段）終る頃より雨降り、滑空機は格納庫にてゴム索のつなぎ合わせをなす。明日より三十米（今までの二倍）のゴム索にて最大滑空をなすとのこと。試験滑空のためレアルク見るも速度の減少目に立つを見ゆ。失速するやに見ゆ。

明日、失速せんことを憂う。後段、地操学、揚周訓練、最後に一、四区隊、才戸橋まで選手を出し競走す。蓋《けだ》し適当なる運動なり。今日は一日中、陰気なる天気なり。心も従って晴々せず。後旬日を出でずして、去ることを思えば一日一日のここの生活が名残り惜しく感ぜらる。入浴後、野々田見習士官殿の簡単なる身上調査あり。『生活の探究』につき、赤なりしやと問わる。自分の如き頭の持主が赤たり得ず。堂々と愛読書と書きし以上、赤たらずとは自ら明かなところなり。赤の本質等は自分には判らぬ。

落合寿美子殿より便りあり。字の拙いのに一驚す。後、女のことなど口に出すまい。一切の縁を断つを要す。

未だ修養の足らざるを知る。事、食事に関してまさにしかり。食うことは先決問題なりといえども、将校学生たるもの、決して意地むさき態度等あるべからず。人間の真の格を見んと欲せば、その人の腹の空いた時の食事に対する態度を見よ。必らず判るものなり。

汝、現在の直接目標（或は楽しみ）を毎日の三食にかけて居はせんか。深く反省して、清廉なるべし。食事の事は一切考えずに、如何にしたら立派な将校学生たるべきかを考えよ。

受信　落合寿美子、下宿の小母さん、斎藤先生（注・小学校時代の恩師）

発信　克明、庸善君、父上

三月十五日　（水）

滑空機、風強きため種々の事故起る。五組、転覆して逆さにぶらさがり、真中より折れ、悲惨な姿を呈す。アッという間の出来事なり。三組、五米位より失速気味にて落着。飛行張線をとばす。見ていても気持ちが良い位、両翼バサリと落つ。何れも突風のなせる悪戯か。

風強き場合の操作は困難なり。自分では良いと思いますと言うを、助教殿に怒られる。教えてやらぬと言う。仕方なしに、あやまる。こちらが下手だから、仕方がない。自分ではうまくやったつもりなれども、実際は出来ていないに違いない。何時も思うのだが、自分のやっているのを映画にして、それを見て直したら本当に良く、自分の悪いところが判って良いと思う。助教殿を通して見た自分は拙劣のみ。血沈を覚悟す。

後段、地上操縦学、ブーストマイナス七の連続。数えたら、もう何回やることだろう。しかるにできない。教練と同じだ。三時間歩いたら、距離も相当なものだ。何だか、この時間が惜しいような気がするのは誤りか。要するにガソリンの節約なのだろうか。早く乗りたいものだ。自分の足が、これをやっている時、米国の学生は如何。きっと練習機に乗っているに相違ない。ここにおいてもう一歩、既におくれているのではあるまいか。

発信　克明君・宇野君

三月十六日（木）

前段の飛行機学、眠いことおびただし。中段の滑空機、五組にて又も事故あり。破損せる飛行機にぶっつけ、ケガをしたとのこと。危害予防に注意することを要す。滑空機に操縦されては駄目だ。操縦しなければはいかんと教官殿も言わる。今日はよくできたと思ったが、まだ拙いらしい。どうすればよいのか情なくなる。早く飛行機に乗せてくれれば、体当りで行くのだが、技は拙くとも体当りするくらいの肚はあるつもりだ。員数見習士官と言われ、どこまでも員数でやられたのではかなわぬ。員数なる観念の絶滅こそ、緊急の問題だ。員数なる観念に捉われていたのでは、為すことまで員数になってしまう。質の低下は事実だ。しかし敢てそれに目を蔽う必要はない。質の向上を図れば良いのだ。しかるにどこまでも員数としてやるから質の向上も何もない。

一期生、明日出発とのことで、皆騒いでいる。心中察するに余りあり。我々に送らせてくれれば良いと思う。一期生との接触も、もっとなされるべきではなかったろうか。

この頃、皆、たるんでいることは事実だ。後、四、五日でここを出るのだから落着かぬのも無理はない。今は相当、自由な時を与えられている。後、数年の命なればこそ与えられているのだろう。反省録に給与のことを書くのはどうかと思うが、やはり食うことは先決問題だ。給与が良ければ張り切り方も違う。腹が一杯でなければ常に不満を持つのは人間の性質だ。将校学生たる者も人間だ。こんなことを思うのは、未だ修養の足りない証拠なり。後段、今日も、ブースト。皆、飽きたらしい口吻《ぶり》。しかし実際にやるとできない。いくらやっても、きりがないとはこのことだろう。

三月十七日（金）

起床動作、昨夜注意された故か早し。しかし未だ良好とはいえず。

前段、密集教練。小隊長の動作といえども、これに習熟せざれは何もできない。指揮の難しさをひしと感ず。

滑空、理想的にできて喜びを感ず。目標を一段と高めた。更に努力せん。翼端看視をなす。

後段、機関学、給油装置、点火系統、何れも中練について。眠気を催したり。将来編隊長となるを思えば、それを真剣に考えたら、眠くなどないと助教殿は言わる。真に理なり。未だ修養足らず。この前撮りし写真、うまくできないとのこと、機関学終りて撮るも、天候曇りにてうまく撮れざらんと思う。

後、数日にてここを去ることを思えば、とかくゆるみがちな気持ちを抑えて有終の美をなさんことを期す。

夜、甘味品の特配あり、快なる哉。

グライダーの良く出来た日は、一日中愉快である。それに反し拙かった時は一日中、暗い気持ちがする。飛行機に乗れば尚更これが烈しいに相違ない。

近頃めっきり春らしくなり、吹く風も生温い。飛行場には、チラホラ青葉が見える。我々の若さと熱の発散させる気候とはなった。しかしながら軍隊においては感傷的なことは一切許されないのだ。よろしく強き心もち、励まん。

　受信　倉下氏
　発信　父、耿姉さん

三月十八日（土）

一日中雨と雪にて降り暮らす。前段、野々田教官殿の米軍についての講話、滑空機の内務実施となる。後段、機関学、格納庫にて燃料装置及び降着装置。昨日付を以て一期生、少尉に任ぜられたと聞く。我等もまた、今年中に少尉に任官するを得べし。名実ともに少尉たらんとせば、更に一段の努力を要す。今から修養すべし。

せっかく、滑空機に興味が出てきたのに中止とは残念なり。晴れたる日を待つ。

後、数日にしてここの教育も終りになるらしい。張切って有終の美をなさん。

母上より端書来たり。有明演習地に五〇部隊の学徒部隊行きしとのこと。松本に居れば家にも寄れしことと思う。戦友はどうしたろう。

故郷に再び見ゆる日は何時か。なつかしき故郷。しかしながら、そんな感傷にふけっているときではない。軍人たる者、すべからく総てとの縁を切るべし。修養の身にある者、邪念を一掃し、清らかな心を養わん。

一語より一動。文句を言う前に先ず行え。校長閣下の訓示にも万事実行で行くことと明示されている。何が何でも実行だ。

三月十九日（日）

昨夜点呼後、停電す。吹雪のためならん。暗き中にて鈴木区隊長殿並びに野々田教官殿のお話しあり。よほどしっかりせねば将校たり得ないとの結論なり。例あり。佐野見習士官本日外出（臨時）より遅れて帰隊す。命令違反なり。軍隊観と言おうか何と言おうか、軍隊に対する観念が、あたかも学校に対する観念の如き感あり。帰隊時間に遅れる等、以ての外なり。誰しも憤る。

要は本人よりむしろ親が悪いのだ。自分も松本に居た時、臨外（注・臨時外出）を一日貰ったが、一時間前には間違いなく入門した。父も早く行けと言った。軍人の故か父はそういうことには、慎重過ぎるほど慎重だ。自分にとっては有難いことだ。自分が親となった場合にも良き（溺愛的でない）父親たるべし。

前段、計測器学。格納庫にて。今朝の寒さは格別なり。一面銀世界にて美し。中段、滑空機になる頃、ようやく暖くなり、雪溶けにて道悪し。後段、軍歌演習、中津河原に至る。駈足、軍歌の連続にて相当の疲労を覚ゆ。しかれども今朝四区隊にて行いし褌一本の駈足に比較すれば何でもなし。数人の者良く軍歌演習をなさず。河中に行進させらる。中に行進せざるもの一人あり。班内に帰りて切磋さる。特操の面目あらわれ気持ちよし。昨夜張切ることを誓いしが、如実に現わる。

十七時十分より、四区隊舎前に集まり、各教育隊に分かれ、小平一人のみ矢吹にて、他は総べて館林なり。早川少尉殿より諸注意あり。少尉殿は輸送指揮官なり。

臼田のお義母さんより端書来たり。蘇峯翁の（注・徳富蘇峯）詩、記しあり。

投レジ巻縦レヒ早各競レフ先ヲ

青春汗レシ国気衝レク天
慚ヅ将二テ哀打一落二ツルヲ人後一
七十年前一少年
翁の意気老いて益々盛なるを見る。若い者、何ぞ奮励努力せざらんや。
　　受信　臼田の義母さん

三月二十日　（月）

昨日より雪降り続く。相当の寒気を覚ゆ。ここにおける演習は今日で終りたり。前後段、地上試運転に関する学課、特に雨中、始動訓練をなす。ブースト±〇なる時、プロペラの後流物凄く、はね飛ばされそうなり。爆音も相当なものなり。中段、最後の滑空機は変更され、滑空機の梱包となる。愛する機もバラバラとなり箱に入る。我が肉体の粉々となりて白木の箱に入る如く。

　これからという時、滑空機の中止となりたるは残念なり。ようやく精髄を覚えたのにと思うと口惜しい。この勘を忘れなければ良いが。

　相模における地上訓練も終った。この一ヵ月半をかえりみて、果たして精神を打ち込んだ訓練ができたであろうか。一ヵ月半前の自分と現在の自分とは果たして向上の跡が見えるであろうか。少しも変ったところがないではないか。果たして向上したと言えるであろうか。二等兵の生活より急に楽な生活になって、反って退歩したのではあるまいか。将校たるべき精神基礎は作られたか。省みて恥ずべきことはなかったか。総べて疑問である。この反省録を繰って見て無量の感に打たれる。実行の生活、不信の生活を期したつもりなれど事実は逆でなかったか。

明日からは演習はない。しかれども、今なお連続した演習のある如く感ぜらる。滑空機は、もう一度、真に乗りたかった。これだけが心残りである。

発信　父、臼田の義母、宇野君

三月二十一日　（火）

昨夜、又も不淡白なる行為をなしし者あり。二回目なり。即ち小包より菓子を取る。教官殿に見つかったからではないというも真疑は判らず。加之、態度悪く少しも反省の色なし。事、食うことに関しては将校学生たる者、欲望を超越するを要す。

今回の如き事故発生せるは真に遺憾なれども、その原因を探求すれば空腹に存す。給与充分ならざるか。しかり、充分ならず。しかれども、将校学生たる者は、痩我慢すべし。

山崎、一期生の助教をなぐり、なぐり返さる。なぐったのは痛快なれども、なぐり返されしは残念なり。しかれども山崎の意気壮たるは認む。よって週番学生を仰せつかる。けだし適任ならん。

本日前段、教材たりし発動機の手入れあり。中段、野々田教官殿の訓話、軍隊を批判してはならぬと言わる、我等にその資格なし。昼近く校長閣下来られたりとのこと。なるべく洗濯に出ぬようにとの達しあり。かく表裏ある行動は将校学生たるべき者の取るべき行動ならず。ありのままを校長閣下に見て戴ければ幸である。校長閣下もこのくらいのことはご存知のことと思う。また、本日、始末書の割当あり。こんなことも初めてである。総べて員数的であり、始末書の意義なしと考う。

軍隊を批判する資格なしと言うも、余りに矛盾せるところありしを以て、ここに記す。現在の社会全体が矛盾に満ちていることも事実なれど、軍隊においてもまた矛盾あり。入隊前においては夢想だにしなかったことなり。国軍の向上を図らんと思わば、先づこの矛盾を取除くを要す。そは理想なりという者ありといえども、我は不言実行、矛盾の絶滅を期せん。
後段、臨時勤務となり、発動機の手入れをなす。その間、双発高練見学、中に入って見る。快適なり。現代科学の粋を集めたるもの、これ飛行機なりとの感をいよいよ深くす。操縦席に上りし時、容易に操縦できる如き感がす。盲蛇に怖れずの類か。

三月二十二日　（水）

被服類梱包。陣営具の返納も進まず。落着かず。昼食、会食あり。（本郷教官とともに）

三月二十三日　（木）

編上靴その他靴類返納。相模の生活も今日一日で終ると思うとなつかしく、一ヵ月半の生活が、短くもあり長くもあったように感ぜらる。人格の向上を目指した一ヵ月半ではあったが、果たして予期通りの成果を得たか否かは疑問なり。十時、米田隊長殿の挨拶、格納庫前にてあり。真の教育は、これからなりと言わる。

明日に備えて早く就寝す。

〈早川少尉殿の注意ありたり〉

三月二十四日　（金）

明くれば、いよいよ出発の日。二時起床。毛布等の返納掃除をなし、五時半各教育隊別整列。なつかしの兵舎に別れを告げ、各教育隊に向かい出発す。我々は早川少尉殿引率の下、厚木駅に向かう。九時少し過ぎ厚木発、新宿、渋谷より地下鉄にて雷門に至り、東武本線にて十三時十分前館林駅着。

約一時間行軍の後、教育隊に入る。増築中なるも、規模小なり。
風の強きことおびただし。直ちに一区隊より八区隊までばらばらに分たれる。第七区隊となり、階上に位置す。風強きことに一驚す。隊長殿の老婆心にて十九時就寝す。良く眠る。各区隊二期生二名ずつ配さる。

三月二十五日（土）

内務実施。一日中朝から晩まで風が吹いている。赤城下しの風は冷たい。航空服等渡さる。嬉しいものだ。大掃除等実施。

三月二十六日（日）

昨日、マントー氏反応をなし3㎜出る。
候補講堂にて学課、飛行場観定その他。午後、遊動標設置。夜、軍医殿の受診に関する訓話。遅くなり外にて点呼。内務班にて、区隊長殿、助教ら達せらる。
区隊長は田谷少尉殿。助教は十二組で小山曹長殿。

三月二十七日（月）

飛行演習、格納庫より中練を出して実際に始動す。皆、飛行服姿も凛《り》々しく、天晴れな空中戦士ぶり。但し志気旺盛ならず。動作緩慢なるは遺憾なり。午後十三時より血沈、続いて教練、不動姿勢、敬礼、速歩。夜、一期の見習士官殿の移転を手伝う。

三月二十八日（火）

朝より雨降り。午前、機関講堂にて隊長殿の訓話。操縦者としての心得の説明あり。午後、小雨となり、飛行演習、基準姿勢の感得。本日晴天なれば搭乗なりしとのこと。

新しき生活の初めに当りて決意す。誠を以てことに処すべし。

これからが真の訓練だ。何時死しても良いだけの準備と心を持つあるべし。

三月二十九日　（水）

朝から強風が吹き晴天なれども、飛行できるか否か判明せず。ピストの設置を訓練し、待機することしばし。やがて第二、第三格納庫前に集合。慣熟飛行と定まる。こんなに風が強くても大丈夫かと心配す。小山助教殿来られて注意さる。飛行服に身を固め縛帯をつけるとどこから見ても立派なものだ。ピストまで駈歩、順を待つ。初めての故か、気分そわそわして落着かず。早くせねば順番が来てしまうのではないかと焦る。

四番目に同乗、何時離陸したのか、自然に機は浮いていた。顔に当る風圧が凄い。操縦桿、踏棒は常に動かされている。

下を見ると、まるで五十万分の一の地図に色をつけたようだ。実に美しい。人間の住む地上がこんなに美しく見えたのは初めてである。この時、良くぞ空に来にけるかなとしばし茫然として見惚る。

小泉町の中島飛行機製作所が見える。利根川は足下だ。実に痛快極まりない。

しかし操舵の困難さは良く判る。よほどしっかりせにゃならんと覚悟す。

準則を発唱して、レバーその他を見ると諸元通り、何時やったのかと思う。水平飛行の途中、操縦桿の上下左右をなす。ちょっとやったつもりでも機の上下左右は相当である。グライダーとは全然趣を異にしている。機の上下はちょうどエレベーターに乗った感じと同じで体が固くなった。左右になった時は体は思わず反対側に倒れた。下を見ていると飛行機は少しも動いていないように感ず。一三〇粁の速度はおそいなと思う。地平線がよく見える。張線を合わせよと言われ、やって見るが、うまくゆかぬ。上下している。舵が荒いと言わる。やがてレバーをつめて降下、飛行場が十糎四方位に見える。降下は意識せざるも、飛行場がグングン近づいて来る。誘導標が見える。小さく見える。着陸だなと思っているうちにぐっと下って三点姿勢になったらしい。

地上滑走、操舵が大きい。やがて停止。ほっとして機を下りると直ちに報告。まだ何だか変な気がする。今まで空中にいたとはどうしても思えぬ。

僅か十二分ではあったが、生まれて初めての飛行は終った。ピストに帰り、人心地になる。一言にして言えば、痛快に面白く感じた。午後は道路作業。

三月三十日　（木）

風なく、晴天にして絶好の飛行日和、足が痛いが今日乗らなかったらと我慢して出る。三番目に同乗、課目は前段、水平飛行、ピストにいる間も、昨日より落着いていられる。慣れれば何でもない。黒板に〇をして、助教殿の注意を思い出して搭乗。昨日に比較して余裕ができ、何くそやって見せるぞと張切る。水平飛行も昨日より小なる舵にてうまく行く。助教殿が、こっくりをしておられる。良し大丈夫と益々張切る。我ながらうまく行く（実際は助教殿が助けておられるから大丈夫なのであろう）。手を離されて、大体良しと言われた時は嬉しかった。旋回（左）数回なすうち、持続も判る。こいつは凄いと益々良い気になる。あの山の方向に直線飛行と言われて、精一杯操舵す。右に行く、左足をふむ、直る、各舵の効果が良く現われる。大体良しとのこと、地平線と張線とを常に見ていた。

計器も速度計と、ブースト計位しか見られない。降下は確かに難しい。機を降りて注意を伺う。大体よろしい。何か飛行機に関し、やったことがあるのかと言われた時は嬉しく感じた。

後段に入る頃より風向南となりピストの移動をなす。迅速ならず。後段は前段ほど良く行かなかった。疲れた故か、大体よろしいが機首が上り、右へ傾きがちと言わる。地平線がぼうっとしていたので仮想地平線を取る。張線との関係は約十糎下なり。右旋回をなす、左旋回より難し。降下の際は誘導標が良く見えたが乙標が一つ、曲っていた。

機を下りると急にがっかりしたのか、くだりとなり頭が少し痛む。

午後は明日の課目その他の学科、眠いこと限りなし。終りて道路作業あり。更衣所の変換等のため梱包を取りに行く。閑なし。

神経が実に疲れる。こんなに眠いこと始めてだ。

三月三十一日　(金)

朝診断を受けたため一回しか乗れなかった、飛行中は張網と地平線のみを見ている。下など悠々と見てはおられぬ、上昇降下は難しい。水平飛行は大体よろしいと言わる。午後機関学、和気に満ちた学課であった。

終って梱包を解く。ようやく落着いた感じなり。更衣所の入換あり。

日夕点呼後舎前に集合、隊長殿の訓示あり。難を捨てて易につく精神は不可なりと言わる。終りて飛行場の駈歩。半周位やったらしい。十一時就寝。

四月一日　(土)

一番初めに乗る。十二号機点火栓悪く十三号機となる。準備忙し。一回であったが三十六分間乗り続く。今まで一番長い飛行時間なり。相当長く感ず。離着陸、上昇降下、旋回（水平）なり。
自分がどのくらい操舵しているのか判らない。ほとんど助教授殿がやっておられるに相違ない。一日も早く操舵を覚えなくてはならぬ。もっと真剣になれ。全精神を使い果せ。午後村松少尉の学課。眠い。疲労を感じている。終りて新兵舎に入る。一、二区隊の食堂移転を行う。これで全部一緒に食事できることになった。夕食遅し、点呼後しらみの検査あり。昨日洗濯に出したものの中にしらみがおったそうだ。

四月二日　（日）

飛行記録、基準姿勢、準則等の宿題で、目の回る忙しさだった。夕食が遅かった故もあらん、最近ようやく気合がかかって来た。もっと締めなくてはならぬと痛感す。
診断に行く、雨降りなり。遅くなり搭乗できず。
今日一日も立派な軍人として修養できたか否か。操縦者は純真明朗淡白ならざるべからず。先づ明朗たれ。

四月三日　（月）

本日より飛行演習午後となる、午前学課、精神訓話、操縦者必須の資質と、攻撃精神。元気たれ。烈々たる攻撃精神の持主者たれ。

四月四日　（火）

風速十二米気流悪しきも上昇旋回を除き概ね良好。

第一格納庫にて飛行機の点検要領、続いて機関講堂にて落下傘の畳み方、教える者、何れも雇員なり。人なきを恨む。見習士官たる者の教官は軍人ならざるべからず。
午後より風強くなりたり。気流悪しき故かうまく行かず。気流に負けるな。軍人は淡白なれ。
四月五日（水）
午前大根掘り。午後飛行演習。
四月六日（木）
天候悪く待機。本日より飛行演習午前となる。
四月七日（金）
防空壕掘り。十二時より十四時まで飛行演習。終りに防空壕掘り。
四月八日（土）
天候悪く待機。中練の手入れ。十二時より十四時まで演習なりしも、諸種の理由により、地上教育。
四月九日（日）
曇。午前、機関工術。午後、田谷少尉殿の諸注意、十五時より演習。

（注・この日から「修養反省録」となる）

四月十日

最近は特に良く眠る。昔より春眠暁を覚えずとか言わるる如く春は眠きものなり。加之、飛行演習の不馴れより来る神経の疲労にて眠気は倍加さる。従って起床ラッパに応ずる動作緩慢になり易し。もう一秒位良いだろうという心は絶対に許されぬ。特に航空部隊においてはその一秒が問題である。かく考えて見る時、今朝の起床動作は如何。永久に取返しのつかぬ一秒を失っては居らなかったか。

午後の学課、途中にて片岡中尉殿に代わり、四区隊の週番学生、航空兵操典を読む。何時かうつらうつらと眠りおりたり。教官殿のおられた時は眠気を堪えおりしが、教官がおられなくなるや急に眠気を催したり。これ、表裏ある精神の現われなりと断ず。表裏ある精神、行動に対しては積極的に修養せし積りなれど、今日の如き行為を見るとき、未だ修養の足らざるを恨むとともに将来、ますます堂々たる心を養成すべく心掛けん。

〈検閲〉「田谷」の印あり。

四月十一日

本日助教殿より至言を聞けり。曰く、飛行服は鎧と思えと。古の武士が鎧を着て、さて戦場に出掛けるという時の、決心、緊張を我々は飛行服を着た際、持つべきなりとの意と感ず。吾人には油断は禁物なり。古言にも油断大敵とあり。よろしく緊張して諸行動をなさん。特に飛行演習においては然り。更に一段と緊張を要す。

山本元帥の言える常在戦場の心持こそ、我々に欠くる心ならん。常在戦場の心あれば、常に緊張しあり。従って事故の生ずることもなからん。

本日、本校においてペラにやられし雇員の遺骸来たる。慰霊祭あり。気の毒なりと言うも、油断より生ぜし事故なれば致し方なし。

真に充実した人間たれ。見かけ倒しは不可なり。更に一層の勉学を必要とす。

四月十二日

そもそもこの五ヵ条は我軍人の精神にして、一つの誠心はまた五ヶ条の精神なり。心誠ならざれば如何なる嘉言も善行も皆、うわべの装飾にて何の用にかは立つべき。

誠心なき行動はまた言辞は総べてそれが如何に、良く見えても、装飾にしか過ぎぬ。誠心を持つと、いうは、正しき信念を持つという意なりと考うる時、諸言行は自然、正しき信念のもとに行わざるを得ず。信念なき言行は何の用にも立たぬ。己が正しきと考えたことはあくまでそれを行う。他人が何と言おうと正しいと信じたことを行う。これ軍人に、或は軍人に非ずとも、人間にとり必要な事と信ず。正しき信念のもと、断乎として行うには勇気を要す。これ大勇なり。善なりと信ずるも、これを実行せざるは大勇なきと思わる。実行力の不足、これ即ち大勇の欠乏に等し。

朝、便所に行く。不潔なり。掃除せんと思いしが、掃除当番のいるのを見て止む。何故、積極的にこれに参加せざりしか反省す。

進みて難に当る者こそ最後の勝利を得る者なり。喜びて困難の中に身を投ぜよ。これまた、真の大勇を必要とす。

四月十三日

一、軍人は礼儀を正しくすべし。

食堂より更衣所に向かう折、戦友と話しおりしため、曹長殿と軍曹の二人の助教に会いし時、曹長殿に敬礼をなさず軍曹より注意さる。その仲間十人ほどおりたり。曹長殿に敬礼せざりしは、こちらの落度なりといえども、軍曹の注意たるや、あたかも、初年兵に向かいて言える如くなり。しかもその軍曹たるや、我々に敬礼せざりき。伍長、軍曹の助教にして我々に敬礼する者皆無なり。演習中は師にしあれば致し方なし。その他は明らかに上級者、下級者の関係にあり。我々は敬礼を欲するものに非ず。しかれども、階級は絶対的にして、下級者にして上級者に敬礼せざるは、勅諭に悖《もと》る不忠者なり。

本日、曹長殿に欠礼せしは明らかに不忠の行為であった。しかれども彼の軍曹の行為も、また不忠の行為と言えん。しこうして、吾人は見習士官たるが故に、彼の軍曹よりさらに不忠者と言われても致し方なし、深く反省せざるべけんや。

四月十四日

軍人は志気旺盛ならざるべからず。飛行演習の成果挙らず。助教殿よりきつい御注意を受け、意気消沈の感なきにしもあらず。昨日、本日と続いてのきつい御注意は良く判りしも、志気旺盛に影響す。

前に区隊長殿の言われし如く、くよくよすることなく雄大なる気持ちもて演習せん。今日の意気消沈をば熱もて回復し、明朗なる気持ちもて明日を迎えん。肚を練れ。空の戦死は心大なるを要す。しかしながら、確かに研究と熱、足らざる如き感あり。幾ら研究しても限りなし。すればするほど、判明せざる点多し。しこうして、その疑問を解決せんと努力とするところに進歩あり。ともかく実行だ。

四月十五日

敵を知るは戦勝の一歩なり。戦術において特にこのことを痛感す。新聞を読め、しこうして戦術眼を養うべし。

本日も緊張した、元気一日を送れたことを嬉しく感ず。ますます修養せん。

〈検閲〉「田谷」の印あり。

四月十六日

注意力の分配の悪しきことは、操縦者にとり恥辱なり。毎日の行動を反省して見るに、注意力の分配良好なりとはいえず。為に思わぬ失敗をなせしことあり。機眼の養成とともに、注意力の涵養もまた、吾人にとり必要なり。

日々の行動において注意力の涵養に努むるとともに、空中においては一層の注意力の分配の必要性を銘肝し、合わせて機眼の養成に努力せん。

四月十七日

緊張とは何ぞや、弛緩の反対なり。

本日ピストにて鎧の紐ゆるみありし（飛行服の釦を一つかくるを忘れたり）を、助教殿より注意さる。これ、弛緩の現われなり。緊張しあらざる証拠といえん。時あたかも桜咲く春とはいえ、吾人に季節に左右されてはならぬ。また環境に支配されてはならぬ。

本日の操縦、果たしてうまくできず。緊張を欠いているとは、自覚せざるも、自然、知らず知らずのうちに気分、弛緩しておりしならん。十二分に張切るべし。

四月十八日

思い起せば、一昨年の今日、帝都、その他に初空襲あり。当時、帝都の一隅にて切歯扼腕せし吾人は今、ここに特操見士として技を練りつつあり。果たしてこれを誰が予想し得たるか。吾人すら、この現実を夢想だにもせざりき。

当時の有様限前に見る如く、脳裡にあり。今に見ろと固く決意した感激は今も去らず。俺が空中にあったならと、残念に思いし、その希望は今ぞ遂げられて、大空を飛ぶ。感無量なるとともに満足を感ず。

今や敵は虎視耽々《たんたん》として本土をうかがいつつあり、この時、大空の醜《しこ》の御楯《みたて》たらんと志し、特別操縦見習士官として訓練に励むを得るは吾人の最も幸福とするところなり。一刻も早く、立派な操縦士となって国家の期待にそわん。

週番士官の服務方針

日課時限の励行厳守

諸行動の迅速適確

舎内外特に舎外の清潔整頓
〈検閲〉「田谷」の印あり。

四月十九日

十五時館林町、映画館クラブにて、映画見学。『あの旗を撃て』、東玉映画なり。その中にて感じて言葉を言えは、“安易な道を選べば必ず茨の道がある”“希望を抱いても努力しなければ駄目だ”の二文句なりき。吾人は決して安易な道を選んではならぬ。また、希望のみを抱いて努力しなかったならば、その希望は必らず実現されぬという真実性をしばしば現実に見る。誠に至言なり。深く思いてここに致さざるべけんや。

見習士官の矜持についてはしばしば注意されしことなるが、本日の町における、我々の態度は確かにその矜持を持していた。町を歩いているうちは、心の中で、我は見習士官なりと言いきかせていたに違いない。環境が異ならなければ矜持が持てないようではならぬと思いつつも、常にその矜持を持つことは今の環境においては、不知不識の間に忘れていると思考さる。

今日の感激を忘れずにますます修養せん。

四月二十日

我《が》を捨てよ。心中に我《が》のあるうちは諸々のこと進歩せず。よろしく我を去り、公に就かん。没我滅私の精神こそ、彼のアッツの勇士の精神なりき。悠々として悠久の大義に生きた勇士達の心として、吾人は修養せねばならぬとき、あたかも万朶の桜は満開なり。潔く散るこそ武人の本懐なり。花は桜木、人は武士と古人も言えり。

四月二十一日

虎は死して皮を残すといわる。軍人は死して名を残すべし。死して神に仰がる、何たる名誉ぞ。しこうして名誉に恥じざる行動をすべし。

従容として悠久の大義に生きることこそ、吾人の最も欣快とするところなり。しこうして、例い、一片の肉残らずといえども、悔ゆる者に非ず。喜びて大空の醜の御楯とならん。

上原戦闘中隊万歳。

四月二十二日

一騎当千の空中戦士たらんがためには志気旺盛、攻撃精神充溢しあるを要す。烈々たる攻撃精神は軍人精神の精華と典（注・常道）にあり。

日々の行動、行事、よろしく攻撃精神もて為さん。未だ日々の行動、積極的にして攻撃精神充溢しあらざるを感ず。常在戦場、攻撃精神もて突撃せん。

四月二十三日

積極敢為、よろしく総べてのこと積極的ならざるべからず。積極的に為せば興味を感じ、喜びを思う。消極性を失くすべし。積極精神の昂揚に務めん。強き人間たれ何事にも負けるな。これ消極性を失くす第一歩なりと知れ。

四月二十四日

不言実行と言われること久し。しこうして、この声絶えざるは実行の如何に困難なるかを示して余りあり。実行力の欠乏、限りなき理論の繰り返し。

実行の前に理論ありと為した、自由主義派の学者達。吾人も、実行の前に理論ありと考えしが、入隊以来の経験に鑑みれば、先づ実行にして理論の如何に、力なきものかを知るに至った。しこうして未だ実行の足らざるを感じあり。徹底した実行主義者たれ。先づ実行だ。

四月二十五日

"国の為何か惜しまん若桜、散りて甲斐ある命なりせば"　時、桜は満開、靖国神社臨時大祭なり。靖国の神となり永遠に大和の国を守らん決意をますます固くす。若桜は散る。しかれども、その香、永遠にかんばし。

四月二十六日

慾に負け、誘惑に陥るな。学課中居眠る。これ誘惑に負けしなり。眠きを堪えてこそ将校学生といい得る。未だ修養の足らざる証拠か、緊張を要す。敵に勝たんとすれば先づ己に勝て。

四月二十七日

責任を果たせ。将校学生は責任観念旺盛ならざるべからず。己のなした事に責任をもて。しこうして責任なき事を言うべからず。黙々としてことに当れ。一度口にせし事は責任を持て。後で後悔する如き事は口に出すな。

四月二十八日

夜、自習時間を割いて演芸会あり。久し振りに浩然の気を養う。玄人を負かす腕前の者あり。何か一芸を身につけていることの必要さを感ず、

四月二十九日

昨日の雨もからりと晴れた天長節。大元帥陛下の万寿を祈り奉るともに、股肱の責任を果たさんことを誓い奉る。

敵、近きにあり。本土をねらう。来れ敵機、一機も逃さじ。

我は日本男児、空の御楯なり。

四月三十日
物事に徹底すべし。中途半端は不可なり。不徹底は信念の弱きに生ず。よろしく強き信念もて事に処せん。何事にも徹底せる人間こそ誠の人間なり。なぜなれば、そは強き信念を有するを以てなり。

熱と信念の充満し強き者こそ、吾人の望むものなり。

五月一日
軍人らしくあれ。軍人が軍人らしくないというのは、何に基くか。

軍人精神が入っていないからなり。軍人精神とは何ぞや、誠なり。事に処するに真面目なれ。

総ての批判を止めよ、しこうして実行せよ。

五月二日
何事にも強き信念と自信もて臨まん。しかれば、当然、積極的たらん。

自己を卑下するを止めよ。強き人間たれ。しからずば、先づ率先して難に当れ。世話をやけるだけの実力と実行を持った人間たれ。実行せよ。しからば、自信も生まれん。しかも、そは積極的ならざるべからず。

五月三日

依頼心の滅却。絶対に依頼心を起すべからず。独立自尊の精神こそ大切なれ。塾祖、福沢諭告の訓《おし》えは、また、ここにおいても正し。

依頼心の滅却という点においては、個人主義もまた良からん。但し、その他の点においては、我々はあくまで我を捨てねばならぬ。

良きを取り、悪しきを捨てよとは明治天皇の仰せられた御言葉である。吾人はよろしくこの点を考慮せざるべからず。

五月四日

隊長殿より、御注意あり、自覚足らざると。相模のとき、兄と慕った中野見習士官殿も、自覚せよと言われた。常に心の中に我は見習士官なりとの考えを抱かざるべからず。しこうして総ての行動はそれに基いて、取られざるべからず。自覚すべし、しこうして実行せよ。

機関学。区隊の者二名、腰掛けて居眠りおり。ために全員、一時間不動の姿勢にてありたり。居眠りするとは甚だけしからぬと言いながら、これを見て注意せざりし。我等にもまた、責任あり。戦友道の欠除、切磋琢磨の不足を痛感す。

〈検閲〉「田谷」の印あり。

大切なる学科において居眠りするは全く自覚の不足するためなり。

五月五日

敵は近きにあり。我等一瞬の油断、悔いを千載に残すならん。使命余りにも重大なり。この身に果せるや否やは疑問なり。しかれども、吾人はただ、全力を尽くさんことを誓うのみ。

生死を超越して任務に邁進すべし。無の境地に入れ。

一刻の安夢をも許さず、全力を挙げ敵を圧倒せん。（尚武の日に）

五月六日

敵慨心を涵養せん。しこうして、自信なきところに敵慨心生まれず。先づ実力を養成するを要す。実力なければ、敵慨心を起さんとすれども起きず。よろしく実力、自信を養わん。これ総てのことに共通なり。

空を見よ、そは限りなし。吾人の心もまた、空の如く限りなからざるべからず。曇りなき心もまた必要なり。明朗たれ

五月七日

心の奥に秘む日本精神の覚醒。日本の現状が如何なるものかは言うまでもなし。我々は日本精神を覚し、万事に当らん。

しかれども精神の優越を余りにも信んずるべからず。物か精神かの問題は既に多くの者により論じられたことではあるが、結論は不明と思わる。我々は両者を偏重することなく重視せねはならぬ。

五月八日

大詔奉載日を迎え、決死奉公の決意を新たにす。

吾人起たずんば誰か起つ。日本の運命は俺達の肩にあるのだ。現状を正視して、決死の勢いもて、難局を打開せん。死するは易し、その任務の重きを憂う。

五月九日

闘志の涵養。本日の棒倒しは、闘志を養うに充分なり。ますます、この種の練磨を吾人は欲する。闘志満々たる人間とならん。しかれば、自ら積極的とならん。
闘志、即ち闘争心の養成こそ、我々に最も必要であると同時に我々の最も欲するものである。
本日は非常に愉快であった。

五月十日

助教殿より表面を飾っても駄目だ、純情を持てと言わる。自分は誠心誠意やっていると思うが、かく言われしは、未だ自分に精神的修養のできていない証拠なりと言えん。爾今、全力を尽くして、修養に務めん

〈検閲〉「三浦」の印あり。

五月十一日

肚を錬るべし。操縦は肚でなせ。決して慌てるべからず。日常の行動は総て肚を作ることを基礎とすべし。細心に走りて、小心なるは不可なり。よろしく大胆なれ。

五月十二日

諸規定の履行につき、隊長殿より御注意ありたり。
小事を疎にするものまた大事を為し得ずと。しかり。要は吾人の精神訓育にあり。小事を侮るべからず。諸規定を確実に実行し得る者、これ勇者なり。吾人は勇者たらざるべからず。

五月十三日

批判を止めよ。しこうして、実行せよ。命ぜられたることを、ただ、実行すべし。批判は戦力増強

とはならず、むしろこれを減ずるものなり。

黙々たる存在、真に恐るべき実力を有するもの、これ吾人の理想たるべき軍人なり。

切磋琢磨、即ち、なぐることに非ず。一考を要す。

五月十四日

注意の実行、注意は実行されなければ何の価値もない。

生きた体験より来る注意は確かに貴いものである。そこには注意として聞くには、余りにも厳粛な真実性が秘められている。

教官、助教の注意は総べて真理なり。それの価値あらしむるか否かは、一にかかって我々の実行如何にあるのだ。

五月十五日

志気消沈すべからず。故小栗特操見士の葬儀を行いて感ず。我々の前には幾多の困難あり。しこうして障碍のため犠牲となる者も出て来るべし。吾人は隊長殿も言われた如く戦友の屍《しかばね》を乗り越え突せねばならぬ。そこには一切の悲しみも、歎きも許されない。悲しみや、歎きは、任務を達成して後にこそすべきものなり。我々の目標はあくまでも任務遂行にある。

五月十六日

自己の言動に責任を持て、特に見習士官以上においてである。

昔より男の一言と言われている。そこには全責任を負うという予想が含まれている。自己の行動においても同じである。個人主義の国、敵米英においては、責任を果たすということは良く実行されおる。

と聞く。彼等は個人主義者なるからである。我々は個人主義という観点からではなく、いわゆる、道徳としての観点から責任を果たさねばならぬし、また責任を負うべきである。勿論、男として軍人として責任を負わなければならぬのはいうまでもない。

五月十七日

率先窮行。先づ身を以て実行せよ。俺が為さんずば、誰が為すとの気構えこそ我々に必要である。積極的に実行することこそ吾人現在の忠節である。忠節を尽くすとは、徹底的に黙々として実行することにある。言うは易くして行うは難しと昔より言われている。黙々とし実行する人間にならん。

〈検閲〉「田谷」の印あり。

その心構えにて邁進するを要す。

五月十八日

武人は恥を知るべし。恥を受ければ、敢然として切腹した、武士の精神を吾々は身に体さねばならぬ。よろしく命をかけて恥より身を守るべし。汚名を残すことなかれ。

五月十九日

無の境地に入るべし。無とは有の反対なり。しかれども、無が存する以上、それは有に等し。しこうして真の無はあり得ない。吾人の言う無とは心清澄にして、一天の曇なきを言うなり。よろしく明朗たるべし。

五月二十日

心大ならざるべからず。大胆なれ。非常に慌てるべからず。冷静沈着なれ。真の勇気は非常の際に現わる。よろしく肚を据えてかかるべし。小事にこだわるな。大空の如き広き心を持て。量り知れぬ男、これこそ吾人の望むものなり。

朱に交われば朱くなる。真の男たる戦友と別れしは残念なり。覇気に富める男たらん。

五月二十一日

死生超越の境地に入るべし。しこうして、そは、貴き修養に依りて得らる。吾人は未完成なり。人間、特に操縦者においては完成は無し。永遠に未完成なり。しかれども、死生超越の境地に入るを得ば即ち完成に近からん。

努力すべし。しこうして、修養を積め。

五月二十二日

隊長殿の訓話中、真の知識人は真の日本人たるを前提とすと言わる。国家至上主義によれば、まさにしかりである。

しかしながら、知識人、例えば芸術家にとって、現代の日本における如く、その芸術が真の芸術ではなくして、政治のための芸術、いわゆるそれ自身本来の性質を失ない、国家目的のために強いられたる無価値な芸術であるとした時、その芸術家は真の日本人たるべく強いられ、あるいは真の日本人であるとしても、その芸術家は、知識人とはいえぬであろう。何となれば、彼の唯一の知識たる芸術は、その芸術とはいえないからである。国家目的のために、その知識を強制されるが如き知識を持ちたる人間は、知識人とは言えぬ。真の知識人は、あくまでその知識に生きるが如き者でなければならぬ。知識を国家の命ずる範囲にしか活用できないものは、例えそれが真の日本人であっても知識人とは言えぬ。また、批判してしまった。修養の足らざるを痛感す。

五月二十三日

骨惜しみをするな。後、一、二年の命ならば全力を尽くしてから清く死ね。あれは多辺田教官殿の言である。誠にしかり。絶対、骨を惜しんではならぬ。全力を尽くして死んで行け、少しでも我々の子孫のためになるように。

五月二十四日

ピストにて、注意事項を書いたノートを前におき読んでいるうち、ついうとうとして、吹流のところに立たさる。これは言いわけかも知れぬ。実際は、多辺田教官殿の言われた如く、如何にも、ノートを読んでいるかの如く装い、眠っていたのかも知れぬ。しかしながら、自分には、そんな浅間しき心はなかったと断言し得る。否、これも言い訳だ。文句だ。ただ、不言実行だ。不淡白な行為と言われても致し方なし。修養の足らざる証拠ならん。

学生根性の現われか、軍隊においては現実が物を言う。理由、原因、動機は、そこにも何の価値もない。総べて、直観によって判断するのだ。これは如何にも単純で疎漏の如く見える。しかしながら一方、常に油断なき状態を要求している。他は幾ら良くても、ほんの些細なことが悪かったら全体として悪く見られる。これは、区隊においても同じである。一部分の者のために、区隊全体が迷惑をしたことはしばしば経験したところである。一分の隙をも許さず、厳密さが要求されているのだ。

五月二十五日

勇を鼓し困難と闘え。身を困難に投ぜよ。しからば、自ら道拓《ひら》けん。

闘志の養成に務めよ。自信を持て、互いに切磋琢磨だ。区隊の団結につき考う。個人個人がうまく行っても駄目だ。そこには協同一致が必要だ。戦友の分までやってやる、この気持ちが薄いように感ぜらる。

自分の正しいと信じたことをあくまで通せ。信念の弱きところには、何も生まれない。物事に徹底せよ。信念を持て。

五月二十六日

食事前洗面し、中野少尉殿より注意を受く。知っていてやらぬのは信念の弱さ、あるいは便利主義等より来るもの多し。

今日の自分の行動は明らかに便利主義的行動であった。軍規の前に能率も便利もない。規定を守る心を養うべし。

諸規定の履行は吾人の自由束縛に非ずして、精神涵養のためなり。

敵迫るの感深し。瞬時の油断も許されず。大事に臨んで慌てるべからず。

五月二十七日

助教殿より精神状態を疑わる。俺はどうして、そんなのかと情なくなった。自分では誤魔化そうとする気など微塵もないのだが、正しいと信じたことを行っているだけなのに、と思うと、泣きたくなる。しかし火のないところに煙は立たず。己が態度にそんなところがあるに違いなし。これをどうしても直さねはならぬ。修養の足りぬ証《あかし》ならん。

五月二十八日

航空眼鏡を変えられたる者あり。ために演習後検査あり。夕食を取らず、入浴もできずにいる。犯人の出るまではこの状態を続けるとの榎戸週番士官の方針らしい。

唯一人の精神のまずき者、修養の足らざる者のため、全体の迷惑は大きい、不淡白なものは幾ら自覚に待っても駄目だ。彼はあくまで隠し切らんとするに違いないからである。

徹底的に調べ上げたら良い。

我々の卒業を待たず総反攻は開始されるに違いない。助教は皆出て行く。学校は閉鎖となる、我々は取残される。否取残されないように早く一人前になるのだ。そして歴史に輝くであろう総反攻に参加しなければならぬ。ただ一途に君国のために御奉公しなければならぬ。

五月二十九日

恥辱の日　（注・大きな字で、激しい感情をもって記入されている）

五月三十日

竹を割った気性とは昔から言われている言葉である。現在の我々に最も必要なものといへば、熱心と次に淡白が挙げられる。操縦者は明朗淡白でなければならぬ。昨日の血判は形式に止まってはならぬ。禍を転じて福となすの意気込みが必要である。

時局の逼迫は言葉に現わせぬ。真三日三日が問題となった。ましてや我々操縦者には一秒一秒がゆるがせにならぬ大切な時間である。特操たるもの奮起せざるべからず。

五月三十一日

五月節句の月も終りを告げた。過ぎて見れば早いものである。それに反し、自分の修養は如何。日進月歩の航空機に乗る操縦者として、我々の心も日進月歩的に向上しなければならぬ。帝国軍人として、将校学生としての資格ありや、はなはだ疑問なり。もっともっと烈しき訓練が課されなければならぬ。

一時盛んであった棒倒しは、近頃やめている。闘志を養うにはもってこいの棒倒しである。一日少くとも一回はやりたいものである。

後一ヵ月と少し、死んだ気で頑張らん。

六月一日

見習士官たるの自覚を持て。現在は自覚に委せられぬとて、事実上初年兵の如き生活を送りつつある。これは自覚によっては駄目だとの結論からであろうが、かくの如き生活を送れば、心も初年兵の如く圧迫を必要とするに至るべし。かくなればこそ、吾人の見習士官たるの自覚は、それが口やかましく言われる時以上に必要なのである。圧迫に負けてはならぬ。圧迫を自覚に変えよ。自覚もて、圧迫下におけるが如くすべし。

六月二日

便利主義を排せ。細事をなし得ざるもの、誰か良く大事をなし得ん。しかしながら細事にこだわるな。あくまで大きな気持ちにて総べてを呑む度胸を作れ。闘志の涵養に心掛けよ。一日一日と向上の道を辿らねば修養の価値はない。真に自覚せよ。俺は見習士官だ。余りにも環境に慣れ過ぎてはいないか。常に新しき気持ちにて行かん。
分科戦闘と決定、いよいよ男として空に生きる時は来た。

六月三日

陸軍大臣閣下、本校児玉教育隊長視察。栄誉なり。
訓　示
　1、責務の重大性、航空戦力の優劣は人に有す。
　2、航空の戦は精神なり。攻撃精神を養成し果敢なる魂を涵養せよ。
　3、必勝の信念の涵養、敵に勝つには己に勝つを以て基とすべし。
結　言
　国家未曽有の危機に際し、真に日本男子として本懐を遂げる時が来た。
隊長訓示および注意
　必勝の信念は訓練により生ず。
　陛下の御為に死ぬ時が来た。青壮年層は玉砕して一億を救うのだ。
　引率悪し。定時定点必達。
後《あと》数十日にて卒業、ますます張切って腕を磨かん。操縦者の生命は腕だ。

六月四日

父上面会に来り区隊長殿が会って下さる。有難きことなり。面会禁止にてそのまま帰されても仕方がなかった。面会禁止の端書を出さなかったのが手落ちで、貴重な時間を割いて来てくれた父上には気の毒であった。
この上は期待にそうべく、全力を尽くさん。父上よ見ていて下さい。敵よ見ておれ。
六月五日
俺は本日死したり。
六月六日
汝明朗なりや。明朗に素直に純情もて日々を送りつつありや。ともすれば、殺気立ち不平不満を口に出さんとしつつあるのではないか。よろしく一切のものを捨て、心を清く、無の境地に入っているか否か。
心を洗い、無にすべし。綺麗な心を持て。俺だけがやっているのではない。皆やっているのだ。少しくらいやったからとて、不平を言うな。
六月七日
熱意を持て。熱がなければ進歩はない。熱は努力と平行する。努力即ち熱、熱即ち努力なり。
六月八日
転出助教の送別会。酒を久し振りに飲む。会場たちまち騒然として静止も聞かず、烏合の衆たり。我れ歎きたり。意気は壮なるを良しとするも、序はあくまでも守るべきなり。
片岡中尉殿の無礼講は不可なりと言われしを思い出したり。
六月九日
会うは別れの始めと昔より言われているが、今朝、助教殿を送って感無量なり。征きてまた、還らず。何時の日か我等も、この営門を去って、また還らず。歴史は繰り返し、時は永遠に流れ行く。生は短く業なり難し。我が生命、後、半年なり。一日一日は、恐ろしく早い。日々を大切にせよ。

六月十日

吾人はすべからく困難を求むべし。易きに就かんとする心を滅せよ。苦の中に身を投じてこそ初めて人間が磨かれるのだ。我々は行《ぎょう》をしつつあるのだ。修行即ちこれなり。男らしき男たれ。人間として恥かしからぬ者たれ、真の軍人たれ。

六月十一日

軍人とは何ぞや、我は軍人たりや否や。このような疑問は吾人が真の軍人なれば出ては来ないはずである。真の軍人となり切れぬ。これは軍人精神が良く判らぬからに相違ない。軍隊を真に理解するには時が必要である。それと同時に早く学生気分を拭わなければならぬ。これは初年兵となった最初に言われたことだ。

六月十二日

外出より帰り、その区隊長より、注意ありたり。我々の行動の極く細かきことに関する注意なり。吾人否、全学生憤慨その極に達す。我れ、これを斬らんと欲すれど、吾命は君のため、国のためのものにして、個人のものにあらず。天の一角をにらみ、表面静かなり。しかれども、肚の中、怒り治まらず。

六月十三日

我等は良き区隊長を持つに至った。期待にそう如く務めん。区隊長は我等を信じて下さる。我等の行動は、その御好意に報ゆる如きものであらねばならぬ。若し、その行動たるや烏合の衆のそれであらんか。そは恩を仇で返すものなり。命を捨てるは易し。何時でも捨てらる。しかしながら我命は大君のもの、我等の意志の自由にはし難し。

六月十四日

忍術師と称する者来たり。催眠術をなす。吾れ精神力を信じぬには非ずと言いながら、その偉大さは認めておらなかった。本日もまた一見偉大なる如き精神力を見たのであるが、吾人は決して、精神力を過信する者ではない。科学の力もて解決できぬものは医学の分野を除いてはあり得ないと思う。吾人は神秘的なるものを排すものである。そこには必らず科学的原因がひそんでいるに相違ない。

本日の忍術師の言によれば、できぬものはないかの如くである。しからば何故、現在の日本が、重大危機に際しているか、日本人は精神の力において決して欧米人に負けるものではない。

現在は科学の世である。しかし、そうかと言って、精神を無視して良いというのではない。が、吾人は科学を主として精神を従としたい。

六月十五日

警戒警報発令さる。第二戦線結成。南洋諸島への攻撃と相俟《ま》ちて、戦雲、ただならぬものを思わせる。

この時、我等は何を為すべきか。いたずらに興奮してはならぬ。己れが任務達成に全力を尽くせば良い。それより他に道はない。

敵よ来るなら来たれ。君等の主義は正しい。我もまた同感なり。しかりといえども、我は君等が、国家の独立のために戦うと同様に、我が国家のために闘うのだ、主義においては相通じているが、敵は敵である。いざ来たれ。好敵手、我の行く日を待て。

六月十六日

汝雄大なれ。大器晩成と古の人も言うている。心の広い肝の大きな人間たれ。命も要らず名も要らず、富も要らない。細かき点にこせこせしない人間たれ。大空を相手とせよ。人間を相手とすれば、怒りも出て来る。天地、自然を相手とせよ。

六月十七日

何事にも真剣味は必要である。真剣になれば、何事もなる。心から、本当に真剣にやらなければならぬ。敵は近くに迫っている。よろしく緊張、全力を挙げて任務に邁進しなければならぬ。

本日より週番学生、誠心もて為さん。

熱もまた必要なり。

六月十八日

人を律するには先づ己れを律せよ。己の律せざるもの誰か良く、他を律し得んや。すべからく修養すべし。修養の足らざるを恥じよ。よろしく肚を練れ、肚の大きな人間となれ。しからば、万事良からん。敵は近くまで来ているのだ。しかし焦ってはならぬ。悠々と構へよ。純真淡白、肚の据った人間となれ。

六月十九日

熱と意気、何物をも恐れぬ肚、いわゆる、図々しさを持った人間たれ。修養により肚を練るべし。

闘志満々、勇気凛々《りんりん》たる軍人たれ。特に見習士官は溌剌たれ。若さを誇りとせよ。

六月二十日

大沢区隊長殿の元気溌剌、青年将校らしきところに吾人は惚れたり。吾人もせめてあの半分の意気と熱を持ったならと、羨しく感ず。修養により、肚を練ると共に、若さを謳歌せん、

六月二十一日

週間学生を下番す。勤務中全力を尽くした積りなれど溺愛の気、無きにしもあらず。良き真の戦友愛を以て臨みしかは、はなはだ疑問なり。指揮の困難さは、勤務につきて初めて判ることなり。黙っていても、為すべきことは為せと言うのが、真の指揮の上手なる者といえん。吾人は明らかにこの主義で臨んで失敗した。

我人はやはり切磋琢磨を必要とする。

区隊長殿も言われたが、我々には未だ熱と意気がない。気魄がないのだ。若さを誇りとする気分が見えないのだ。この点大いに反省を要す。

六月二十二日

若き血に燃え、闘志満々、自信溢れ、意気に感じ、自覚を持てるもの、これこそ吾人の望むものであり、冷静沈着は、第二の問題と言えん。

「ただ、敵に一撃を加えて死んで行ける人間になりさへすれば良い、命も名誉も富も地位も要らぬ」と片岡中尉殿の訓示こそ、我々未修養者にとって、まさに金言なりき。いざと言えば死ねば良い。敵にぶっつかって死んで行ける人間になれば良いのだ。その他は何も要らん。よろしく肚を大きく据え

て万事に当るべし。

六月二十三日

吾人は信念を持ち、それに生きなければならぬ。信念なき者は藁人形に等し。信念なき者は敗れ、信念に生くるものは勝を得る。こは天地の公道なり。

敵を見よ。彼等は信念に燃えているではないか。彼等の信念は邪悪なものであるかも知れぬ。しかしながら、吾人は彼等が、信念に生きているということについては学ばねばならぬ。

彼等の構想は大きい。日本人は、もう少し、大きな心を持つべきである。

六月二十四日

我々は現実に左右されてはならぬ。常に将来のことを考えよ。現実を直視し、一喜一憂するのは吾人の取るべき態度ならず。大局を明察し、その将来性を顧慮すべし。難局に当りて奮闘努力、いささかの悲観もなく、有利な立場において、決して楽観せず、孜々《しし》として努力する。これを真の勇者と言わん。

現勢は我国に不利である。この時に到りて徒らに悲観するは現実に左右されし者といえん。

吾人はあくまで冷静に考え、熱と意気とを以て臨むべし。御国のために死するのは、吾人の本望なり。敵よ来るなら来い、体当りせん。

六月二十五日

言うは易くして行うは難しと古人も言えり。客観的な立場よりこれを言うは特に易し。人の非を論じ、欠点を言うは誰にもできることなり。よろしく己が身を正し、修むべし。

六月二十六日

休務の予定なりしも、足利まで行軍の演習となる。目的不明なり。疲労せしのみ（注・教官の記すの朱筆あり）およそ、物事をなし、効果の挙らざるものほど愚なるはなし。目的があり、その目的達成に努力するのは、たとえ、苦しくとも楽しいものである。これに反し、目的のないことをやるのは、愚の骨頂である。

〈教官〉

二十五日の外出において貴様の同僚は何をせしや。

六月二十七日

汝、よろしく人格者たれ。教育隊に人格者、少なきを遺憾とする。人格者なれば、言少くして、教育行わる。不言実行の教育、即ちこれなり。教育者はすべからく人格者たるべし。

〈教官〉

貴様は上官を批判する気か。その前に貴様の為すべきことを為せ。学生根性を去れ！

六月二十八日

常に張り切りたる弓は非常の役に立たず。常時、弦を外しておいてこそ、非常の役には立つなれ。人間においてもまさにしかり。たるむ時なき者、何処、緊張すべき時に緊張すべけんや。疲労を知らぬ者は死人なり。我々は死人に非ず。疲れをいやす時なき者、いづくんぞ、張切れんや。

六月二十九日

自由は確かに軍隊においても人間性として現われる。我々人間は、不知不識の間に自由を求めている。そしてこの自由を撲滅することは不可能である。尠《すくな》くとも、特別操縦見習士官の間においては。

このことは我々の特性である。しこうして、誇りであるかも知れぬ。ちょっと監視の目がないと、自分勝手なことをする。軍隊的にこれを観れば零である。しかしながら、人間として観た場合、これは、自由主義の充溢した証拠であるから、思想的に進歩していると言わねばならぬ。

六月三十日

六月も終った。後、二十日間の生活となった。過ぎし方を観れば感無量なり。庭に鈴虫の鳴くを聞く。吾、果して、見習士官らしくなり得たか。真実力を有するや。一日一日を慎重に、悔いぬ如く送れ。大局に思いを致せば、細かきことは気にかけずに済む。心を大きく、空中戦士らしくなれ。総てを忘れて、演習に張切れ。そして、有終の美をおさめるのだ。

七月一日

ビルマ前線の兄よりの手紙、家より送り来たる。

龍男兄戦死の感慨を歌に託しあり。曰く、

何時の日か夷討ちして訪いなまん
　わが弟の赴きしその地を

雲の蜂わき昇る海の果遠く
　わが弟は永久に眠る

久方に故郷帰り来れば亡き弟と
　かじかとりにし河原は白し

なき弟の名をば記せる白紙に
ビルマの酒と花を供えぬ
読みて誓いき。亡き兄の仇を討つまでは死なじと。

七月二日

真の勇気を持て。夷討つ、勇気満々たる闘志こそ之《これ》なり。しこうしてこの闘志は自信より生まる。自信の生まれるは実力による。すべからく実力を涵養せよ。実力なき者は淋し。積極的に実力の養成に務めよ。しこうして、実力を持つに至れば、自ら勇気凛々《りんりん》たらん。

七月三日

隊長精神訓話中、総監閣下が、遺族のことは絶対心配するなと言われしことを伝えられき。しこうして隊長も、日本が続くかぎり遺族は心配はないと言わる。吾人はこれを聞き、はなはだ不思議に感ぜり。

我は既に一切を捨てて、御奉公しているのだ。しこうして隊長も、一切の社会的、縁を切れと再三言われた。そのことがいま、事新しく言われようとは思わざりき。遺族のことを考えるのは、既に、一切のものと縁を断ったとは言えぬ。また、我々は遺族のことなど考えてはおらぬ。ただ、御国のために、敵に一撃をかけて死んで行く人間たるべく務めているのだ。遺族のことにつき、事新しく、しかも、常に一切を断てと唱えられている隊長より聞きしは意外なりき。

七月四日

我々は緊張を欠いてはおらぬか。敵はすぐ近くまで来ている。幾ら緊張しても足りないのだ。何時敵襲があるかも知れぬ。

その時には、吾人は果して本分を完うし得るや否や。断じて行えば鬼神もこれを避くと昔より言われている。身を捨ててこそ浮かぶ瀬もあれとは、古の名句である。吾人はただ、一途に突込めばよいのだ。

悠久の大義に生くる日は近づきつつあり。御奉公の時は今をおいてない。よろしく全力を尽くし、全能を挙げて、仇敵を滅ぼさん。

海行かば水漬く屍　空行かば雲染む屍　大君の辺にこそ死なめ　かへりみはせじ

七月五日

航空総監殿、田中少佐殿の御訓話あり。主として、ニューギニアに関するものなり。特に勇敢なる一人が、大編隊の主機を撃墜すれば、それで良しと言われたり。吾人はこの勇敢なる一人たるべく努力せん。勇敢なる者とは、体当りを指す。

戦線においても、この体当り精神に満ちたるものは少なきならん。

七月六日

吾人は清き一生を終るを要す。敵機、我が近辺に来襲したる時、その時こそ、吾人の死すべき時である。中練もて体当りして、仇敵を滅せん。しかしながら、実用機をもて、亡き兄の、仇を討て死したきものなり。そは言えど、体当りこそ、国に報い、亡き兄の仇を討つべき、最善のものなりと愚考する。

七月七日

児玉に来り、夜、久方ぶりにレコードを聞く。聞きいるうち、疲れを忘れ、一切を忘れて、爽快の気に溢れたり。一枚のレコードのもたらす精神的慰安は実に大なるものあり。この点、羨しく感じたり。環境につきて言えば、林の中にあり、諸鳥虫の声を聞く。まことに所を得たりの感あり。音楽が如何に心を和げ、疲れを忘れさすか、真に味わいしことのなき者は致し方なし。しかしながら、感傷的になるという欠点をも有す。しかしながら、この感傷は直ちに忘るるものなれば差支えなし。要するに音楽の必要を認むるものなり。

七月八日

教育隊に人格者少なきを再び痛感す。ことは飯盒に関してなり。「この前の眼鏡事件と同じだ。容赦はせぬ」。我々をまるで罪人扱いにしている。皆の憤慨ももっともなり。

部下を、命のあるところ進みて、死を選ぶが如く教育するには如何にすれば可なりという問題において、我々は一種の確信を得たり。我々は、その反対のこと、即ち、初めは熱情に燃えたる若者らしく、最後には死を最も怖しがらせる。即ち、回避させるには如何にすべきやという。あらゆる方法体験せしが故に、我々は貴重なる体験をした。しこうしてこれを生かさねばならぬ。

七月九日

日本は今や亡ぶるか否かの関頭に立つ。敵の量的攻勢が功を奏しつつある。近代の戦闘は確かに量の問題である。質においては各国とも、その程度を同じくしている。結局は量の如何が戦闘を決するのだ。例えば相撲においても、大人一人に対し、子供が十人かかったとしたならば、遂には大人は倒されるに違いない。これを数の力といわん。ソ連がドイツ軍を手古ずらせ、米が日本を圧倒せんとしている。これ皆、数の力であろう。質において格段の差を有する日本が、支那を征服し得ざるのも、彼の数的威力（その質は問題とするに足らんほどであるが）の、しからしむるところである。我々は員数、員数と言って馬鹿にするが、員数の力こそ、最も怖るべきものである。日本を救うのも数の力である。せめて、敵と同数にすべきである。

七月十日

おおらかなる愛を有する軍人たれ。この点も、また吾人の痛烈に体験せるところなり。真の勇者は愛の人なり。

悠々として心の広きこと空の如く、その考えは近代的にして、帝国陸軍を真に進歩させせんと志す青年将校たれ。

青年将校の誇りは若さと、新鮮味にあり、陸軍の進歩を図れ。いわゆる、頭の切換えが軍人にも必要である。古きもの新しきものに勝ちたるはなし。総て神秘的なるものを排せよ。しからずんば日本は危し。真の人間たるの喜びを感ずる時代が近き将来に、この世界に来らんとしている。人間は人間性豊かなりし、自由の時代に還るのだ。しこうして、そこに階級のあるのは、勿論である。

七月十一日

人間味豊かな、自由に溢れ、そこに何等不安もなく、各人はその生活に満足し、慾望はあれども、強くなく、喜びに満ち、幸福なる、真に自由という人間性に満ち溢れて、この世を送らんとする時代が近づきつつある。それは自由主義の勝利によってのみ得られる。

クローチエは言えり。今国家に特殊なる使命はあり得ず。もしありとせば、そは神話なりと。八紘一字の理想は、おのおのそのところを得しむることにありとせば、そは自由主義的なるものを含み、また一方においては共産主義的な万人平等の性質を有す。言わば、その折衷ならん。

自由主義の国家においては競争がある。従って進歩は著し。もともと自由は人間性にして、人間として、個人を捨てて全体に尽くすということはよほどの修養を有す。本来は人間は先づ個人のことを考える。国家観念を個人の上にせしめる如く強要することは自然性に反す。自然性に反するものは永く続かぬ。例えば飛行家を見よ。彼等は自然性に逆らうがために、永生きしないではないか。

七月十二日

演習を中止し飛行場一回りを実施し、終りて切磋琢磨せり。区隊長殿は常に先にあり。陣頭指揮さる。我々が昨日、週番学生の指揮にありながら、それを離れて四式戦を見たということは、その行動は大したものでなかったにしろ、指揮下を黙って離れるという精神が拙いのだ。しかもその事故報告?

〈教官〉

すべからく軍用文の使用に慣熟せよ。

（注・ここまでの全文は筆者が斜線を引き抹消している）

演習を中止。飛行場一回り実施。終りて切磋琢磨す。区隊長は常に先頭にあり。陣頭指揮されたり。

我々が昨日週番学生の指揮下にありながら、それを離れて四式戦を見たということは、その行動自身は小さなものであろうが、指揮を黙って離れるという精神が拙かった。そのために高野は犠牲となり倒れた。しかも、その事故報告を区隊長殿に怠ったがため、区隊長殿は隊長殿の前にて大いなる恥を受けられたり。このことが事件を一層大にして駈歩と謹慎を我々に与えた。

吾人はいま、謹慎して反省している。我々の思慮が浅いのだ。深きところにまで考えを及ぼさずして、自己の欲望を直ぐ行動に現わしてしまう。いわば小さき子供と一緒にして、悪気なく、しかも入隊後日浅く軍隊の何たるかを自覚せぬが故に、直ぐ人間の本性たる自由を出してしまうのだ。良く言えば純真、悪く言えば奔放なり。

駈歩終りて区隊長殿より訓辞ありたる時、我々は皆、泣きありたり。同じ注意を受けるにせよ、その人に依り、心の奥にひそむ熱情が誘引せられ、或いはますます、心がしびれて、その注意に対し、感ぜざるに至る。

要するに人格の問題なり。我々が泣いたのは区隊長殿に合わせる顔のない残念さと、我々の心を真に理解してくれる者の少きを歎きたがためなり。我々がここに入った時は、まだ張切っておった。しかるに日がたつにつれ、若さを失い、熱情をなくし、遂にはやる気がなくなり、半ば、自暴自棄的な気分になって来た。これには大なる原因があること勿論なり。一言にして言えば、悪しき人格のしからしむるところなり。今日の区隊長殿の処置、及び訓示は積もりに積もった、憂き気分を一掃するに充分であった。我々はさっぱりした。これから、真に熱情もて。

〈検閲〉「永井」の印あり

なるほど教育者は人格者たらざるべからず。

されど貴様に今かかることを云々する資格ありや？　将来指揮官たるもの、教育者に対し批判の眼を以てするは良けれど、貴様の言、現在の立場、修養を忌避するの様探し、不可、省すべし。未だ学生気分抜けず。
貴様のような奴が一年後に任官するかと思えば国軍のためになげかれる。
貴様等の修養すべき時は現在なり。現在を措《お》きて非ず。
これから実施学校に行き、または補助教官とし下士官、兵の上に立つ―「ああ、あれは何だ」間もなく任官する―「ああ、あの将校は何だ」貴様等の将来を思えばまだまだ緊める要あり。

七月十三日

御注意を読みて、感ぜしことあり。吾人は余りにも、現実を無視しありたり。吾人は現実に生かざるべからず。理想を捨て、現実を直視せん。我は修養にして、天上天下、唯我独尊の精神は捨つるを要す。

後、幾日もなくして卒業なれど、吾人は、卒業は出発なりという言葉を憶い出す者なり。この大事なる秋《とき》に当り、自己の根本概念の変更には、大なる努力を必要とせん。真に軍人らしき軍人たれ。

七月十四日

汝、緊張に欠くるなかりしや。行動は駈歩なりとの規定に反せざりしや。ややもすれば、駈走をやめ、歩くことを望みしにあらざるや。駈走の習慣を養成するを要す。自己のみ駈走するは変なりと感ずるは色気ある証拠なり。すべからく、裸となるべし。自己を捨て、その上に第三者を観念づけよ。しこうして自己の行動を、常に第三者側より観察せよ。反省は自己の外に第三者を観念づけ、その第三者が、自己を批評しているのと同じなり。あくまで、第三者側に立ち自己を眺めよ。しからば、その行動は自ら律せられん。

七月十五日

汝の肚《はら》大なりや。何事にも動ぜざる肚を練るべし。悠々として総ての障害を突破し、若さに溢れたる人間たれ。現実に左右さるるな。

今日一日を誠もて送りしや。真の軍人精神を持て、総ての行動は誠により律せらるべし。誠は総てを解決す。

七月十六日

夏は暑きものなり。将校学生はよろしくやせがまんすべし。灼熱やくが如き戦線を偲べ。大なる苦労は大なる楽みに通ず。

服装の厳正は隊長殿の要望なり。服装の厳正を欠く点なかりしか。環境、気候に支配せらるるは真の軍人たらず。未だ修養の足らざるを思う。

七月十七日

心の狭き戦友は捨つるべし。その戦友の存在は、ただ不快をかもすのみ。我々は大きな度量もて、戦友の欠点を包含し、その長とするところを学ぶべし。

汝、真の戦友を得たりしや、はなはだ疑問なり。

七月十八日

卒業を数日のうちに控え、汝、精神的に弛緩しあらざるや。よろしく緊張し有終の美を修むべし。

七月十九日

卒業を明日に控え、環境雑然たり。

乱にいても治を忘れずの精神もて、環境に支配されず、あくまで平常通り行うべし、忙しさにまぎれ、だらしなきことは許されず。

七月二十日

待望の卒業式を迎え、感無量たり。思えば、長きようにて短き四カ月たり。その間、厳格なる教育のもと、苦しみ、教育を批評し、体罰の酷なるを恨み、安易なる道に就かんとする傾向なきにしもあらず。しかしながら、隊長殿以下の適切なる方法により、易に就かんとする精神は強制的に滅せられたり。しかしながら、これはあくまで消極的にして積極的ならず。よろしく積極的難に赴くの気概を養うを要す。これ今後の修養によるところなり。

省れば幾多の苦しみも今は楽しく思い出となり、厳父の愛の教育の必要を痛感せり。教育は厳格ならざるべからず。始めに苦しむもの後に楽あり。吾人は敢て、楽をせんがため苦しむにはあらざれど因果応報の原則、また、ここに適合す。時、あたかも危急の秋にして、校長閣下、隊長殿の御訓示にもありたる如く、我等は突入し、玉砕するのみなり。

卒業式に当り、いよいよ尽忠の精神を昂揚し、玉砕の決意を新たにし、体当りを決行せんの意気に燃ゆるものなり。

八、最後のメモ・ノート

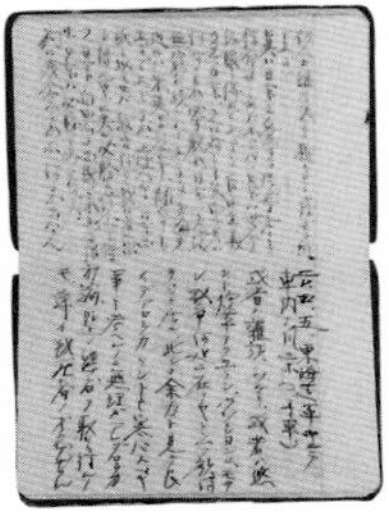

昭和十九年

六月六日

“冷子ちゃんの死を悼みて”

我が胸はつぶるるばかりなり君が死を妹の便りに聞きたる今は
美しき君が逝きたる天国に我れ天駈り行かまほしとぞ思う
美しき瞳もてのたまいし君が口もと我は忘れじ
はかなきは人の命と知りつつも愛しし人の死は堪えがたし
永遠に我が恋人でありぬべし君の姿はたとえなくとも
初恋のあかぎの小山夏めきぬ君が御霊よ安らけく眠れ
苔《こけ》蒸しし墓のかたはら新しき墓碑を思えば涙出で来ぬ
人妻と聞きても清き我が愛は永遠に変らじと誓いしものを
君が声、今は聞こえずなりにたり千葉の別れをその終りとして

六月八日

現在の日本の状態、世界の状勢を見るとき、一刻の油断も許されないものがある。一億総玉砕の日が近づきつつあるのだ。日本は抹殺されるかも知れぬ。しかし我々はあくまで闘うのみだ。自由主義の勝利、それは当然すぎるほど当然であろう。自分は自由の力を信じている。最後に勝利を得るものは自由である。自由の勝利は我が国家にとっては滅亡を意味するかも知れぬ。しかしながら余は余の信念が現実によって（それは歴史によっても証明されているのであるが）、真理なりと証明せられしことを喜ぶ。

国家主義《（全体主義）》と個人主義

国家主義の立場からすれば、個人は国家あっての個人なりとし、個人はすべからく国家に奉仕すべしとなすも、結局は各個人が、国家のために働くと言うのは各個のためにすぎない。

個人が己の任務を達せんと努力するは、結局、個人のためであって、国家主義は、その間に国家と言う観念を入れたにすぎない。

個人が国家に尽くすというのは、結局、個人のためである。国家のためではない。この意味において、国家主義は個人主義の中に入る。

自由は人間性なるが故に、自由主義国家群の勝利は明白である。日本は思想的に既に敗れているのだ。何で勝つを得んや。しかし吾人が、彼のアメリカの学生がその独立を守らんがため闘っていると同じく、日本の独立のためにあくまで闘うのだ。日本の自由のために、独立のために死を捧げるのだ。

みえ子ちゃんの手紙を見て

彼女はあくまで理性を見せようとしている。プライドがあり過ぎる。彼女の唇に触ったら、恐らく冷たいだろう。独りよがりの独善至上主義はそれが的確に判った時は、人に嫌な感じを与えるものである。死んだ冷子ちゃんは真に愛さるべき人であった。朗らかで、何の飾気もなく、自己を自覚し愛すべき人であった。勿論我が恋は終っている。もし天国において恋が許されるなら、早くしたいものである。

己が冷子ちゃんを貰ったら、決して死にはさせなかったのに。N大尉の無知。彼は真に彼女を愛していなかったのだ。もし愛していれは、彼女は救えたのだ。一時の欲望、或は政略的結婚のために彼女を死なせたことは許されぬことだ。彼女は不幸だった。何故なれば、まだ二十一の若さだから。明朗で頭が良く、美しく、洗練された女性、このような理想に合ったのが冷子ちゃんであった。死を前にもう一度でよいから会いたかった。我が痛手の大なるも宜《むべ》なるかである。

十一月十日

「物言えば唇寒し秋の風」と言う。吾人も言える如く、口をきくほど容易であり、また恐しきことはない。勿論、人の悪口等は決して言うべきものに非ず。以前には口でその男をけなしておきながら、現在、その男と易々交わる変転流離、人の気の変り易きことは世の常なれど、最も信念なき男と憐れに思わる。武士の一言と昔から言われる如く、我々の口はあくまで固くあるを要す。この頃、痛感せしことを記す。

十一月十八日

ゲーテの生涯

そして彼女は勿論、ゲーテも決して他に恋人を持たなかったのであるから、二人の間の恋は、先づ所詮プラトニック・ラブであり、なお適切に言えば一種の戦いであった。それは単に官能の欲求を征服する戦いではなく、その欲求による美の破壊を防ぐ戦いであった。

愛とは、人の心の最も自然な明るい美しい働きである。その時、十九歳のその娘は非常に美しいというほどでもなかったが、容姿も挙動もフレッシュで、物事に拘泥したり気取ったりするところがなく、といっても、コケットでもなければお喋りでもないし、そして自然の風物などに感興を覚える素直な気持ちがゲーテには何ともいえない気持ち良さであった。

いよいよ親しく彼女を訪問していると、彼には彼女が既に婚約の女性であることが分かった。即ちケストナーが彼女の未来の夫なのである。さすがにゲーテも驚きと失望に襲われた。

ゲーテは考えた。婚約の娘と親しく交際してよくない道理が何処にあると。また考えた、彼女と親しくすることが、彼女の評判を悪くするであろうか、彼女を不幸にするであろうかと。

既に許婚者を持った冶子ちゃんに対して親しくするということが彼女の評判を悪くし、彼女を不幸にすると考えた。しかしながら、この考えは反対であった。進んで恋を打明けるべきであったかも知れない。彼女は実際不幸であったのだ。

Kさんの手紙によると、N大尉は、既に第二の冶子ちゃん（この言い方は、自分にとって彼女を侮辱している如く感ぜられる）を探しているとのこと。彼は決して冶子ちゃんを愛してはいなかったのだ。たとい冶子ちゃんが死ななかったにしろ、彼女は不幸であったに相違ない。何故なれば、真に愛されてはいなかったから。彼女は不幸を知らずに死んだまま幸福であったのかも知れない。

十一月一九日

日本軍隊においては、人間の本性たる自由を抑えることを修業すれど、謂《いわ》く、そして自由性をある程度抑《おさ》えることができると、修養ができた、軍人精神が入ったと思い、誇らしく思う。およそこれほど愚かなものはない。人間の本性たる自分を抑えよう抑えようと努力する。何たるかの浪費ぞ。自由性は如何にしても抑えることは出来ぬ。抑えたと自分で思うても、軍人精神が入ったと思うても、それは単に表面のみのことである。心の底には更に強烈な自由が流れていることは疑いない。

いわゆる軍人精神の入ったと称する愚者が、我々に対しても自由の滅却を強要し、肉体的苦痛もその督戦隊としている。しかしながら、激しい肉体的苦痛の鞭の下に頼っても、常に自由は戦い、そして常に勝利者である。我々は一部の愚者が、我々の自由を奪おうとして、軍人精神という矛盾の題目を唱えるたびに、何ものにも屈せぬ自由の偉大さを更めて感ずるのみである。偉大なるは自由、汝は永久不滅にて、人間の本性、人類の希望である。

故兄のお葬い、無事に終れるとききて

亡き兄の永久に眠りしその日より早やひととせはめぐり来にけり
亡き兄の雄々しき姿今さらのごと心に浮かぶ虫の音聞けり
たらちねの親の心を思うとき仇討たずんばの気概溢るる
亡き兄の静かに眠る故郷はその名もむなし万年寺
一片の肉もとどめず散りにたる兄の御霊ぞいまかえりける

昭和二十年

一月二十三日

近き将来において日本は敗れるかも知れぬ。何故なれは、既に権力主義は敗退の一途をたどりつつあるからだ。権力主義の国においては、外からの圧迫が強くなり、締めている力が弛んだ時が滅亡である。即ち、内からの猛烈な力によって敗退するのである。

しかしながら、世界の人々にして、自分の国の滅亡を望む者があるはずがない。愛する祖国のためには総べてを省みず、手段を尽くす。その手段は、時により日本の伝統と全く相反するものであるかも知れぬ。しかしながら、大きな目で日本の栄を考えてみたとき、それはただの手段にすぎないことが判るであろう。神話や空想に非ずして、真に日本の天壌無窮を願うならば、大局的な眼を開いて処事せねばならぬ。

確とした信念もなく、何とかなるだろうといった観方ほど危いものはない。あの理論的なドイツさえ、既に敗れんとしているではないか。いわんや日本の如き非論理的な国においておや。

二月七日

敵を知り己を知らば百戦知って危うからずと孫子はいえり。現在の日本において、敵アメリカを真に知れる者ありや。自由のアメリカ、アメリカを知らんと欲せば、自由主義を知るを要す。自由とは何ぞや、そは人間本来の性質なり。自由を信ずる者常に強し。

二・二六以来、日本はその進むべき道を誤った。急転直下、自由を無視せんとする運動（結局は利己主義であったのだが、表面上はそう見えた）が起こり、これに対抗せんとした真の愛国者は、冷たい剣の先にかかりて相果てた。権力主義者は己の勝利を願って、日本をば永久に救われぬ道に突き進ませた。彼等は真に日本を愛せざるのみならず、利己に走って偉大なる国民に、その欲せざる方向を強いて選ばしめ、アメリカの処置をその意に訴えるが如き言辞を以て、無知な大衆をだまし、敢て戦争によって自己の地位をますます固くせんとした。勿論、そは国民の犠牲においてであるが。

かくて彼等は、一度は無知な国民の眼をあざむき得たが、時の経つに従い、天は自然の理を我々に示してくれたのである。彼等は、ジャーナリズムを以て、あくまでも国民の眼をあざむかんと努めたるも、自然の力にはその前に頭を下げざるを得なくなりつつある。

彼等は我々の何よりも愛する祖国を犠牲にしてまでも、自己の力を伸張せんと試みたのであるが、今やそれは失敗に帰しつつあり、我々の真に愛する日本のみならず、善良なる国民をもその道づれとなさんとしている。

私が恐るべきことと思ったことは遂にやって来た。一時の勝利に酔った当時、私は来たるべき恐ろしき時を考え憂えたのである。何故なれば、自由は例え表面においては、押えられている如く見えても、最後には常に勝つことを信じていたからである。

自由の国アメリカが、その最後の勝利を信じているのは当然であり、これこそ歴史の示す必勝の信念である。必勝の信念は思想の必勝の基礎の上におかるべきものであって、単に不敗であるということを基礎とするのや、科学力を無視した訓練等を基礎として生まれるべきはずのものでない。もしそれらから生まれるとしたならば、その国の将兵等は戦いに出ぬうちに全滅してしまうであろう。何故なれば、人間なる故に、これで良いという訓練の極限はあり得ず、それに達するには途中に死が待ち受けているからである。また、かつて不敗であった者が今日も不敗であるとは、何人といえども決して断言し得ざるところである。

真に日本を愛する指導者をして存命せしめたならば、日本は世界を征服し得たであろう。自由主義の国、日本、これに対して刃向かう者は何時の日か必らず敗れ、日本は天壌無窮に続いたであろう。勿論、そこには米英との競争、闘争もあるであろうが、偉大なる日本国民を以てせば、彼等何ぞ我れに刃向かうを得んや。真に必勝の信念を持つ日本、自由なる国民、これある限り日本は必勝であったのだ。

まことに残念なるかな、何をか言わん。

東海道車中にて車内の風景（二等車）

昭和二十年四月五日

或る者は雑談にふけり、或る者は悠々と煙草をくゆらし、クッションにもたれ、戦争何処《どこ》に在りやという顔付をしている。これを余力と見て良いであろうか。それとも寒心すべき事と考えるのに無理があるだろうか。勿論如上《うえのごとき》の態度を取り得るのも、尊い戦死者のおかげである。

車中の人は、あたかもこれが当然であるかの如き顔をしている。我々が体当りした後も、幾日かはこういう風景が続くであろうことは、疑いの余地がない。日本人の戦争徹底視は、未だなってはおらぬのだ。

特攻隊員（振武隊）となりて

予め期するところ、死所を得たるを喜こぶ。選ばれて今日の晴れの栄光を受く。淡々たる気持ちは何の変化もなし。勿論、思想上においても変りなし。生きて尽くすも大した奉公はできぬ。死して日本を守るのだ。

悠久の大義に生きるとか、そんなことはどうでも良い。あくまで日本を愛する。祖国のために独立自由のため闘うのだ。

天国における再会、死はその道程にすぎない。愛する日本、そして愛する冶子ちゃん。

辞世

春雨や 思ひすてたる 身もぬるる

（良司が最後に別れに来たとき竹林家にこの俳句をハンケチに書き残した。
現在知覧平和祈念館に寄贈されてあり。）

人の世は 別れるものと知りながら
別れは などで かくも悲しき

（知覧平和祈念館に現在展示されている。）

上原良司とその時代

中島博昭

上原の遺書のもつ先進性

『きけ　わだつみのこえ』に収録された、上原が書いた「所感」と題する遺書が、当時としていかに異色であるかを知るのには、ほかの一般の遺書と比べてみるとわかり易い。
まず、一般の遺書の場合。

唯君《ただ》（天皇のこと）の為散る事に依って、報恩の万分の一と思って散って行きます。

畏《オソレオオ》クモ大命（天皇の命令）ヲ拝シ、勇躍壮途ニ上ル。之《コ》レ男子ノ本懐ナリ。

僕は敵の空に花となり、その後は神となって、国の為に御奉公します。

父上様母上様の御幸福を靖国（神社）の花の下で神と祭られお祈り致します。……名誉の戦死を慶こんで呉れ。
（以上『戦没農民兵士の手紙』より）

祖国ハ我ラ若人デ守リ抜カン。後輩ヨ皆我ラニ続ケ。
自分はほんとに技倆よりも精神力によって何とかして敵を沈めんものと思っております。……大日本帝国万歳！　これあるのみです。

ここには共通して、天皇のため、あるいは国家のために国民が生命を捨てることが、天皇の恩に報いることになり、名誉であること、そのようにして戦死したら神となり、靖国神社に祀られることが述べられている。そして必勝の鍵は天皇への報恩、忠誠という精神力の深化にあり、多くの国民がその気持になって先輩に続くことが強調される。これが明治以来の国策によって築きあげられてきた天皇制国家観である。太平洋戦争の当時一切の他の思想は排除され、この思想を信じることだけが国民としての絶対条件であるような状況、すなわち全体主義の思想が謳歌されていた。これに反する考えをもつと、「非国民」のレッテルを貼られ、社会からつまはじきにされた。上原良司の遺書・所感の内容はこの支配的となっていた国家観や人生観を全面的に否定した点で大変注目される。国家の意向に沿わない事柄を、口の端に乗せただけでも弾圧を覚悟しなければならない時代に、彼は二十二歳の若者とも思えない大胆にして沈着な態度で、正々堂々と自己の信念を表明した。しかもその内容たるや科学的論証に裏づけられ、透徹した論理に貫かれている。

そこで一般の遺書とは異なる彼の遺書の特徴点をあげてみよう。まず彼は当時絶対的とみられていた天皇制国家に対して、人間の本性である自由を保証する自由主義の優位を主張する。言論統制の厳しかった当時、「自由主義」という言葉は「敵米英」と同義語で、自ら「国賊」「非国民」であることを表明するようなもので、大変勇気のいることであった。高い教養を身につけた戦没学生の手記である『きけ　わだつみのこえ』の中にも、これほど明確に自由主義を主張しているものはない。それだけではない。彼は「自由主義の勝利」という「真理の普遍」が、現実にイタリーやドイツの敗北によって実証されているのをみて、学生時代以来の理論万能の道理の信念が正しかったことに満足し、近い将来にわが国も敗れると予知する。人間の本性である自由を抑圧する権力主義国家は必ず敗れるというのである。当時多くの兵士の遺書が、軍隊教育そのままに自分の死が祖国の勝利につながると記しているのに対し、ここにはそうした論理は微塵もない。

戦陣訓では死生観について、「死生を貫くものは崇高なる献身奉公の精神なり。生死を超越し、一意任務の完遂に邁進すべし。身心一切の力を尽くし、従容《しょうよう》として（懐疑を捨て落ち着いて）悠久の大義に生くること（天皇制国家に献身奉公して死ぬこと）を悦びとすべし」と記されている。兵士たちは軍隊でそれを暗記させられ、血肉化を強制された。上原良司が初年兵となった際に記した戦陣手帳には、この戦陣訓が載っていて、しかも「死生観」と、「生死を超越し」「悠久の大義に生くること」の三ヵ所に傍線が施されている。彼がどんな気持をこめて傍線を施したかはわからないが、しかしそれから二年たった二十年四月、特攻隊員となったときの決意を示した手記と遺書の中に書かれたそれに関した部分をみると、すでに初年兵時代からこの三点に疑問を抱いていたことが推測できそうである。前者では「悠久の大義に生きるとか、そんな事はどうでもよい」と述べ、後者では「私は所謂《いわゆる》死生観は持って居ませんでした。何となれば死生観そのものが、飽《あ》くまで死を意義づけ、価値づけようとする事であり、不明確な死を怖れるの余り、なす事だと考えたからです」と記している。後者では死生観そのものを否定しているから、戦陣訓の死生観をも切り捨てたことになる。実はこの死生観に関した部分は良司の思想を知る上できわめて貴重と考えられるにもかかわらず、旧版『きけ　わだつみのこえ』

では削除されている個所の一つである。良司にとってその死は祖国を勝利に導くものではなく、死は非人間性の極致にすぎなかった。

「空の特攻隊のパイロットは、一器械にすぎぬと、一友人が言ったことは確かです。操縦桿をとる器械、人格もなく感情もなく、もちろん理性もなく、ただ敵の航空母艦に向かって吸いつく磁石の中の鉄の一分子にすぎぬのです。理性をもって考えたなら、じつに考えられぬことで、強いて考うれば、彼らが言うごとく自殺者とでも言いましょうか。精神の国、日本においてのみ見られることだと思います。こんな精神状態で征ったなら、もちろん死んでもなんにもならないかも知れません」（「所感」より）そして本来恐怖であるべき死は最愛の恋人と天国で再会できる過程として嬉しいものとみられている。「愛する恋人に死なれた時、自分も一緒に精神的には死んでおりました。天国に待ちある人、天国において彼女と会えると思うと、死は天国にいく途中でしかありませんから、なんでもありません」（「所感」）

　以上の点からみても、上原良司が天皇への忠誠とか、必勝をめざして国家のために死ぬという、当時としてはあたりまえと信じられていた国家観や人生観から、完全に思想的に離脱、というより超克した地点に屹立《きつりつ》していたことを理解できよう。

　ところでこうした戦死の覚悟と愛する人への対応の苦悩は、上原良司だけに限ったことでなく、戦時中の若者たちに共通した生き様であった。『きけ　わだつみのこえ』の序文に渡辺一夫は「自然死ではもちろんなく、自殺でもない死、他殺死をみずから求めるように、またこれを『散華《さんげ》』（戦死を美化していう語、花のように散る）と思うように、訓練され、教育された若い魂が、若い生命のある人間として、また夢多かるべき青年として、また十分な理性を育てられた学徒として、不合理を合理として認め、いやなことをすきなことと思い、不自然を自然と考えねばならぬように強いられ、縛りつけられ、追いこまれた」と述べている。

これこそ明治以来わが国の指導者が行ってきた国策のもたらしたものであった。

わが国の近代の扉は明治維新によって開かれたが、この大事業は天皇制の絶対主義国家の創設であり、このとき数々の施策のうち、国民皆兵を柱とした徴兵制があった。これらの政策は何れも民衆を犠牲に国家の発展を狙ったものであったために、国民の側から起されたのが明治十年代の自由民権運動であった。国民主権原理に立ち、基本的人権の尊重を唱い、国会開設、憲法制定を要求する一大国民運動はわが国の近代民主主義運動の源流となった。しかしこの運動に対して政府のとった弾圧は熾烈を極めた。新聞紙条例、讒謗律《ざんぼう》、集会条例の施行など、言論・結社など表現の自由を抑圧する治安政策はそれ以後の国民の権利蹂躙《じゅうりん》の嚆矢《こうし》となった。一九〇〇（明治三十三）年制定の治安警察法、それにとりわけ大きな影響を与えたのが、一九二五（大正十四）年に制定された治安維持法だった。これらの治安立法の主なねらいは、（イ）「朝憲紊《びん》乱」「治安妨害」（ロ）「皇室の尊厳冒瀆」（ハ）「風俗壊乱」にそれぞれ該当すると官憲が認める思想の表現、事実の報道を抑止するにあった。治安維持法にいたっては、本来は社会主義の思想や運動を徹底的に鎮圧する目的で立法されたのであるが、のちには社会主義はおろか自由主義でも権力側が好ましくないと思うものにまで濫用され、弾圧されるにいたった。

治安立法が消極的な封じ込めの役割を果したのに対し、軍国主義、全体主義を自発的に支持する心情を国民の意識に植えつけ、国民の大多数の思想を軍国主義の方向に画一化する積極的作用を演じたのが、実は公教育の力であった。一八九〇（明治二十三）年、発布された教育の根本方針を定めた教育勅語は、儒教的徳目を基礎とし、忠君愛国を国民道徳とし、しかも「一旦緩急アレバ義勇公ニ奉ジ以テ天壌無窮ノ皇運ヲ扶翼スベシ」と強調した。つまり、国家の危急存亡のときがおこれば、積極的に国策に協力し、天地と共にきわまりない天皇を助けよ、というのである。身命をなげうってでも進んで戦争遂行に奉仕せよというのである。この軍国主義的心情の育成は、一九〇四（明治三十七）年以来、小学校の教科書が国定となり、全国民が文部省著作の教科書で学習するようになり、一方的画一的に軍国主義的教材が教え込まれることによって成果があがっていった。全国民が生まれるが早いか一斉に画一的に教育される効果は絶大であった。

とくにその教育内容で重視しなければならないのが、国家構造として国体思想が基盤となっていた点であった。国体思想とは、まず大日本帝国が天皇の祖先、つまり皇祖である天照大神によって肇《はじ》められ、その子孫である万世一系の天皇が統治してきたが故に、他の国家とちがい神聖性をもっているというのである。すなわち万邦無比なのである。歴代の天皇は常に皇祖と一体で現御神《あきつみかみ》として宏大無辺の聖徳を垂れてきて、国民はこの皇恩に浴して、億兆一心、忠孝の美徳を発揮し、君民一致の一大家族国家を形成してきたとみる。従って家長の天皇と国民は同じ血族であるために、国体は強固であり無窮に絶ゆることなき国家の生命が、生々発展し続けてきた。これが国体の精華だという。「悠久の大義に生きる」とはこうした国体に協力し、身命をなげ打ってまでも献身することであった。そしてこの尊厳なる国体を顕現し、永久に皇国を鎮護するものに神社があった。

このようにして国体思想は祭政一致、政教一致を基本とし、しかもその根拠となったのが古事記、日本書紀の神話であったため、神話がそのまま国家権力のイデオロギー的基礎となった。理性や科学が圧迫されたのはここに原因があった。神話は疑うことを許されない事実とされ、ここに発する世界に冠たる国体の優越性への確信と、神に率いられた日本民族という選民意識、全世界を指導する聖なる使命感とが、天皇の名による戦争は無条件に聖戦として美化され、侵略戦争を正当化するヴェールとなった。

天皇や、国家のために戦って死んだとき、その死者を祀る神社が靖国神社であり、護国神社であった。靖国神社は明治維新の戊辰戦争の際、天皇側の官軍の戦没者の霊を神として祀った招魂社をその起源とする。創建者は陸軍の創設者大村益次郎。明治十二年、現在の名前に改称され、別格官弊社の社格を与えられ、国家神道の重要な一支柱として、天皇のために命を捧げた戦没者を合祀して発展してきた。冒頭の一般兵士の遺書にもみられるように、人々は戦死したら神となって靖国神社に祀られると考えていた。上原も少なくとも昭和十九年の熊谷陸軍飛行学校時代までは同じ意識にあり「靖国の神となる日は近づく」と書いている。それが大きく意識変革するのは、それまでの一般の遺書と同じ論理を超克して、天皇制国家観や人生観を離脱していく時点においてであった。二十年四月、特攻隊員に定まって最後の別れに帰郷した夜、彼は家族や近所の人々に「俺が戦争で死ぬのは、愛する人達のため。戦死しても天国にいくから、靖国神社にはいないよ」と語っている。冶子と天国で再会するからという理由だけでなく、すでにファシズムときっぱり対決して袂を分った彼の心中には、生きている世界だけでなく、死後の世界までも国体思想と決別しようとする強い決意が固められていたのではなかろうか。

しかし良司の母は、戦後靖国神社へ行けば亡き三人の子供に会えるものと信じ、機会あるごとに参拝を欠かさなかった。実は次兄龍男は十八年十月南太平洋上で戦死、長兄良春は終戦後の二十年九月ビルマで戦病死し、上原家は三人の男の子を戦争で失ったのであった。

ここでもう一つ上原の遺書を、ほかの戦没兵士たちと比較してみたい。自分の死の意味を別の違った視点から捉えた若者たちがいる。

臼淵大尉　日本ハ進歩トイウコトヲ軽ンジ過ギタ。私的ナ潔癖ヤ徳義ニコダワッテ、真ノ進歩ヲ忘レテイタ。敗レテ目覚メル、ソレ以外ニドウシテ日本ガ救ワレルカ。今日覚メズシテイツ救ワレルカ。俺タチハソノ先導ニナルノダ。日本ノ新生ニサキガケテ散ル。マサニ本望ジャナイカ。
（吉田満『戦艦大和の最期』より）

鶴見俊輔はこの論理を次のように言いかえる。

自分たちは戦場に達するまえに撃沈されるだろう。自分たちは作戦に役にたたない。自分たちの死は無駄である。このことが、自分たちの死によってあきらかになることが、自分たちが死ぬことの意味なのだ。

鶴見は当時一般の「状況追随の論理」に対置して、これを「合流の論理」とよんでいる。

同じ慶応義塾大学出身の宅島徳光《のりみつ》と、京都大学出身の林尹夫《ただ》もこの論理に立っていた。

宅島徳光　俺ハ自分ノ思ウ通リニ社会が動カナイ事デ、極メテ機嫌ヲ悪クシテイル。コンナ面白クナイ社会ハナイ。人ノ行動デ、命ヲカケル以上ニソノ信念ノ強烈サヲ主張スルコトハ出来ナイ。ギリギリ一杯ノ最モ強烈ナ行為ハ、命ヲカケル事ダ。俺ハブツカッテ、ツブサレルダロウ。ソノ事ニ依ッテ逆ニ、俺ノ信念ノ当ッテイル時ガ来ルニ違イナイ。

林　尹夫

オプティミズムをやめよ
眼をひらけ
日本の人々よ
日本は必ず負ける
そして我ら日本人は
なんとしても　この国に
新たなる生命を吹きこみ
新たなる再建の道を
切りひらかなければならぬ

ここにあげた若者たちは良司と同じく、日本の敗北をかたく確信していた。しかし死の意味については良司と異なり、その敗北の戦いに自己の生命を賭けることを誓っていた。そして敗北と自己の死が、祖国に「新たなる生命」を与え、「再建」の道に通ずることを信じていた。「状況追随の論理」では死は祖国の必勝につながったが、「合流の論理」では敗北後の新しい再建を導く先駆《さきがけ》とみられた。
それに対し上原良司の場合はどうなのか。憎むべき権力主義に支配された祖国日本はまもなく敗北する、目前の死は天国にいる恋人と会える道筋、となると彼が死ぬのは何のためだったのか。命とひきかえに彼が残そうとしたものは何であったか。所感をつぶさに見たとき、私たちは一見控え目な姿勢で述べている次の言葉に惹きつけられる。

「一器械である吾人は何も言う権利もありませんが、ただ、願わくば愛する日本を偉大ならしめられんことを、国民のかたがたにお願いするのみです」

死に臨み、「一器械」にされんとしている二十二歳の若者が、ここだけに願いを必死に表明している。死＝一器械＝非人間性の極致に追いやられた若者が、「何も言う権利はありませんが」と人間性を否定された立場を強調して「お願いするのみ」と訴える、なんと悲壮な叫びであろう。「お願いする」相手は当時の上官や政治家ではなく、「国民のかたがた」である。先述の林も、「眼をひらけ　日本の人々よ」と呼びかけているが、上原の場合、出撃を目前に書いた最後の手記だけに、前後の文脈とからめて迫力と説得力がある。良司は「国民のかたがた」に向かって、それも敗戦後に想いを馳せ、敗戦後の祖国日本を「偉大ならしめる」よう願っている。この「偉大」の中身が自由主義の国であることは、それまでに書かれた日記・手記からみても理解できる。戦後に生きる私たちが所感を読み、もっとも胸を突き刺されるのは、国民に問いかけたこの個所である。

上原良司のこの想いは次の二十年二月七日のメモノートの手記をみれば、さらにくっきりと理解できよう。

「二・二六（事件）以来、日本はその進むべき道を誤った。……権力主義者は己の勝利を駈って、日本をば永久に救われぬ道に突き進ませた。彼等は真に日本を愛せざるのみならず、利己に走って偉大なる国民に、その欲せざる方向を強いて選ばしめ、……無智な大衆をだまし、敢て戦争に依って、自己の地位を益々固くせんとした。勿論そは国民の犠牲に於てであるが。……権力主義者は我々の何よりも愛する祖国を犠牲にしてまでも自己の力を伸張せんと試みたのであるが、今やそれは失敗に帰しつつあり、我々の真に愛する日本のみならず、善良なる国民をもその道づれとなさんとしている。私が恐れるべき事と思った事は遂にやって来た。……自由の国アメリカがその最後の勝利を信じて居るのは当然であり、これこそ歴史の示す必勝の信念である。

必勝の信念は、思想の必勝の基礎の上に置かるべきものであって、単に不敗であると言う事を基礎とするのや、科学力を無視した訓練等を基礎として生まれるべき筈のものではない。……真に必勝の信念を持つ日本、自由なる国民、これある限り、日本は必勝であったのだ。殉《まこと》に残念なるかな、何をか言わん」

これだけ鋭い洞察を試み、自己の信念に確信を固めながら、自分の死の先に予想される戦後に向けて国民に訴えたものは当時の遺書の中できわめてまれである。

出撃前夜最後に書いたこの所感こそ、死を賭けて戦後のわれわれに訴えた一人の若者の「メッセージ」なのである。またそれは、わが国における大正デモクラシー期までの自由主義の正しさを再確認し、予測される戦後に再びその継承・発展を訴えた貴重な宣言でもあった。

自由主義は、すでに明治の自由民権運動以来大正デモクラシーへと飛躍的に発展していた。政治的にも普選法制定や政党内閣制の発足にみられるように議会主義が伸張していた。だが経済的に自由放任の資本主義の発展の結果、恐慌が起こり国民生活が貧窮したところから、昭和初年から自由主義の弊害が強調され始めた。「自由」に代わり、「統制」が、「個人」に代わり「全体」（国家）が重視されるようになり、自由主義の「現状維持」に対し、現状の急激な破壊や変革を夢に託す、ロシア革命に手本をとった社会主義革命や戦争により領土拡大をめざす軍国主義が「革新」と見なされ、急速に大衆の心をとらえた。結局、総力戦体制をとった高度国防国家が完成し、アジア太平洋戦争に突入したのだった。

大正デモクラシー期までの自由主義の流れが誤りとされて全面的に放棄され、軍国主義・全体主義が新しい夢の体制のごとく推進された。その真只中にあって、敗戦直前の昭和二十年五月十一日、上原良司が高らかに自由主義の正しさを謳いあげたのは、大変な勇気の要る仕事であった。失われゆく自由主義を敗戦後再び甦えらせてほしいと、自分の命を賭けて国民に熱願したのであった。

その思想形成のルーツを探る

一体このような上原の先進的な思想はどのように形成されたのか、そのルーツを探ってみよう。まず初めに彼の祖父、上原良三郎のことからあげねばなるまい。良三郎は慶応二年（一八六六）に生まれ明治四十年（一九〇七）四十二歳で亡くなったが、小学校長も勤めた教育者であるとともに、正岡子規門下の俳人としても活躍した。生まれたのは現在の長野県南安曇郡梓川村花見の萩原家であったが、生まれるが早いか、実母の実家である現在の松本市島内青島の川船家に移籍された。川船家は犀頭学舎とよばれた累代の手習師匠であった。明治十六年、長野県師範学校松本支校を卒業した良三郎は十九年二十一歳で当時南安曇郡豊科の警察署長をしていた松本市和田（現在の）の上原肇次にその学才をみこまれ、女婿となり上原姓に変った。従って上原家の本籍は松本市和田で、いまこの地の万年寺に良三郎と一緒に良司の霊も眠っている。偶然か意図的かはわからないが、祖父と同じ「良」の文字をもつ良司が、祖父からうけ継いだとみられるものはいくつかあるように思われる。

たとえば、祖父の「清廉淳直」で寡黙な性格、そして「高風超然として時流を抜けり」という伊藤佐千夫の評をみても、それらの素質は良司にそっくり引き継がれている。良三郎は三川《さんせん》という俳号をもち、正岡子規が校閲した『新俳句』という新派俳句最初の句集を発刊したとき、二人の編集者のうちの一人だし、長野県内の子規派のグループ松声会で句会指導に当ったり、長野新聞・信濃日報で俳句の選者もしている。昆虫学にも造詣の深かった彼の俳句は自然科学的な眼と的確な表現を特徴としていた。良司の場合、中学時代和田峠や有明の山に友人と登り鉱物採集に情熱を燃やしたり、冷静に物事を凝視し、几張面に日記を書きつけるその姿勢は、祖父と生き写しの観がある。

それから良司の自由思想という視点から見逃すことができないのが良三郎の島内小学校長時代の活動である。ちょうど日露戦争にいたる明治三十年代、忠君愛国の国家統制がきびしくなる時期であったが、彼は近くの東穂高村で、相馬愛蔵や井口喜源治らと共に禁酒会の活動を進めていた熱心なキリスト教信者望月直弥を教師として招き、教育だけでなく地域に出て島内禁酒会を組織させ、農村社会の生活の合理化、伝統文化の革新をめざす活動にとりくんでいる。この動きは明治十年代に展開された自由民権運動の流れを汲むものといってもよく、実は良三郎自身、長野県の自由民権運動のメッカともなった師範学校松本支校に学び、兄の川船君十は長野県の国会開設結社である奨匡社社員、妹のかつ江は奨匡社の有力社員河野常吉に嫁ぐといった環境に育ち、自由民権思想に大いに感化されていたとみてもよさそうである。明治三十六年、内村鑑三に私淑した望月直弥が政府の日露戦争につながる方策を批判し、反戦的言動をとったため、「露探」（ロシアのスパイ）の噂を父兄の間に立てられたことがあった。このとき良三郎は一切を自分のもとにとどめ、直弥の教育には一言も口をさしはさまなかったといわれる。この直弥の教え子で、直弥から強い感化をうけたのが、社会主義者となる山本一蔵（飼山）であった。山本はのち松本中学に進み、師と同じように日露戦争に反対するが、やがて早稲田大学を卒業して間もなく自殺し、二十三歳の生涯を閉じる。その彼が深く敬慕してやまなかったのが良三郎校長であった。「清廉淳直」「高風超然と時流を抜けり」という良三郎の性格は、これからみても、自由民権思想からキリスト教へ（彼自身信者ではなかったが）という、明治の忠君愛国の国家統制と対置する思想の流れの中で生き抜いた彼の動きと直結していることがわかるであろう。そしてその思想的素質は何らかの形で孫の良司にも受け継がれたのであろう。

興味深いのは、良司の父・寅太郎が子供の教育、しつけについて「うそを言うな。自分の思ったこと、言いたい事はどんな事でも、誰の前でもかくさずにいうこと、これだけはきびしく教えた」といっている点である。良司が国策に真向から反する内容を所感や遺書で正々堂々と表明した姿勢には、こうした家庭教育が反映している。そしてさらにそのルーツをたどると、祖父良三郎自身が「思ふ所感ずる所は率直に其の意見を吐露して少しも憚る所がない」という気質にその源流を求めることができる。寅太郎は父良三郎に望月直弥の聖書講読会に出席させられているが、このようにみてみると、上原家の系譜には人間性を尊重する気風が一筋の血脈となって流れているように思える。それが上原家の家族のきずなを固く結びつけ、他の家庭にはみられない、文化的な雰囲気を醸成するところとなった。

良司の思想形成上、第二に重要な役割を果たしたのがこの家庭的条件である。良司のすぐ下の妹の清子の次の手記がその様子を生き生きと伝えてくれる。

「あの忌まわしい戦争時代に入るまでの私達一家の生活は、きびしい両親の下ではありましたが、その当時としては恵まれた楽しいものでありました。上の兄達は冬はスキー、夏は登山を楽しみ、家族をモデルに写真に熱中しました。近くを流れる乳房《ちぶさ》川での川遊び、裏庭のテニスコートでのテニス、離れの一室を閉め切っての映写会？　夏の夜のお化け大会、遊びの先頭に立ったのは家の兄達でした。……この楽しかった生活も兄達の軍服姿と共に遠ざかってゆきました」

末妹のと志江の手記によれば、「映写会」というのは、「因幡の白兎とノラクロの幻灯大会」とのことで、お化け大会とともに、休暇で東京の大学から三人兄弟が帰省すると、近所の子供達も大勢集まり、賑やかに行われた。

三人の兄弟はまた大の音楽好きでもあった。「ドイツリードをのどをふるわせ歌っていた長兄」の良春、「ハイネの詩を愛し、帰省の時は」妹たちに「都会の匂いのするお土産を忘れない優しい次兄」龍男はバイオリン、そして良司はハモニカを吹いた。曲目はクラシックが多く、戦争中といえども軍歌より、抒情溢れる曲目を愛好した。良司のメモノートには、いくつかの愛唱歌が書きつけられており、彼の心の世界をのぞく有力な手掛りを与えてくれるが、ちなみにその曲名をあげると次のようなものである。

谷間の灯ともし頃（原語）、マイオールド・ケンタッキーホーム（原語）、菩提樹（原語）、湖畔の宿、誰か故郷を想わざる、祇園小唄、湖畔の別れ、きらめく星座。

こうした文化的雰囲気で育った体験は、その後の彼の精神の軸となり、殺伐とした軍国主義の生活を批判する強力なバネとなった。

たとえば、館林教育隊での非人間的な訓練の中で彼は、「レコード位は聞きたいものだと思う」と書き、さらに「文化を尊ぶものは栄え、無視するものは亡ぶ。文化の力は恐るべきである。……吾人現在の希望を述べるならば、一刻も早く米英を屈服せしめて、彼らに勝る文化生活を展開し、往年のイギリスの如く世界何処の地に行くも日章旗の威力厳として存し、日本語を以て世界語となすに在り」とつづっている。「遺書」に記された「理想は果せなかった」という中身がここに述べられている。当時政府が遂行した天皇制国家の軍事的な世界侵略に対し、彼は自由主義的文化国家の発展により平和的に世界に冠たる地位を築くことを願っていたのである。

大正から昭和初年にかけての良司の幼年時代は大正デモクラシーの全盛期と重なる。上原家の安らぎを支えた大正デモクラシーは昭和七年の五・一五事件を機に破られていった。時代は「非常時」が叫ばれ、「挙国一致」が強調されるようになった。昭和八年から三年間ほど「自由主義頽落主義」という論争が総合雑誌や講演会などを舞台として展開された。「革新」を以て任ずる全体主義やマルクス主義の左右双方から自由主義は「時代おくれの思想」で頽落したと攻撃され、それに対し自由主義の思想家たちが対抗して反駁した。このとき自由主義側で、従来の自由主義に修正を加えながらその再生を主張した中心人物に、上原の隣村、北穂高村（現穂高町）出身の外交評論家清沢洌がいる。彼は自由主義を「心構えの自由主義」と「政略としての自由主義」とに分け、後者はどんなに変わっても構わないが、前者は永久普遍の原理で変わるものでないと論じた。結局この時はこの論争は自由主義の敗北となったが、河合栄治郎や羽仁五郎など少数の自由主義者に継承され、やがて上原良司もこの二人の感化を強く受けるところとなるのである。

第三として上原良司の思想に感化を与えたものとして、学舎の松本中学校と慶応義塾大学の自主的な雰囲気を無視できない。

松本中学校（現在の松本深志高校）は、長野県下でもっとも長い伝統をもつ学校で、とくに初代校長小林有也がはじめた生徒の自治を尊重する教育方針を伝統の軸に据えた点に特色をもっている。太平洋戦争前の天皇主権の時勢にありながら、この学校では相談会と矯《きょう》風会（風紀取締）という生徒の自治機関がかなり大きな権限をもち、それに自治寮制が加わり、一大塾的な雰囲気の中で生き生きとした生徒の個性の開発が試みられた。たとえば、相談会では、孤児院に対する寄附や修学旅行、遠足の件や、昼食に湯を請求したり、靴で教室に入ることを請求することなどが決議され、校歌の制定もこの場で提案・決定され、文芸部の生徒の手によって作詞をみた。これも小林校長の存在した明治時代はまだ国家主義の枠内での自治であったが、小林が現職で死去した大正初年以降になると、大正デモクラシーの風潮を反映して自治の活動は火を注いだように燃えあがった。小林の跡を継いだ本荘太一郎校長排斥事件はその象徴的なものである。「生徒必携」をもたせて「べからず主義」教育を強行し、相談会長を退学させた本荘校長を、相談会や同窓会が自由主義教育を擁護して、ついに退職に追い込んだという事件であった。上原良司が松本中学校に入学した昭和十年頃はまだこうした雰囲気が残っていた。「僕が先づ中学校へ来て驚いた事は他の中学校にはない様な…自治という精神や古い歴史がある」入学したばかりの彼はこう作文に書いた。この年校舎が松本城内から小高い蟻ヶ崎の現在の地に移転した。「天守閣を見上げた我々も、こんどは天守閣を見下ろすようになった。『天守閣よ、聞け、我が新校舎にはかなわないだろう』」上原はこう作文に書いて、新校舎に誇りを抱いた。生徒は生徒同士でお互いに向上し合う、とくに先輩は後輩を指導し、教師の手をわずらわさないのがその自治の中身であった。良司が三年時の昭和十二年の生徒会誌「校友」をみると、生徒の手記の中に次のような内容の自治論が述べられている。

「松中の自治には個人的の自治と団体的な自治とがある。前者は『自分のことは自分でする』という自治本来のもの。具体的には、学校での毎日の授業で、予習・復習を真面目にし、遅刻・欠課・欠席など決してしないよう努力すること。後者は相談会、矯風会の活動である。年中行事、風紀上の取締りなど。この団体的自治は個人的自治が完全に行われなければ円満に目的を果すことが出来ない。」

良司が中学三年になった昭和十二年、校長が小山保雄に代わって自治の伝統は大きく崩れていった。折しも日中戦争へと足を踏み出そうとしていた時であった。小山は「伝統と革新」と題して「日本は庶政一新一大革新の機運に際会している。此時に当り大いに校風を刷新し」(『校友』82号)と生徒に迫り、それまでの生徒の自治機関である相談会や矯風会によって進められてきた生徒のあり様を校長の命令一つで動く体制に切り替えていった。当然これは相談会や矯風会の反発を招いた。

例えばその一つに、下駄ばきを止め靴で登校するようにとの校長命令に相談会が鋭く対抗した。これは「下駄と靴の戦争」（上原欣治氏談）といわれ、校長敗北の動きにまで発展したが、先輩の教師や同窓会長などが間に入り、次第に生徒は懐柔されていった。その後の『校友』をみると、「自由より統制へ、総てはこの方向を辿り、松中自治も従来の侭では時代遅れであり、…相談会は校長先生の諮問機関とし…」（85号）「今やわが国は将に超非常時である。この時に当たり自由主義、個人主義の夢ではない。校長先生を家長と仰ぎ昔日の意気を取り戻し」（86号）というような時流に沿った生徒の主張が色濃く現れていく。

　こうした変化に上原がどう反応したのかは分からないが、五年の時は篭球部に所属、四年の時は友人と鉱物採集に熱中している。この時の記録で、「和田峠鉱物採集記」と有明山麓の「丸山高地採集記」とが昭和十三年十二月に発行された博物会誌第六号に掲載されている。「丸山高地採集記」は上原自身が記述しているが、そこで拾った水晶が大部分偏平なのに「これはどうしたものかと三人で考え」ている。結局分からずじまいになるが、こうした動きには軍事態勢の進展とともに抑圧されていく科学的探求心が上原たちの間では依然として健在であることを示している。しかもこの編輯後記を書いた博物会顧問湯浅幸作先生は、「抑々《そもそも》自然科学は現実を対象とし、真理の探究をモットーとして進む学問…和田峠採集記を一読して『よくやった！苦しかったろう！然し又楽しかったろう。おそらく生涯の思い出となるだろう』と思わず呟いた」と書き、上原らの科学的探求心を称賛した。上原が「所感」に書いた「思えば長き学生時代を通じて得た、信念とも申すべき理論万能の道理」という点がすでに松本中学以来のものであることを十分窺える資料である。学校でも目立った生徒でなく、無口で控えめ、黒いマントを着て風呂敷包みを持ち、ちょっとすました姿（妹・上原清子氏談）の上原良司であった。

昭和十六年、慶應義塾大学予科に入学。すでに自由主義は窒息し、さらに大きな戦争の足音と共に死の影が上原に向かってじりじりと近付いてくるのであった。

慶応義塾大学時代といえば、平時ならまさに青春まっただ中といったところ。だが当時の若者たちはいよいよ押し寄せた太平洋戦争の怒濤に立ち向かわなければならなかった。昭和十六年十二月八日開戦の日、上原良司は大学構内で興奮の一日を過した。今となっては貴重な歴史的な一日を、彼は克明に記録して残した。戦況が快調な十七年頃は、まだ夏の上高地で師岡みえ子などと遊ぶ余裕はあった。ところが十八年に入り、わが国が守勢に立たされるに従い、学生にも戦場での死が迫ってくる。

「前途を見ろ。先ず戦場、そして……帰れたら、いや帰ることなんか考えてはならぬ。戦死こそ汝の最も希望するものではないか。しかし良く考えろ。口ではそんなこと言いながら、心の中では死を恐れてはいないか。この地上より自己の消える一瞬を考えると一寸変になるが、それは十分の一秒位で直ぐ現実に戻る」（昭和十八年一月三十日）

これは、太平洋戦争中慶応義塾大学に在学していた上原良司が書いた日記の一部である。この手記からみても、彼は学徒出陣前の学生時代から戦場での死を覚悟していた。

彼は慶応義塾大学時代の昭和十六年から死ぬ二十年まで六冊の日記や手記のノートをこの世に残した。いま私たちがこれらを読んで胸を打たれるのは、まずこれらの手記が死を覚悟した毎日の記録であるという点からである。上原自身が遺書で述べているように、「毎日毎日が死を前提としての生活」

であり、その「一字一言が毎日の遺書であり、遺言」であった。となると遺書は、出撃前夜の所感ともう一通の遺書、学徒出陣前の遺書の三通だけではない。六冊のノートを含めてはじめて彼の遺書は完全なものになる。三通の遺書の一言一句は六冊のノートをみて、はじめて正確に心に迫って理解することができるのである。この本の出版は実はこの点にその意義の一つをもっている。

ところで、この日記、手記を彼の動きをたどって読んでいくと、全編を覆う死の影が次第に色濃くなっていくのがよくわかる。

たとえば、初年兵時代の十九年、武器の一部品を紛失した時、「この罪は死して補うより外ない……龍兄さんの仇を討つと共に死によって解決されること多し」と死と直面する。初年兵時代が終って、特別操縦見習士官（略して特操という）となり、松本を去るに当り、「この上は一死奉公以て国家の自由のため潔よく神とならん」（十九年二月七日）と、彼は書く。当時まだ、「一死奉公」「神となる」という国策に従った思想が残っている点に注目してほしい。

十九年三月十一日、特操となり航空訓練でしごかれる合間、部隊全員の写真を撮る。いまでは記念としては考えることがあるが、それほど深い意味を持たぬ写真撮影が、当時の上原にとっては「黒わくに入れられた龍兄さんの写真を思い出す。写真も出来た。何時死んでも良い」と死への過程のモニメントとして重く映り、死へと一歩近づく。

十九年七月二十日、熊谷陸軍飛行学校卒業のとき、「玉砕（全力を尽くして事にあたり、潔く死ぬこと）の決意を新たにし、体当りを決行せんの意気に燃ゆるものなり」と書き、すでに一年後の特攻隊員としての肚《はら》構えを固めている。

こうした死を覚悟した上原良司にとって最大の悩みは、愛する女性に自分の気持を告白すべきかどうかという、愛の苦悩であった。グラビアでも紹介した石川冾子《きょうこ》に対する愛の悩みであった。

石川冾子は軍人であった石川浩三郎と有明新屋の曽根原家から嫁いだ母との間に生まれた女性。瞳のきれいな下ぶくれの美人である。冾子と良司の出逢いを知るにはここで一人の人物を登場させる必要がある。青木茂登一《もといち》。松本市寿で医師を明治時代に開業していた。大変面倒見が良い人物だったらしく、父が死んで困っていた少年石川浩三郎を引きとり、松本中学校へも出してやった。この頃、同じように茂登一の世話を受けたのが、良司の父・上原寅太郎だった。寅太郎の父は良三郎といい、教師であったが、明治末に良三郎が死に寅太郎も困窮の逆境にあった。青木家と遠い親戚という間柄もあり、青木家で寅太郎は浩三郎と一緒に暮らしたこともあった。

明治末から大正にかけて青木茂登一は安曇の有明村の村医となり、松本市寿を離れて有明に住み有明医院を開業した。大正十三年、茂登一の死後、有明医院のあとを継いだのが、茂登一の期待通りに医師となった上原寅太郎だった。一方石川浩三郎は陸軍大学校を卒業して、陸軍中将になり、師団長を勤め、千葉に住むところとなった。そんな関係から、浩三郎の娘冾子と寅太郎の息子良司は、幼い時から、青木家を通してお互いに知り合う仲だった。だが大きくなってよく出会ったのが、茂登一の息子・貞章《ていしょう》の家、東京高円寺（馬橋）であった。青木貞章は石川浩三郎と兄弟のようにして育った間柄だった。松本中学校を卒業して慶応義塾大学医学部の教授となったが、太平洋戦争中は、上海、シンガポールなどへ軍医として応召されていたため、高円寺の家はずっと妻の耿子《こうこ》が留守を守っていた。青木家は、親の代だけでなく子の代でも上原家にとって大事な場となった。慶応義塾大学医学部に進学した兄良春、龍男に次ぎ、良司も慶応に進み、上京してこの家に世話になり、そこで親身になって尽くす耿子を中心に、石川家の人々や耿子の実家の親戚にあたる師岡家の人々とも交流を深めるところとなった。

「昭和十八年五月一日　坊や（青木耿子の息子元雄、良司によくなついた―筆者）の節句。馬橋に向う。冶ちゃん居り、久し振りに会う。何時見ても朗かで気持よし。会う度に好きになる。彼女もフィアンセになって了ってもう会うのも少ないことだろう。しかし何時までたっても彼女が好きであることをここに断定することが出来よう。ああ、あわれなる者よ。

昭和十八年一月三十日　俺は彼女さえ幸福になってくれたら満足だ。彼女にひそかなる愛をささげてきた自分。今積極的に出ればどうか。否々。自分には彼女を幸福にしてやる見込みはない。

十八年八月十日　悲しき日。……彼女の結婚の相手がきまったこと……。私はあなたを愛していると何度告げようと思ったことか。併《しか》し、それは私の良心が許さなかった。告げることは易い。併し彼女を、その後に来るべきこと（良司の戦死のこと―筆者）によって不幸にして了《しま》うのでは、私が彼女を愛していると言う理由は何処に行って了うのか。……不幸なるもの、そは汝なり。」

良司は自分が愛の告白をしても、やがて死ぬ身であっては、かえって告白した事により彼女の不幸をもたらす。従って彼女の幸せを願い本当に愛するが故に告白できないというのである。彼の愛の純粋性は、冶子に対する沈黙だけでなく、友人の間でも発揮される。

「十八年一月十九日　昼休み（慶応の）屋上にて三人にて理想の女性について語る。宇野も近頃年の故か、仲々どうして凄い事を言う様になった。彼らはしつこく自分に打ちあけろと迫るが、冷子ちゃんの事だけは話されない。どうしてって、彼女を話題に上らすことは彼女を侮辱し、けがす様なものだもの、どうして自分に出来よう。」

しかし沈黙すればするほど、愛情はつのる。行きどころのない愛情は紅蓮《ぐれん》の炎となって若い心の中を荒れ狂い、焼きこがす。まさに紅蓮地獄である。それも元《もと》はといえば、戦場における予定された自分の死があるからである。学徒出陣の際の遺書に、彼はもっとも伝えたいが伝えられない人への想いを、グラビアにあげたようなひそやかな、しかし心に迫る形で残した。読者のみなさんはこれから戦争に征く若者が、夜、自分の思想の支えとなった遺本の活字を追いながら、意中の人に対し○を囲んでいる姿を思い浮べてどう思うだろうか。真に愛しながらその気持を伝えられない、その非人間的な精神状況に若者を追い込んだものに私は怒りを覚える。

そんな若者の意中を知らずに、石川冷子は良司が学徒出陣する昭和十八年、父浩三郎の部下であったN大尉と結婚する。しかしその時すでに冷子の体内には結核の病魔が入り込んでいたのであろう。結婚式での美しい花嫁の顔色は幽霊のように青白く、出席者を驚かせたという。

こうした緊迫した雰囲気の中で、上原が出会ったのがベネディット・クローチェだった。イタリアの歴史哲学者。といって実際に対面したわけでなく、樺俊雄や羽仁五郎の講演や著述を通じて、クローチェの思想を学んだのである。彼の小メモノートの十八年六月四日欄に「クローチェ『実践ノ哲学』」の書名が記されており、朝日日記の七月七日の日記には、「本日樺俊雄（『歴史哲学序説』著者）の講演……」と書かれてあり、結局、当日は都合悪く聞くことができなかったが、ともにその関心のほどを示している。このクローチェの哲学思想は上原良司に熱狂的に受容され、それから死までの理論的根拠となった。遺書にその所在を知らせた遺本は、実は羽仁五郎著の『クロォチェ』であるが、それはこの頃、高円寺駅北口通りの光延堂書店で良司が買ったもので、中を開いてみると、あちこちに赤鉛筆の傍線が施され、クローチェの思想に激しく共鳴していった良司の感動がじかに伝わってくる。ここで彼がどんな点に共感したかが興味深いし、その事は遺書や所感への影響をよみとる上で重要であるが、それに触れる前に、クローチェがどんな人物かおさえておく必要がある。

ベネディット・クローチェは、一八六六年、中部イタリアのナポリ市民の家に生まれた。ローマ大学に学び、芸術、文学、政治など文化全般にわたって広範囲な興味を示し、ナポリ大学の教授として活躍するかたわら、「クリティカ（批判）」という進歩的雑誌の編集を長年指導し、イタリア内外の知識人、文化人をはじめとする多くの人々に大きな影響を与えた。一時は文部大臣をつとめたこともあるが、彼のもっとも本領を発揮したのは、第二次大戦時、ムッソリーニのファシズム政権に反抗し、反ファシズムの先頭に立ち、亡命、追放、投獄の身となっている反ファシストたちを助け、若い人々に自由の旗印を掲げて、光と勇気を与えた点にあり、それは海を越えて同じようにファシズムの下に苦しんでいた上原良司ら日本の大学生にも及んだのである。

一九二五年、彼が「反ファシスト知識人宣言」を書いてファシズムに反対の意志を公表した時、イタリアの良心を代表した名士たちが賛同してこれに署名した。ファシズムはクローチェを弾圧し、ナポリの彼の書斎が襲撃されたこともあったが、彼は「クリティカ」誌によって批判活動を続け、不屈に自らの自由の理論を一層発展させた。

上原良司が昭和十八年九月九日の日記に「イタリアの無条件降伏発表さる。……精神的ショック、大なり」と書いたとき、良司の脳裏に、このファシズム国家イタリアの敗北にかかわっていたクローチェの活動が想い浮かんでいたかは定かでない。学徒出陣を目前に控えたこの時期に、すでに三国同盟の一環が脱落したことは、クローチェの理論の正当性を実証した点で良司にとって「精神的ショック、大」であったにちがいない。

日本の場合とちがい、この時のムッソリーニ政権の倒壊、その後に組閣された軍人バドリオ内閣による降伏調印（十八年九月三日）の動きは、すでに昭和十六年（一九四一）頃から進められていたイタリアにおける反ファッショ統一戦線の結成とその発展によってもたらされた。つまり民衆の運動の成果であった。特に一九四三年三月に行われた労働者の大ストライキは、資本家や軍部、王家に、早いうちにムッソリーニ政権を倒し、降伏体制をつくった方が自分たちの支配を維持できると考えさせた。国王を中心としたバドリオ政権への交替と降伏はこうした背景の下に進められたが、事態はこれで終ったわけではなかった。ムッソリーニ政権の崩壊に衝撃をうけたドイツのヒトラーは、ムッソリーニを援助し、ドイツ軍をイタリアに進めてこのイタリアの動きを挽回しようとしたところから、これ以後、今までのイタリアの反ファシズム運動は「国民解放委員会」という組織に改組され、米英連合軍とともにドイツ軍と戦うことになり、民族解放闘争の性格をもつに至った。この時の解放委員会の中に社会党、共産党などと並んで、クローチェの率いる自由党が含まれていた。パルチザンの戦闘、労働者のストなどによりイタリアがファシズムから解放されたのは、日本の敗戦と同じ年、二十年の四月、良司が特攻隊員となった月であった。クローチェは晩年政治から離れ、学者として一九五二（昭和二十七）年、八十六歳の生涯を閉じた。いよいよクローチェの思想の内容を見る段階に至った。

一体、反ファシズムの彼の思想とはどんなものなのか。彼の思想のどんな点が上原良司に大きな感化を与えたのか。ここで『クロオチェ』に赤鉛筆の傍線を施した個所をあげながら、それを述べてみたい。以後「　」部分は傍線の個所。

彼の思想は、ヘーゲル哲学を批判的に発展させたもので、彼は自分の哲学を『精神の哲学』とよんだ。それによると、あらゆる現実に内在する精神には、芸術と論理という理論的活動と、経済と倫理という実践的活動があるとし、これら四つの活動は、相互に密接に関連すると考えた。そして普遍的なものと個別的なもの、観念的なものと具体的なもの、理論的なものと実践的なものが、根底的に結合しているというのである。「理論を軽視する行動主義などというものは支持されることはできない」「直観がつねに思考の前提であり、思考的認識がつねに実践的行動の前提であり、経済的行動がつねに倫理的行動の前提であることを解明したクロォチェの『実践哲学』」「絶対的に自立するのは理論と実践との弁証法的関係」。

同じように彼は理念と事実、哲学と歴史、現在と過去との二元性の弁証法的統一を主張する。その中でとりわけ強調するのが、現実と現在の生命とであった。「現実は歴史であり、歴史は哲学であることを実証するクロオチェ哲学」「真理は現実の認識であり、現実は歴史であるから、歴史は理論的精神の最高の段階をなすわけである」「事実の直視と理解とにより、正確な歴史的判断によってのみ、この複雑の現代に認識と行動との具体的なる指針を得べし」「すべては自然にあたえられる単なる対象ではなく、活動によって実現されるものである」「自主性の原則なき思想家は思想家ではなく、まして真の体系的思想家ではない。そしてこの原則とは人生の現実から得られたものでなくてはならない」「体系的思想家とは、第三に、原則あり、帰結をごまかさない体系的思索にしてはじめて、各部分を圧倒する空虚な外面的な全体でなく、各部分の自立を基礎とする十全なる全体について、また過去現在に執着し、また過去現在を無視する将来でなく、過去現在の必然的発展としての将来について根拠あるみとおしをもつことができる」

いま私たちは『クロオチェ』の本を読み、クローチェの言葉を神の賜物のように感激して傍線を施している若者、上原良司の心中を想いやることができる。祖国が狂暴なファシズム体制になってしまったのに歎き悲しみながら、ファシズム批判の哲学を的確な表現で説くクローチェに感動し、勇気を与えられている良司。彼が感動したクローチェの至言を続けてあげてみよう。

祖国の現状を踏まえて――「祖国に対する義務は真理に対する義務の中にこそ成立するのである。いかなる言葉も行為も、それが理性を棄て真理をまげたものであったなら、それらはすべて真に祖国の光栄にささげられた奉仕ではあり得ず、むしろ祖国に汚点をつけるものである」この個所は傍線だけでなく、「然り」という良司の共感の朱筆が加えられている。「堪えがたき歴史の悲痛のまえに戦慄し、その歴史の将来のためにいのっているのである」「懐疑または批判は……真の学問の本分」である以上、「彼等が彼等の祖国を批判したのは、彼らが彼らの祖国を愛したからにほかならぬ」「ただ歴史としての真理のみが、現代の傲慢をやわらげ未来の希望を与える」

自由について「自由はそれらの反動や権威主義支配のなかにもはたらきつづけ、ついにそれらをして力尽くるにいたらしめて、ふたたび、こんどは前よりもかしこくつよく再現して来るのである。自由は形式や状態ではなく、生きる力の根源であるから、これをほろぼすことはできないのである」「自由においてのみ人間社全が繁栄し、みのりゆたかに結実するのであり、自由こそ地上における人生の唯一の理由であり、自由なくしては人生は生きるねうちを失うのである。自由の問題は現実に存し、これを無くすることはできないのである。自由を抑圧する実験がヨオロッパおよび世界の各地で行われているが、その中からも早いかおそいか自由がふたたび芽ばえて来る。自由とはすなわち人間性のことであるからである」良司は自筆でその次の空欄に「自由＝人間性」と書いて確認している。「あらゆる歴史の定義において、結局、歴史は自由の発展であるとする定義がもっともすぐれている所以である」その上の空欄に同じく「歴史は自由の発展なり」の良司の確認。そして本の最後に「自由は最後に於て勝つ。自由こそ吾人の求むるものである」と彼は大書し、深く心に決意している。

最後にクローチェの思想で重視しなければならないのが民衆に対する考え方である。

「民衆を基礎とせねばだめだ」

「自由の木は民衆の手によって植えられ、民衆の血によってそだてられ、民衆の剣によってまもられるのでなければ実を結ばぬのである」

この視点は良司の思想変革における最後の場面で重要なキーポイントとなった。

三つの遺書のからくり

上原良司は三通の遺書を書き残した。一つは学徒出陣前の昭和十八年九月二十二日夜、遺本『クロオチェ』の見返しに書いたもの、二つめは、『きけ　わだつみのこえ』収録の「遺書」と記されたもの、三つめは、やはり『きけ　わだつみのこえ』収録で昭和二十年五月十日の出撃前夜に記した「所感」と題する遺書の三つである。二つめの書かれた時期は、その内容と残し方から判断して昭和十九年二月から同年六月六日の冶子の死までの間の熊谷陸軍飛行学校時代で、しかも帰郷した折とみられる。

内容的にみると、三通の遺書はそれぞれ彼のその時点における思想変革の到達度を示している。クローチェの理論を身につけた彼は軍隊生活の体験を現実として、現在に生きる自分を余り遠くない将来の死に向かって積極的に生かす方向を模索する。クローチェのいう通り、「人生の現実から得なければならない」「原則」というが、その「現実」はもつともファシズムの集約化された軍隊であり、先端を行く特攻隊の生活であった。彼は「原則あり、帰結をごまかさない体系的思索」をめざした。それは厳しい、彼一人だけの、孤独な思想闘争であった。彼はその試練を自分に課すことによって、短かい「人生に対する信念」を得ようとしていた。

いま遺本の遺書と「所感」の遺書とを比べて、これが同一人物の手記かと疑うほど、そこには大きな思想の発展、変革がみられる。わづか一年半にも満たない軍隊生活を、彼は自己の思想の発展、体系化に挑み、それは見事に成功した。それはクローチェの理論の実証の仕事でもあった。

三通の遺書を良司はどう残そうとしたか、その残し方からみてみると、興味深い事実がわかってくる。

もっともすっきりした残し方をしたのが、良司にとって一番観てほしいと願った三通目であった。

後述するように書いてほしいと依頼した報道班員高木俊朗から直接生家へ郵送されてきている。一通目と二通目は、わかりにくい方法を取った。慶應義塾大学時代の日記、「朝日日記」の一月一日の頁に次のように記した紙片をクリップではさんで指摘した。「左ノ引出シニ、遺書ガアリマス　右ニアル釘ヲヌイテカラ引キ出シテ下サイ　良司」現在も二通目の「遺書」を入れておいた引出しが下に付いた物入れが残っている。一通目の指摘は、二通目の「遺書」の最後に「離れにある私の本箱の右の引出しに遺本があります。開かなかったら左の引出しを開けて、釘を抜いて出してください」としたゝめた。この本箱も今なお残っている。遺本とは愛読書『クロオチェ』のことで、この見返しに第一の遺書が書かれ、グラビアにも紹介したようにひそやかに愛する冷子への想いを残した。良司の思想変革の流れとは逆に、三通目→二通目→一通目の順序でその存在が知られ内容が筋道立てて、理解できたのであった。控え目な性格、ミステリー好きの遊び気分、そして透徹した知性が彼の遺書の文化的価値を高め、時代を超えた説得力を備えさせているように思える。これから、三通の遺書の内容に光をあてながら、彼がどのように思想闘争を展開したか、明らかにしてみよう。

第一の遺書と学徒出陣

上原の大学生活時代は太平洋戦争勃発から始まり、大学生の特権であった兵役免除がなくなる昭和十八年の学徒出陣へとつながっていく。学生の徴兵猶予が廃止された昭和十八年九月二十二日夜、第一の遺書を書き残した。

学徒出陣を目前にして彼は両親や家族など親しい人びとに別れを告げる手記をしたためた。「直接国家に尽すことが間接に御両親様の御恩に報ゆることと確信しております。私は喜んで去って行きます。私は戦死しても満足です。何故ならば私は日本の自由のために戦ったのですから」「我等は国家のため喜んで戦地に向う」というような当時一般の兵士とほとんど変らない論調。大きくちがうのは「日本の自由のために戦」うという点。これは明らかにクローチェの影響であるが、しかしこれとてもきわめて観念的で、理想的気負いといった感を免れない。またさらにこの見返しに記された自作の短歌、「若き血に燃えて征かんかな大君に召されし我はいざ」をみるならば、一層二年後の死直前の思想との相違が明瞭となる。この「状況追随の論理」からの脱皮は軍隊に入ってから、彼自身の努力によって実現していく。

十月二十一日、明治神宮外苑競技場で行われた学徒出陣壮行会に参加。翌日次兄龍男の戦死の報を聞く。十一月二十三日、出陣塾生壮行会が慶應義塾で開かれ、上原も出席した。三千余名の出陣塾生とほぼ同数の残留学生が互いに向かい合い、新作の出陣壮行歌を声を限りに歌った。この三千余名の出陣塾生のうち約五百名は戦争が終わっても復学してこなかった。(『慶應義塾百年史』)上原もその一人だった。

十二月一日、松本五十連隊に入営し、いよいよ軍隊生活の第一歩を踏み出す。妹の清子さんは、軍隊へ入る十八年の夏休み、帰省した良司が離れの二階でベートーベンの「運命」のレコードを繰り返し聴いていたのを想い出し、今でも胸を痛めるという。

第二の遺書と軍隊生活

「昭和十九年三月二日　レコードぐらいは聴きたいものだと思う。ぜいたくなことを言うなというかも知れぬが、これは決してぜいたくでも何でもない。」（「修養反省録」）

上原を待ち受けていた軍隊生活は、予想をはるかに超えた厳しいものであった。松本五十連隊から翌十九年二月特別操縦見習士官となり熊谷飛行学校へ入り、短期の飛行技術習得に努めた。次第に欠乏していく貧弱な軍事力を補って日夜彼を襲ったのは、精神教育の嵐であった。

そこで上原の軍隊生活をみるには、特別操縦見習士官制度について理解しておく必要がある。この制度は、昭和十八年七月三日、勅令第五六六号として発布された。十七年六月ミッドウェイ海戦で敗れ、十八年二月ガダルカナルの戦いで撤退を余儀なくされたわが国は、開戦一年余りにして早くも敵に主導権を奪われ、すべての制空権を失っていた。守勢に立たされた政府は、国家総力戦の結集として、航空作戦の反撃戦力のための操縦者育成を緊急措置として打ち出し、その対象を今まで徴兵猶予してきた大学生たちに求めた。これがその制度であった。それまで飛行兵の主力は士官候補生と少年飛行兵であったが、彼らの場合、その教育に二〜三年の期間がかかるのに対し、学徒出陣による特別操縦見習士官（略して特操）の場合、わずか一年二カ月で養成し、緊急事態に備えようとした。特操は十八年十月から教育の始まる一期生（一、二〇〇名）と十九年二月からの二期生（一、一〇〇名）、以後三期、四期と養成された。上原は十八年十二月に松本五十連隊に入隊し初年兵としての生活を始めるが、入隊するが早いか特操となり、二期生として十九年二月から熊谷陸軍飛行学校へ入り、まず神奈川県厚木で相模教育隊に所属して地上準備教育に組み込まれていった。青木耿子の手記によると、「長兄は陸軍、次兄は海軍」だから「空にて戦う」と航空を選んだという。

こうした軍隊機構の非人間性は、上原にかえってクローチェから学んだ自由性、あるいは人間性の尊さを呼び覚まさせ、大きく日本の進路の誤りを発見する場を提供させる形となった。『修養反省録』は、上官が閲覧し、指導する日記だったため、上官の命令通り軍隊生活に適応するか、それともそれを批判して生きるか、つまり軍隊の非人間性と上原の信念として次第に固まっていった人間性とのぶつかり合う相剋の記録となった。冒頭の日記は文化を重んずる上原の軍隊への批判である。こうした思い切った意見の吐露が上官の激しい叱責を浴びる。日記のすぐあとに上官の赤鉛筆の「批判は止めよ。ただ疑いなく批判なく日々の任務に邁進すべし。実践あるのみ。」の文章がかぶさってくる。日記は、

二月十七日　併し軍人たるものは修養に依り、この自由性を滅却しなければならぬ。何となれば軍の主とするところは戦闘にして、戦闘に於ては自由の許されぬからである。自由性の撲滅こそ吾人の現在の最も緊要なることではあるまいか。併しこれは大なる困難を伴う。人間性としての自由を撲滅することは不可能ではあるまいか。

二月十九日　今年一杯の命だ。命を失う時に見苦しくないように今から肚を練れ。靖国の神となる日は近づく。(この段階では「靖国の神となる」と考えている―筆者)

二月二十二日　入隊前一学友と実行と理論に関し議論し互いに譲らず。我は実行の前に理論在りと主張せるも、軍人たる以上理論の前に実行在りとした彼の学友の説を尤もなりと認めざるを得なくな

った。

三月二日　（学徒出陣壮行会とドイツ軍隊の映画を観賞、ドイツ軍隊でレコードを聴いているのをみて）レコード位は聞きたいものだと思う。

（これに対し上官が赤鉛筆で次のように記している）「批判は止めよ。ただ疑いなく批判なく日々の任務に邁進すべし、実践あるのみ」

この叱責が効を奏したのか、しばらく次のような記録が続く。

三月三日　要は精神なり。……

三月七日……人間性としての自由を殺してこそ真に立派な軍人たり得るのだ。この点未だ修養の余地あり。

しかしこうした傾向もながく続かない。

三月九日　二・三・六区隊に何か事件あり。本日より我々を初年兵として取扱うとの事、その他総べてに亘《わた》り圧迫加わる。

三月二十一日　（一カ月半の厚木での地上準備教育が終った日）軍隊を批判する資格なしと云うも、余りに矛盾せるところありしを以て此処に記す。現在の社会全体が矛盾に満ちて居る事も事実なれど軍隊においてもまた矛盾在り。入隊前においては夢想だにしなかった事なり。国軍の向上を図らんと思えば、先づこの矛盾を取除くを要す。そは理想なりと云う者ありといえども我は不言実行、矛盾の絶滅を期せん。

この「矛盾の絶滅」の具体的中身はわからぬが、軍隊内で理想に生きようと決意していることがうかがわれ注目される。

三月二十四日、この日群馬館林隊へ移り、基礎操縦教育が始まった。館林教育隊は多くの教育隊のうち最もきびしいことで有名だった。徹底して消耗品速成教育を施し、一切の娑婆気《しゃば》を禁じた。面会なし、外出なし、酒保なし、十日に一度の休務といった日も、午前中は体育でしぼり、昼食から夕食までが唯一の休憩時間。だがこの時間も洗濯、修理や散髪、手入れなどの内務整理に追われた。家族の写真も、お守りも、千人針も、マスコットなどすべて禁止、家族からの検閲済の葉書三枚以下の所持だけが認められ、頻繁に検査があった。写真撮影も出来なかった。どうせ死ぬときまっている者が、何で人に姿を見せる必要があるか、黙って死ねというのが趣旨であった。面会禁止の通知をしておかなかったために、父寅太郎が面会に来た事があった。この時区隊長が会ってくれた。上原はその日の日記に「有難き事なり。面会禁止にてその侭《まま》帰されても仕方なかった。（自分の）手落で、貴重な時間を割《さ》いて来て呉れた父上には気の毒であった」と記している。

この非情な世界で、兵士たちに人気のあったのが片岡喜作という中尉であった。少年飛行兵あがりの三十歳ぐらいの、口数のいたって少ない将校であった。彼は自分の戦争体験を語りながら、淡々と死に方を教えた。

「『唯敵に一撃を加えて死んで行ける人間になりさえすれば良い。命も、名誉も、富も、地位も要らぬ』との片岡中尉殿の訓示こそ、吾々未修養者にとって正に金言なりき。いざと言えば死ねば良い。敵にぶっつかって死んで行ける人間になれば良いのだ。その他は何も要らん」（六月二十二日、上原記す）片岡のこうした言葉は兵士たちに大きな安心感を与えた。

こうした館林での生活は上原に祖国の歪みと汚点を露呈せしむる形となった。
五月一日　軍人精神とは何ぞや、誠なり。総べての批判を止めよ。而して実行せよ。
五月十三日　切磋琢磨、即ちなぐることに非ず。一考を要す。
五月二十七日　助教殿より精神状態を疑わる。
五月二十九日　恥辱の日。
六月一日　見習士官たるの自覚を持て、現在は自覚に委せられぬとて、事実上初年兵の如き生活を送りつつある。
六月五日　俺は本日は死したり。
五月二十九日と六月五日　どんな圧迫が加えられたかはわからぬ。この時の事件かはわからぬが、戦友会で語り草になるという眼鏡事件の事ではないかと思われる。それはこの館林教育隊で、ある見習士官が航空眼鏡をすりかえられたか、紛失した事件が起った。その主謀者がわからず、学生全員がその責任を問われ、炎天下直立不動の姿勢で十数時間以上立たされ、倒れる者が続出、遂に不問に付されて終った。それ以来、隊長と兵士との気持が離反し、後味の悪い関係となったという。
上原の軍隊からの思想的脱皮が明確になっていくのはこの頃から。日記に本心が抵抗の形で噴き出し、書き綴られていく。
六月二十四日　我々は現実に左右されてはならぬ。常に将来の事を考えよ。……大局を明察しその将来性を顧慮すべし。……現勢は我国に不利である。
上原の脳裏にはクローチェの次の語句が金字塔となって輝いていたのではなかろうか。

「自由は嵐を恐れず、むしろ吹き荒《す》さぶにまかせ、その中から鍛えられ、強くなるのみである」「過去現在の必然的発展としての将来について根拠あるみとおしをもつこと」

六月二十七日　汝宜しく人格者たれ。教育隊に人格者少きを遺憾とする。

この「汝」は一見自分に向けて言っているようにみえるが、そうではない。この日記をみる上官を「汝」と呼び、弾劾の姿勢をとる。早速上官の赤鉛筆の文字がこの後に続く。

「貴様ハ上官ヲ批判スル気カ。其ノ前ニ貴様ノ為スベキコトヲナセ。学生根性ヲ去レ！」

だが上原のペンはひるまない。連日軍隊の圧迫によって、むしろたくましく鍛え上げられた彼の自由の信念が、鋭い力となってほとばしり出る。

「七月八日　教育隊に人格者なきを再び痛感す。ことは飯盒に関してなり。『この前の眼鏡事件と同じだ。容赦はせぬ。』我々をまるで罪人扱いにしている。皆の憤慨ももっともなり。」

上原が注目したのは、上官が非人間的圧迫を加えることがかえって学生兵士たちの反感を強め、自由への欲求を揺り動かしていった点にあった。

六月二十九日　自由は確かに軍隊においても人間性として現れる。…この自由を撲滅することは不可能である。…ちょっと監視の目がないと、自分勝手なことをする。軍隊的にこれを観れば零《ぜろ》である。しかしながら、人間としてみた場合、これは自由主義の充溢した証拠であるから、思想的に進歩していると言わねばならぬ。

別に私的に書いていたノートに彼は次のようにも記している。

「日本軍隊においては人間の本性たる自由を押さえることを修行とすれど、…謂《いわ》く、軍人精神が入ったと思い、誇らしく思う。およそこれほど愚かなものはない。…自由性は、如何にしても押さえることは出来ぬ。抑えたと自分で思うても、軍人精神が入ったと思うても、それは単に表面のみのことである。心の底には更に強烈な自由が流れている…。

我々は一部の愚者が我々の自由を奪おうとして、軍人精神という矛盾の題目を唱えるたびに、何ものにも屈せぬ自由の偉大さを更めて感ずるのみである。」

七月十一日　人間味豊かな自由に溢れ、其処に何等不安もなく、各人は其の生活に満足し、欲望はあれども強くなく、喜びに満ち、幸福なれ、真に自由と言う人間性に満ち溢れてこの世を送らんとする時代が近づきつつある。それは自由主義の勝利に依ってのみ得られる。クローチェは言えり。各国家に特殊なる使命はあり得ず。若しありとせば、そは神話なりと。八紘一宇の理想は各々其の所を得しむることにありとせば、そは自由主義的なるものを含み、又一方に於ては共産主義的な万人平等の性質を有す。云わばその折衷ならん。……もともと自由は人間性にして、人間として個人を捨てて全体に尽すと言うことは余程の修養を有す。本来は人間は先づ個人のことを考える。国家観念を個人の上にせしめる如く強要することは自然性に反す。自然性に反するものは永く続かず。

この飛行学校時代、上原は二人の人物の死を伝え聞き、衝撃を受けた。一人は、自由主義思想家、河合栄治郎、もう一人は心の恋人石川冶子であった。

「思想界の巨星墜つの感深し。時恰《あたか》も彼の如き思想家の生き難き時代なり。自殺せるのではないかと思われる」（十九年二月二十二日）と「反省録」に書き、一九三九（昭和十四）年自由主義者として右翼の圧力に反してファシズム、軍国主義を強く批判し、いわゆる河合栄治郎事件を起こした人物の死を悼んでいる。その死因はバセドー氏病だったのだが、上原は「心臓麻痺」と聞き、「真に心臓麻痺とせば彼は幸福なり」と自分たちの死の恐怖との比較からこう記している。

良司が冶子の死を妹の清子から聞いたのは、それから半年ほどした昭和十九年六月のこと。ちょうど館林で非人間的な訓練をうけ、「俺は本日死したり」と書いた翌日のメモノートに彼は、冶子の死を悼む次のような短歌を記している。

美しき君が逝きたる天国に我れ天駈《あまかけ》り行かまほしとぞ思ふ

良司に先駆けた冶子の死は、良司の死生観に大きな変化をもたらした。死は怖くはなくなった。今こそ冶子に再会して、今まで抑えられてきた愛を堂々と告白できる。生きているが故に出来なかったことが、死ぬ事によってのみ可能となる。

彼の想いが、ことさら激しく天国に向かって飛翔したのは、彼女の結婚が真に愛されてのものでなく、「政略的結婚」であったという事情を聞いたためでもあった。「己《おのれ》が冶子ちゃんを貰ったら決して死にはさせなかったのに。N大尉は真に彼女を愛してはいなかったのだ。若《も》し愛して居れは彼女は救えたのだ。一時の欲望、或は政略的結婚のために彼女を死なせたことは許されぬことだ。彼女は不幸だった」（十九年）そして彼は彼女を愛するがために、彼女の不幸を考え、恋を打ち明けなかったのを後悔し、「進んで恋を打ち明けるべきであったかも知れない」と思うのだった。

第二の遺書は、飛行学校へ入り、冶子の死を聞く昭和十九年二月から六月の間の帰郷した折に書かれた。

上原は軍隊の最先端の場にあって、その生活の現実を直視する中から、自由の圧迫に対して兵士たちの心中に湧き起こる気分をも読みとりながら、自由主義の勝利と全体主義の祖国の敗北を予知していった。二番目に書いた遺書は、この点で最初の遺書の中身より大きく前進したものとなった。日本の敗北を見透し、悠久の大義に生きる死生観を否定した点で「情況追随の論理」を超克した。しかしこの遺書ではまだ自由主義の論理は体系的にとらえられず、実証性も弱く、「原則あり、帰結あり、みとおしある」形となっていなく、彼のめざす「体系的思想家」の理想には、まだかなりの努力が必要であった。

最後の遺書と特攻隊員

昭和二十年に入る。戦局はいよいよ緊迫の度を加え、本土決戦と沖縄防衛が焦点となった。上原は四月、戦局に応じて予定された形で、沖縄戦の特攻隊員に任ぜられた。

十九年十月非常手段としてフィリッピン作戦で初めて用いられた特攻隊戦法は、この沖縄戦になると唯一の常套手段となっていた。一般国民の間でも「一億特攻」がいわれはじめ、日本の敗戦はすでに時間の問題になっていた。物量で攻めつづける米軍に対して、もはや対抗するだけの力が日本にはなかった。敗勢を挽回し、国民の戦意を高揚するために考案されたのが特攻作戦であった。この作戦の計画者、元大本営参謀・陸軍中佐・田中耕二は「航空特攻作戦の概要」という報告書の前言に次のように書いている。「任務達成のためには、『一命を鴻毛の軽き』に比し、従容として、悠久の大義に生きようとするのは、わが大和民族伝統の精神にして、三千年の昔から今日にいたるまで、吾人の血潮のなかに流れ、事に臨み、世界に比類なき、その美麗光を放つものである。

大東亜戦争間における『特攻』、また、偶然の所産でなく、この民族精神の発露にほかならない。ただ古今にまれな『特攻』『全員特攻』を生じたのは、量、質ともに優勢な敵に対し、いまだかつて敵に汚されたことなき神州を、誓って護持しなければならぬ絶対の境地に、立たせられたのによるものである。

したがって『特攻』こそ、大東亜戦争の本質や様相を、最も端的に表現するもので、敗れて、すべてを失ったにひとしい日本が、後世に残す、唯一のかたみともいいうるものであろう」

特攻隊員は当時志願してなった生きながらの神と賞揚されたが、その実、「志願」という形をとった強要された献身であった。その点については上原自身も指摘しているが、「志願者は一歩前へ」といわれたとき、日本の軍隊では、前へ出なかったものはそれだけで卑怯者であり国賊であった。心理的重圧をはねかえせず、「仕方ないと心で泣き泣き」（良司の言葉）応じざるを得なかった。戦争指導者は殊更に志願制を強調したが、それは彼らが自分たちへの非難や責任から解放されることを願っていたからにほかならない。

特攻隊員は短い速成教育で養成されたため操縦技術は全般に未熟であった。しかも、飛行機は、すぐ油がもれる、地上滑走がやっとというような欠陥機が多く、これに二五〇キロの爆弾をつけて飛んでいくのである。そのため無電機も機関銃もすべてとりはずし、ひたすら体当りのために、爆死の道を飛びつづけさせられたのである。

上原は予期した死をいよいよ目前にして、すでに軍隊生活での厳しい思想闘争で自分の信念の正しさを深く確信するにいたっていた。学徒出陣前、イタリアの降伏を知り、ショックを受けたが、二十年一月二十三日、秘かに書き綴っていたメモノートに「ドイツの敗戦の近いのを知り、ドイツがこうなる以上、非理論的な国、日本はましてや」とクローチェ理論の実証をこころみるのだった。

また同じメモノートの最後に「特攻隊員（振武隊）となりて」の決意を綴り、そしてその直ぐ前に次のような手記を上原は書き残した。

> 四月五日　東海道線の車中を記した「車内の風景」――
>
> 或る者は雑談にふけり、或る者は悠々と煙草をくゆらし、クッションにもたれ、戦争何処《どこ》に在りやと云う顔付をしている。此れを余力と見て良いであろうか。それとも寒心すべき事と考えるのに無理があるだろうか。勿論如上《うえのごとき》の態度を取り得るのも、尊い戦死者のおかげである。車中の人はあたかもこれが当然であるかの如き顔をしている。我々が体当りした後も幾日かはこういう風景が続くであろうことは疑いの余地がない。日本人の戦争徹底視は未だなってはおらぬのだ。

ここには日本の民衆、国民に対する凝視の姿勢がある。上原は戦争でも当り前であるかの様な風貌をしている祖国の民衆に不満を禁じ得なかった。自分たちが体当り死をしても何らの影響となって彼らに及んでいかないのではなかろうか。彼らは戦争を自分の問題として徹底的に見つめていないのではないか。上原は、クローチェの「民衆を基礎とせねばだめだ」という言葉を頼りに、自分の死とひきかえに残すもっとも重要な中身を模索して、その対象を祖国の国民の一人一人に向けていた。恐らく車中で乗客を凝視する上原の脳裏にはクローチェのもう一つの金言が想起されていたのではないだろうか。

「民衆のなかに普遍的なるものの感情、すなわち自由の理念の精神をよびさますことが他の如何なる政策や事業よりもさきに着手せねばならぬ緊急の必要であることを……」

上原がもっとも心配していたのは、この民衆が果して、迫りくる敗戦後の祖国を人類普遍の原理である自由主義の国家に再建してくれるかという、きわめて重い課題についてであった。

ちなみに上原が自由国家日本としてどんな国家像を描いたか、『クロオチェ』に傍線を施したそれに関係した部分を拾ってみると、次の通りになる。

「自由を原則とする政府は、その憲法そのものによって被治者民衆を政府の仕事に参加し得るように教育し、こうして、たえずより多くのより優れた人びとが政治に参加し、発言し、批判し、実行して行くことができるようにするのである」

昭和二十年四月、特攻隊員ときまってから五月十一日朝沖縄で散るまでの動きを、いくつかの手記から拾って、ルポルタージュ風に追ってみたい。

四月、「特攻隊員となりて」と題して書いた手紙に、良司は「天国における（冷子との）再会、死はその過程にすぎない。愛する日本、そして冷子ちゃん」と書いた。

四月　親族・知人・友人に最後の別れ

故郷有明へ――軍事上から最後の別れを云うことは禁じられていた。妹と志江の既述した良司の言葉を含めての次のような貴重な証言がある。

「『日本は敗れる。俺が戦争で死ぬのは、愛する人達のため。戦死しても天国にいくから、靖国神社にはいないよ』……突然に帰って来た兄は、何か事があると手伝いに来てくれる知り合いのおばさん二人を交えて、一夜飲みながらこう云って、私達をはらはらさせ、私は憲兵が庭にでも潜んでこれを聞いているのではないかと、雨戸をそっと開け、暗闇を眺め回したりしました。」

小学校・中学校を通じての親友犬飼五郎（旧姓吉田）の証言

良司君はこの時、私の家へも来てくれました。ちょうど田んぼの仕事が忙しくなる時で家の者は野良に出ていて、私だけが肋膜で療養していたので、会うことができました。二人でお茶を飲み、二時間もいろんな話をしました。お茶菓子は焼いた氷餅、ただそれきりでした。この時、彼は特攻で行くということという事はひとことも言いませんでした。ただこの時話した良司君の言葉で、いまも忘れられない言葉があります。彼はこう言ったんです。「死地に赴くのに喜こんで志願する者は一人だっていない。上官が手をあげざるを得ないような状況をつくっているのだ。進んで国家のために死んでいくなんて人はだれもいない。仕方ないと心で泣き泣き手をあげているのが本当の気持さ。どんなに納得できなくても、応じざるを得なかった」そう語る彼の眼はぎらぎら輝いていました。私はいまでも鮮やかにあの時の様子を覚えています。

わが家を離れて軍隊へ帰るとき、家から少し離れた乳房橋のたもとから遙か遠くに見送る家族に向かって「さようなら」と三度も言って別れを告げた。これまで聞いたことのない大きな声を聞いて母親のよ志江は「良司は死ぬ気でいるんだな。最後の別れに来たんだ」と思ったという。その辺りは良司が幼い頃、兄たちや近所の子どもたちと遊んだ懐かしい場所であった。目の前に有明山が聳《そび》えている。「さようなら」は家族だけに対してでなく、故郷や自分の過去への別れでもあったのではないだろうか。

大学時代世話になった青木耿子《こう》の証言

「有明から大分離れていた私どもの疎開先（信州松本市郊外の寿）に訪ねて下さり、一緒に食事などをし、三人（息子と娘と。父貞章は海軍の軍医学校教官となり、横須賀の海軍病院へ勤務）して抱き合って涙し、息子をつよく抱きしめて、よい子になるんだよ……と。私共三人して姿が見えなくなるまで見送って、涙も止むる術《すべ》もございませんでした。」

五月一日　東京の女子医専へ行っていた妹清子が調布飛行場で面会、そこには良司が所属する第五十六振武隊の面々が数名良司と一緒にいて話し合っていた。清子はこの時の彼らの会話を記憶して帰り、記録に止めた。普通では見ることができない、死を目前に控えた特攻隊員たちの若い魂の本音がこの記録に躍如たる形で残された。清子によるとこの中に東京大学出身の三根耕造（五月十七日知覧で事故死）がいたことは覚えているが、あとの人々の名前は判らない。ここにその記録を紹介したい。

「ああァ　雨降りか。全く体を持て余すよ」

「よし、俺が新宿の夜店で叩き売ってやらあ」

「その金で映画でも見るか」

「お前の体なんか二足三文で映画も見れねえや」

「それより俺達の棺桶を売りに行こうや。陸軍省へ行ったら三十万円には売れるぞ」

「三十万円の棺桶か。豪勢なもんだろう」

「きれいなバラだな。いい匂いだな。なに？　陸軍特別攻撃隊！　それに黒リボンをつけてあったら申し分なしだ。死んでから香典貰うより今のうちに貰って遊んだ方が良いな」

「俺、線香なんか上げて呉れなくてもいいや。その代りキザミの煙草で焼香して貰いたいな」

「天の涙雨か。いっそ十日も降り続けばいいや」

「ああア、だまされちゃった。特操なんて名ばかり良くてさ。今度生れる時はアメリカへ生れるぞ」

「俺と上原と一組か。大物をやれよ。小破なんか承知せぬぞ」

「当り前だ。空母なんか俺一人で沢山さ」

「これがニューヨーク爆撃なんて言うなら喜んで行くがな。死んでも本望だ」

「実際だ。心残りはアメリカを一ぺんも見ずに死ぬことさ。いっそ沖縄なんか行かず東の方へ飛んで行くかな」

「アメリカへ行かぬまえに、おだぶつさ」

「向うの奴ら（アメリカ軍のこと）何と思うかな」

「ホラ今日も馬鹿共が来た。こんな所までわざわざ自殺しに来るとは間抜けな奴だと笑うだろうよ」

「一ぺん家の上を飛びたいな。ちょうど桜が満開だろうな。練習飛行の時、一寸高飛びしようかな」

清子が良司に面会した際、調布出発の日を聞かされた。ところが軍の秘密のため、はっきりした事は言えず、それとなく家へ報らせたところ早速母よ志江が駆けつけたのが出発当日、五月三日。

その日についての妹と志江の証言――母が急ぎ駆けつけた時には、すでに出発の整列をしていて言葉を交わすこともできず、見送って帰ってきました。家へ帰ってきた朝、登校途中の道で母と会ったのですが、その時の悲しい母の目は、生涯その顔から消えませんでした。

清子の証言――私もその朝見送りに行こうと、どうしてそんな時代に売っていたのか今考えると不思議ですが、前日買い求めたスズランの花数本を持ち、新宿まで出たものの、前夜の空襲で京王線は一部不通との事で、あきらめて学校へ戻り、近くの建物疎開の手伝いに出かけました。仕事中飛行機が二機上空を旋回していたので、あれが兄の飛行機であろうと、ひとりで決めて別れを告げたことでした。後で考えるとあの時どうして歩いてでも行かなかったかと悔やまれます。

五月三日～十日

鹿児島県知覧飛行場で良司の最後を見とった人に報道班員高木俊朗がいる。彼の書いた『遺族―戦没学徒兵の日記をめぐって――』とか『知覧』の著書、上原家あての高木の書翰などには上原良司の最後の動きが鮮明に記述され、貴重な証言となっている。

部屋のなかで、とりとめのない雑談がかわされている間、ほとんど口をきかない青年がいた。慶応義塾大学の上原少尉である。……話しかけられても、答える言葉は、いつも短かかった。だが、彼の言葉は私をおどろかせた。

「全体主義で、戦争に勝つことはできません。日本も負けますよ。私は軍隊でどんなに教育されても、この考えを変えることはできません」

日の丸のしるしを袖につけた、特攻隊の服装に身をかためた上原少尉が「日本は負ける」と明言したのだ。このころ、一般人の間でも、負けるとわかっていても、それを口にだすことは、勇気が必要であったし、公然という人は少なかった。上原少尉が、それを語ったのは、飛行場のかたすみであった。彼はいつわることのできない思想の苦しみを語った。

「私は、軍隊のなかにいても、自由主義者です」といって、澄んだ目をふせた。……上原少尉の自由主義は、隊員は知っていたが、誰もそれにふれようとしなかった。学徒出身の隊員は、そのようにして、上原少尉の気持を尊重していたようである。（『遺族』より）

高木は上原についてこうも記している。

「（上原は）忠君愛国主義に徹した軍隊のなかで、自由主義をつらぬくことが、どれほど困難であり、ひどい目にあうかを語った。まさに、特攻隊の異色であった。」（『知覧』より）

五月十日　出撃前日

あすの攻撃隊の全員が、戦闘指揮所の前に集合したのは、午後五時であった。夕日の光が流れて、飛行場は、手でさわりたいほど、柔らかな、草の緑がひろがっていた。隊員は、飛行服の上から、濃い緑色の縛帯《ばくたい》をしめていた。……だれもが、紅顔の若者であった。

軍司令部の参謀や副官が、定めの位置に整列した。つづいて第六航空軍司令官・菅原道大《みちお》中将がテーブルの前に立った。このために、わざわざ、福岡から飛来したのだ。敬礼の号令と、集合を報告する声が、活発に開こえた。軍司令官は重厚にうなずいて、

「明朝の出発は早いし、出撃準備にあわただしいことであるから、とくに今、集まってもらった。明朝は見送りをするが、今ここで、訣別《けつべつ》の言葉をいっておきたい」と前置きをして、訓示をはじめた。

「特別攻撃隊の使命とか任務については、今さら改めていう必要はない。戦局はすでに、かかる必死の攻撃をとるのでなければ、国家の興隆は期しがたいところまで、たち至っているのである。物量に対するに、物量をもってする戦《いくさ》では、かのドイツの強さをもってしても、やぶれざるをえなかった。物量の敵を倒すには、一機一艦をほふる方法でなくては勝てない」

軍司令官の言葉は、むしろ低く、おだやかであるが、そのために荘重な感じを加えた。

「諸士は特攻隊として、明朝出撃する。諸士は、あらかじめ計画したところにより、それぞれ敵艦を求めて攻撃する。諸士の攻撃は、必死の攻撃である。しかし、諸士が戦場で死んでも、その精神は、かの楠公が湊川におけるがごとく、必ず生きる。特攻隊は、あとからあとからとつづく。また、われわれもつづく。特攻隊の名誉は、諸士の独占するものではない。各部隊が、みんなやるのだ。諸士だけにやらせて、われわれがだまって見ているというのではない。ただ、諸士に先陣として、さきがけになってもらうのである」

軍司令官は、一語一語、かんでふくめるような語調で、つづけた。

「いよいよ飛び立って、敵艦にあたるまでは、諸士も、諸士の飛行機も、大切である。整備は十分に注意せよ。今夜は、とくに、ゆっくり眠って、明朝は、さわやかな気持で、操縦桿《そうじゅうかん》を握ってもらいたい。途中は索《さく》敵（敵軍がどこにいるか、その兵力と位置をさがし求めること）に十分注意して行くように」

軍司令官の言葉が、しばらくとだえた。聞く者はすべて不動の姿勢である。周囲の疎林にも、風が絶えていた。

「今、諸士を特攻隊として送るにあたり、諸士の父兄の気持を思うと、感慨無量である。自分には、諸士と同じ年ごろのこどもがある。それをもって、諸士の父兄の気持を推察するとき、胸に迫るものがある。しかし自分には、一つの信念がある。それは、こうである。肉に死して、霊に生きよ。個人に死して、国家に生きよ。現代に死して、永久に生きよ。これを、諸士の信念にしてもらいたい」

おりから低くなった夕日の薄い光が、軍司令官の顔を、まっすぐに照らした。

「とくに諸士の成功を、くれぐれも祈ってやまない。必ず一艦をほふれ。一船をほふれ。それまでは、万全の注意をしてやれ。諸士がその覚悟でやるかぎり、必ず勝つ。あとのことは、われわれが引き受ける」

訓示は終ったかと思われたが、さらに次のようにつけ加えた.

「最後の時にあわてるな。終り」

各隊長は力強い声で、敬礼の号令をかけた。挙手をした軍司令官は、列の右翼から、隊員のひとりひとりの顔に、注目の視線を動かして行った。うすれた光のなかで、青葉を吹きわけた風が、かすか

に、白いはちまきの緒をふるわす。ながい、訣別の敬礼であった。(『知覧』より)

この時の菅原中将の訓示を良司はどんな気持で聞いたか、私達はその心中を察して胸が痛む。この訓辞が終って解散した直後、高木は京谷少尉と良司を撮影。(グラビア参照)

その夜、『きけ　わだつみのこえ』に収録された「所感」を記す。

高木の証言　知覧の飛行場の兵舎の中は特攻隊員で一杯になっていた。最後の夕食のはじまる前だった。特攻隊員は自分の持ち物などを片付けていた。そのとき上原少尉は一人でじっと坐って、煙草をふかしていた。私は上原少尉に話しかけた。

「出撃する前の気持とか、考えていることを書いてください」

私は持っていた便箋をさし出した。上原少尉は大きなきれいな目でまっすぐに私を見たが、

「何を書いても、いいですか」

と聞いた。

「何でも、本当の気持を書いてください」

上原少尉は黙って書きはじめた。

しばらくして、上原少尉の戻したノートを読んで、私は胸をうたれる想いがした。

(ラジオ番組・高木俊朗「愛の戦記」より)

ちなみに良司がまとめて西部第一八九四六部隊靖部隊を通じて自宅へ送った私物品は次の品々である。軍衣一、軍袴一、バンド一、風呂敷二、褌一、袴下一、洗面袋一、写真若干

五月十一日　出撃の朝

夜明け。沖縄への第六次特攻総攻撃の日である。このときは、陸軍は鹿児島県知覧と宮崎県都城《みやこのじょう》から四十機、海軍は鹿児島県鹿屋《かのや》、指宿《いぶすき》から六十四機の特攻機が出撃した。

知覧飛行場の三角兵舎を出た各振武隊員は、午前四時のやみのなかを、戦闘指揮所のほうに歩いていった。第五十一振武隊長荒木少尉、第六十五振武隊長桂少尉、第五十五振武隊長黒木国雄少尉が先頭に立って歩いた。三人は、陸軍航空士官学校第五十七期の同期生であった。

林の間を通り抜けて滑走路に近づくと、夜明けの星空がひろがっていた。その薄明《はくめい》の光に、特攻隊員の、はちまきや、そでじるしだけが、ほのかに白く、浮かび上がった。

滑走路の近くには、黒い大きな影のかたまりがざわめいていた。見送りにきた、知覧の町の人々であった。白のかっぽう着に大日本国防婦人会の名を記した、たすきがけの婦人たちが多かった。みんな、日の丸の小旗を持っていた。

隊員の一団が近づくと、見送りの人々は、隊員の名を呼び、激励の声をかけた。隊員たちは、それに答え、別れの言葉をかわし、敬礼をしながら歩いていった。

夜明けの薄霧のなかに、この日の出撃機が飛行場の準備線に集まっていた。整備兵は、いそがしく機体を点検し、発動機の始動の音がひびいていた。……黒木少尉は隊員を集合させた。

「今から出発する。最後に何もいうことはない。みんな、元気でやってくれ」

簡単に訣別を告げたあと、全員は東のほうに向きをかえ、皇居遥拝（天皇のおすまいである皇居の方角に向かって、はるかにへだたった所から拝む）の最敬礼をした。出発までに、まだ時間があった。隊員たちは円陣を作り、手拍子をとって歌った。

　男なら　男なら
　未練残すな　浮世のことは
　花は散りぎわ　男は度胸
　運と天とは　風まかせ
　男なら　やって散れ

　京谷少尉が音頭をとり、黒木少尉、三根少尉、朝倉少尉、上原少尉、森少尉、鷲尾少尉──みんなが手拍子をとって歌った。二年前まで、学校の運動場でやっていたのと、同じ姿である。しかし、ひとりひとりの顔は、白く、こわばって見えた。出発のまぎわに、声をそろえ、手拍子をうちながら、歌っていたのは、黒木隊の少尉たちだけであった。よそ目には、これから競技にでも行く人のようであった。

　男なら　男なら
　離陸したなら　この世の別れ
　どうせ一度は　死ぬ身じゃないか
　目ざす敵艦　体当り

男なら　やって散れ

歌は拍手で終った。黒木少尉は時計を見た。六時十五分―予定の時刻である。

「出発！」

隊長は簡単に命令した。一同は敬礼して、それぞれの飛行機の方へ走って行った。

機附の整備兵が発動機を回しはじめた。轟々と、始動の響きがまきおこる。火山灰地の赤い土が、もうもうと、まいあがった。空気がぴりぴりと振動する。

六時三十分、第一攻撃隊を先頭に離陸。上原は高木に飛行機から笑って挨拶をした。


（ここまでは見送った高木の証言、『知覧』『遺族』両著、高木の書翰から構成）


ここで再び松本中学時代の親友犬飼五郎に登場願おう。

犬飼の証言　実はこれはいまは亡き良司のお母さん、よ志江さんから聞いたことです。この出撃の朝、彼はお母さんから貰ったタバコの一本を最後まで残しておいて、この朝吸ったのです。そしてその空き箱の裏に次のように歌を記したのです。

出撃の朝の楽しき一服はわがたらちねの賜いしものなり
この空き箱は死後母親のもとへ届けられました。

いよいよ最後。直掩《ちょくえん》（特攻機を護衛、目的地点へ送り届け引き返す）した吉原利徳の証言離陸は、まず直掩機、続いて特攻機の順序で一機、また一機と離陸、翼を振り、別れを告げて、列島線西側を共に進撃した。

美しい開聞岳《かいもん》に名残りを惜しみつつ海上に出る。なつかしい日本もこれで見納めかと、何度も尾翼を通して振り返り、しだいに小さくなってゆく若葉の山々をみつめた。特攻隊員の心情は如何であったろうか。

屋久島上空を過ぎれば、いつ敵機が現われるか知れない。

索敵。奄美西方上空を過ぎると、雲が若干高くなったので、特攻機、直掩機共機首を上げた。その直後、グラマンF６Fが雲の中から現われた。敵機は少数で約三十機。私は無茶苦茶に機首を上げ、目の前の敵機めがけてがむしゃらに胴砲、翼砲を撃ち込む。

――上空四千メートル、特攻機の影は遠くにあった。私は四囲《しい》を見ながら他の味方機と編隊を追った。海面を見下ろせば、先ほどの空戦で十数条の煙が海上より上っているが、彼我何れの機なのか不明。特攻機にも大分被害があったようである。

誘導地点上空に達するや、各特攻機は翼を振り、風防を開いて手を振って、我々直掩機に引き返すよう合図をしている。我々がこれに答えると、手やマフラーを振り、挙手の礼をして一路沖縄の敵艦船を求めて突撃していった。

再び還ることのないこれらの特攻隊の一機一機に、私は目的達成を祈り、永遠の別離を惜しみつつ挙手の答礼をし、強烈な印象に哭《な》いた。

この日の特攻攻撃は九時十五分に終った。

高木の上原家あての書翰によれば、良司が「沖縄島西北方の海面にいる敵艦船に突入されたのは午前九時」

このとき出撃機一〇四機のうち機関の故障などによって引き返す機も多かった。敵の特攻機への対応策も進んで、敵に与えた損害は空母バンカー・ヒル、二隻の駆逐艦、たった三隻の艦の損傷にすぎず、撃沈されたものは一隻もない。


高木班員から上原家へ送られた「所感」が多くの人々の目に触れるようになったが、ここには第二の遺書と大きく違う前進した面があった。

「…自由主義といわれるかも知れませんが、自由の勝利は明白なことだと思います。人間の本性たる自由を滅することは絶対に出来なく、例えそれが抑えられているごとく見えても、底においては常に闘いつつ最後には必ず勝つと言う事は、彼のイタリアのクローチェも言っているごとく真理であると思います。権力主義の国家は一時的に隆盛であろうとも、必ずや最後において敗れることは明白な事実です。我々はその真理を、今時世界大戦の中枢国家において見ることが出来ると思います。ファシズムのイタリアは如何、ナチズムのドイツまた既に敗れ、今や権力主義国家は土台石の壊れた建築物のごとく次から次へと滅亡しつつあります。真理の普遍さは今、現実によって証明されつつ、過去において歴史が示したごとく、未来永久に自由の偉大さを証明してゆくと思われます。自己の信念の正しかった事、この事はあるいは祖国にとって恐るべき事であるかも知れませんが、吾人にとっては嬉しい限りです。…」

第二の遺書にはなかった自由主義の正しさに対する確信がここには堂々と主張されていた。数年前「時代おくれの思想」と斥けられた自由主義こそ絶対捨ててはならない、未来永劫・普遍的な真理と観れるに至った歓びが信念となってほとばしり出ていた。

「空の特攻隊のパイロットは一器械に過ぎぬと一友人が言ったことは確かです。操縦桿をとる器械、人格もなく、感情もなく、もちろん理性もなく、たゞ敵の航空母艦に向かって吸い付く磁石の中の鉄の一分子に過ぎぬのです。…一器械である吾人は何も言う権利もありませんが、ただ願わくば愛する日本を偉大ならしめられん事を国民の方々にお願いするのみです」。

「原則あり、帰結をごまかさない体系的思索」がここにあり、しかも戦後の祖国の行く末を国民の努力に「お願いする」という、他の遺書には見られぬ核心が据えられた。「所感」が「戦後に向けて国民に発せられたメッセージ」の性格を持つのはこの箇所があるからである。

「飛行機に乗れば器械に過ぎぬのですけれど、いったん下りればやはり人間ですから、そこには感情もあり、熱情も動きます。…天国に待ちある人、天国において彼女と会えると思うと、死は天国に行く途中でしかありませんから何でもありません。」

軍国主義によって人間ではなくされた人間が、ひたすら人間としての願いや愛情をつつましく、控えめに述べる、その迫力の強さが軍国主義への激しい糾弾となっている。そして人間性・自由の愛《いと》しさ、ゆかしさを盛り上げ、読む人の胸に熱く伝わってくる。

「明日は出撃です。過激にわたり、もちろん発表すべき事ではありませんでしたが、偽らざる心境は以上述べたごとくです。…明日は自由主義者が一人この世から去っていきます。彼の後姿は淋しいですが、心中満足で一杯です。……」

それから三か月後、わが国は敗戦を迎えた。そして、一年も経たぬ二十一年四月二十六日、あの「さようなら」を三度告げた乳房橋を、小さな骨壺に納まって無言で帰郷する良司であった。

参考文献

(1)『きけ　わだつみのこえ』日本戦没学生記念会　岩波文庫
(2)『戦没農民兵士の手紙』岩手県農村文化懇談会編　岩波新書
(3)『学徒出陣・されど山河に生命あり』安田武　三省堂新書
(4)『太平洋戦争』家永三郎　日本歴史叢書　岩波書店
(5)『国家神道』村上重良　岩波新書
(6)『靖国神社』大江志乃夫　岩波新書
(7)『正岡子規と上原三川』宮坂静生　明治書院
(8)『長野県松本中学校九十年史』　長野県松本深志高等学校
(9)『校友』79～85号　松本中学校
(10)「博物誌」第六号　松本中学校博物会
(11)『豊科高等学校六十年誌』

(12)『クロオチェ』羽仁五郎　河出書房

(13)『イタリア現代史』森田鉄郎・重岡俊郎　世界現代史22　山川出版社

(14)『学鷲の記録・積乱雲』特操二期生会

(15)『学徒出陣の記録』東大十八史会編　中公新書

(16)『陸軍航空の鎮魂』続篇と二冊　航空碑奉讃会

(17)『遺族—戦没学徒兵の日記をめぐって—』高木俊朗　出版協同社

(18)『知覧』高木俊朗　朝日新聞社

(19)ラジオ番組テープ　『愛の戦記』高木俊朗

(20)「自由主義論」松沢弘陽　岩波講座『日本通史』一八巻

対談　上原良司さんとわたし

神村みえ子（旧姓師岡）
ききて　中島博昭

――上原良司とおつき合いがあり、しかもそのことが戦後ずうっと忘れぬ想い出となってきたということをお聞きして、それをお伺いしたいと思い、この機会を設けました。どうぞよろしくお願いいたします。

神村　わたしの方こそ、よろしくお願いいたします。

――神村さんは東京で生まれ、育ったのでしょうか。

神村　ええ。でも昭和二十年三月十日の東京大空襲で焼け出され、松本の伯父の家へ疎開し、それから四年間、昭和二十四年結婚するまでは信州におりました。

――そうですか。では早速、上原良司と最初出会ったところからお話し戴けないでしょうか。

出会い

神村　わたしが女学校の二年の三学期、昭和十五年ですね。学校の試験がありましたので、英語とか数学とか質問したいと思って、高円寺の青木の家に遊びに行ったわけです。青木家は耿子さんがわたしと従姉の関係にあったし、わたしの両親の仲人が貞章さんのお父さん（茂登一）だったという関係から、大変面倒見のよい方々だったこともあって、わたしもよく行きましたし、親戚知人がよく集まる御家庭でした。この時、青木の家の人はみんな出ていて、良司さん一人がいました。それが初対面なんですけど、そこで思いきって質問し、親切に教えてもらいました。わたしも結構ずうずうしかったんですね。

――良司はこの時松本中学を出て、慶応義塾大学の予科へ入っていたのですか。

神村　いや受験のために上京していたんですね。二月ですから。ですから、まだ五年生だったと思います。黒っぽいかすりの着物を着たお姿は、姉と二人きりのわたしの目には、とても新鮮にみえました。これが良司さんとの出会いでした。

慶応義塾大学経済学部へ入学されて東横線沿線に下宿をされました。それから神田のわたしの家へ遊びに見えるようになり、わたしも姉と下宿先へ訪ねたりして、しだいに親しくなってゆきました。良司さんが信州へ帰るというとお土産を下宿へ届けるし、信州から良司さんが帰ると、家からとお土産もいただきました。

――良司さんの日記の中に、この頃のあなたのことが書かれているんです。「チャームされたものは、和服の立姿とその性質と声である」と彼は書いているんですよ。

神村　まあ、そんなことが書いてあるんですか。まあお互いに口には出しませんからね。わたしも娘ですから異性を感じましたね。龍男さんや良春さんともよく顔を合わしていましたが、年が離れていたから、やっぱり良司さんの方が、身近かだったんですね。

――ちょうど男性の方からみても、若い女性に対しては興味を持つ頃ですからね。それで昭和十六年太平洋戦争が始まるのですが、その頃話し合った事柄の中で、何か記憶に残っていることってないでしょうか。

神村　ええ、家に来てトランプしたり、いろいろ雑談したり、下宿していましたから、わたしの両親も一緒に食事したり、楽しい話をしましたが、とくにその頃の時代の話はあまりしなかったように思いますね。

上高地の思い出

神村　わたしにとって一番強烈な思い出といったら、上高地へ良司さんと行ったときのことでしょうね。昭和十七年の夏です。太平洋戦争はまだ勝ち戦さが続き、わたしたち若者にはまだ青春を楽しむ余裕がありました。それにわたしが女学校最後の夏休みでしたので、上高地へぜひ行ってみたいと思ったんです。わたしも両親が信州出ですから、毎年小学校の頃から信州へ夏休みには避暑に行ってたんですけれども、なかなか上高地までは連れて行ってくれる人がいなかったものですから、一度も行ってなかったんです。ですから一度は行きたくて、それで良司さんに頼んで、「お互いに、友達を誘って行きましょう」ということになったんです。そこで良司さんは大学のお友達のHさんという方、わたしは女学校の友達のT子さんとその弟さんを誘って、総勢五人で行くことになったんです。この時、わたし女性を誘うのに大変若労しました。みんな両親に反対されて、T子さんのお宅だけ、弟さんを連れてゆくなら、と許して下さったのです。男女でしゃべってもいけないという時代でしたからね。

――初めて上高地へ行ってどうでした？

神村　もう、それは素晴らしかったですね。真夏でも二十度くらいしかありませんしね。

二泊三日の旅でしたが、夏休み早々新宿から満員の夜行列車にゆられ、行きは島々から徳本峠《とくごう》を越えて上高地入りをしたんです。峠の最後の二十分は急な坂で、T子さんとわたしはふうふういっちゃって、良司さんとHさんが、前と後にリュックを背負ってくれて、その胸つき八丁を登りました。泊ったのは清水屋旅館でした。戦争中だったため、いきなり行っても泊めてもらえないので、紹介状を持っていって泊めてもらいました。大広間でしたが、大名気分で泊らせていただいたんです。十七年でしたが、帝国ホテルはバッテンで釘づけになってまして、もう、やっぱり戦争の色は出てましたね。清水屋の食事も、朝、昼、晩、竹輪なんですね。御飯は普通の御飯でしたが。でも上高地での生活は最高でした。

朝早く起きて、河童橋まで行って、大きな熊笹で舟を作って流したり、それにあの穂高岳を臨んだ景色、本当に素晴しかったです。河原でお湯を沸かしてコーヒーを飲んだり、食パンにバターをぬって、キュウリをのせて、塩を振って食べたり、おいしかったですね。

それはもう、結局計画通りじゃなくて、明神池へ行くのに道に迷ってしまったり、途中川の水をせき止めて、岩魚を生け捕りにしたり、チョロチョロと清水が流れているのを飲んで、とてもおいしかったり……。

——帰りも歩いて帰ったわけですか。

神村　そうなんです。ちゃんとバスがあったんですが、本数が少いですし、一台待つと時間はかかるし、乗れるとはわからないので、じゃあ、バス道を歩きましょう、ということで歩いて帰ったんです。大正池を過ぎて間もなく、釜トンネルがあって、かなりの長いトンネルですが、懐中電灯をたよりに真暗闇を歩きました。天井から、ポタポタ冷たい水滴が落ち、ただでさえ背筋が寒くなるのに、良司さんが、昔ここで幽霊が出たそうだと話したので、恐くて、キャーキャー言いながら進みました。たしか途中で道が二つに分かれており、一方へ進みましたら、川へ出てしまい驚いて引き返したように思います。それから水筒の水がなくなり、喉が乾くので、良司さんとHさんが親子滝のところで崖を下りて、川を渡って水筒に水をくみに行ってくれたんです。川を泳いだものですから、二人ともびしょびしょで、それでパンツを取ってくれと言うもんですから、わたし達リュックからパンツを出し、石を入れて下へ送ってあげたりして……。着更えている間、うしろを向いて、帰るのを待っていて、バスが通るとバスが来たわよと慌てさせたり、さんざんふざけたり……。

――歌なんか歌ったんですか。

神村　ええ、疲れると、良司さんがハーモニカを吹いてくれて、足並みそろえて歌えるように、行進曲なんかも吹いてくれましたね。良司さんは歌が好きでしたね。青木の家に手巻きの蓄音機、今のプレーヤーですね、があって、兄の良春さんが、レハールの「金と銀」のレコードをよくかけてくださり、良春さんが出征した後は、良司さんがいつも歌ってくれました。今でもあのメロディを聞くと上原さん達を思い出します。

学徒出陣、そして別れ

――昭和十七年から十八年にかけて、日本は負け戦さになって、そして学徒出陣になるんですけど、この頃のことで何か覚えていることはありませんか。

神村　十八年にはアッツ島の玉砕、サイパン、硫黄島の悲報が入ってきて、わたしたち大変な戦争になって来たものだと感じ始めたものです。わたしは高等女学校で専攻科へ進んだのですが、学校も授業がほとんどなく、軍需工場や連隊司令部への勤労奉仕に明け暮れていました。この頃、上原家では長男の良春さんに続いて、次男の龍男さんも軍医として出征し、そして、さらに良司さんも学徒出陣となります。学徒出陣は突然でしたからね。わたし達も学業中半ばで入隊するというので、びっくりして、どこかでお別れ会をしようということになりました。余りに急で驚きましたが、当の御本人はこの時、悲壮な覚悟をしたのではないでしょうか。

――それで十月二十一日の神宮外苑における壮行会には行かれましたか。

神村　わたしは行きませんでした。その後、たしかウイークデーだったと思いますが、駒込の六義園でお別れ会をしました。夕方三時か四時頃、お茶の水で集まって、まず六義園へ参りました。

――その時は誰が集まったのですか。

神村　上高地組の弟さんを除いた四人です。実は良司さんだけでなく、Hさんも出陣で軍隊に行くことになったので、二人の男性を送ることになったんです。六義園には高射砲が置かれているとのことで、あちこち立入り禁止になっておりましたが、園内を散策しながら上高地の思い出話に花を咲かせ、楽しいひとときを過ごしました。帰りにお茶の水まで歩いてくる途中で、東大前のレストランに入り夕飯を戴きました。メニューはお魚のフライで一応洋食でしたが、主食がなんとさつま芋の蒸した輪切りが三つ、お皿にデンとのっていたことが忘れられません。それをナイフとフォークで食べたんです。そこを出て、本郷三丁目で、T子さんとわたしは何かお餞別を差し上げたいと思い、小間物屋さんで鉄製の鏡を買って、良司さんとHさんにプレゼントしたんです。胸に入れといて弾よけにでもなればいいという気持ちで……。

――いま上原家に良司に贈った学徒出陣の寄せ書きの旗があるんですが、その中にあなたとお姉さんのてる子さんのお名前が書かれているんですが――。

神村　松本の部隊に入隊する（昭和十八年）十二月一日まえだったんでしょうね。新宿駅で良司さんを送ったんです。学生服の上に日の丸を斜めにかけた良司さんでした。新宿駅の構内に喫茶店があり、そこへ集まったので、そのとき書いたのかもしれませんね。その時、青木さんの一家も来てました。

――その時のお気持ちはどうだったんでしょう。

神村　その当時、若い人が凛々《りり》しく征くということが素敵に見えたんですね。だって当時は葉隠で武士道とは死ぬことと見つけたり、という時代でしたからね。爆弾三勇士の話とか聞いてましたので、死ぬことが最高の憧れみたいなものだったんですね。上昇した気持ちですよね。壮烈な気持ちみたいなもの……。わたし達も特攻隊の話を聞いたときに、女でもできることなら志願したい、と思いましたものね。お国のため、ということでしたもの。特攻隊の新聞報道が十九年の秋、十月か十一月あったんですが、それを電車の中でみて、わあ、素敵だ、さすが日本の神風特攻隊、と思ったんです。

十九年一月、姉が吉祥寺へお嫁に行き、三月専攻科を卒業したわたしは、海軍省へ勤めました。その年の夏ごろだと思います。良司さんが軍服姿で家に遊びに来てくださいました。淋しくなった両親も喜び、もう東京もガスがなかったものですから、新聞紙で御飯を炊いて、良司さんにご馳走しました。

――この頃の良司は特別操縦見習士官で熊谷陸軍飛行学校の館林教育隊での教育が終った頃なんです

ね。この館林教育隊は日本で一番厳しい教育隊で、外出・面会禁止、酒保もなし、十日に一度の休みもゆっくりとれないというところなんです。この厳しい軍隊生活の体験を経て、いよいよ彼の自由主義思想が明確になってゆくのですが、彼は軍隊での日記でも、軍隊から一歩外へ出た時、自由ってこんなにいいもんだ、軍隊は駄目だという気持ちを洩らしているんです。館林生活でのあと、お宅を訪れたときの良司の気持ちは、かつてない悲壮感と自由への欲求が胸中に充ち溢れていたと思いますよ。

神村　そういう軍隊の話は全然しませんでしたね。勿論そんなことは口にできなかったし、娑婆に出た時くらい、軍隊のことは忘れてしまおうと思ったかもしれませんね。

良司さんとの最後のお別れは、十九年の暮れくらいではないか、ちょっと記憶にないんです。それが最後だったのに、帰りに駅ぐらいまで送って行けばよかったのに、家の前で、じゃあさようならと別れてしまって、それこそ色気のないというか、冷たかったな、と今になって後悔するんですよ。せめて駅ぐらいまでお見送りすればよかったなと、後悔の一つなんです。

良司からの手紙

――良司さんとの文通ということは、あまりしなかったんですか。

神村　いいえ、そのことでわたし、一生忘れられないことがあるんです。やはり同じ十九年の秋ごろでしょうか、良司さんから、「遥か東京の空を眺めながら、楽しかった日々を思い出しております」というお便りを戴きました。

――「楽しかった日々」というのは上高地でのことなんですか。

神村　そうです。神風特攻隊の発表があり、「鉄砲弾とは俺らのことよ」という甘いメロディに酔っていたわたし達若い者には、お国のために命を捧げることが最高に思えたのです。軍国主義に固まっていたわたしは、良司さんのお便りをみて、なんて女々しいことを書いているかと思い、こっちは男みたいな気持ちでおりましたので、憤慨して、「今は感傷にひたっている時代ではない」とえらそうに返事を出してしまったのです。

――「女々しいこと」って、上高地のことだけじゃなく、まだ他にも何か書いてあったんですか。

神村　ええ、ちょっとこう、愛情を表現したようなことが書いてあったんです。あとから考えると、わたしもしょってたんですけどね。愛情というのは、上高地のことだけじゃなくて、愛情表現があったと、その当時わたし思ったのです。そのような書き方に思えたものですから、「そんなことを言ってる時代じゃない」と書いたんです。

――そんなこともあったんですね。

神村　ですから、わたしにとっては冷子さんのことを聞いた時はショックだったんです。

――そうでしょうね。

神村　それはわたしの一人よがりでしたから。結局、いま考えると良司さんは、国民全体に愛情を持っていたわけなんですね。

――総てのものがいとおしくなって、そういう表現が出てきたと思いますよ。

神村　そうなんですね。それから折り返し良司さんからお便りが届きました。そこには「人を愛せない人間が、なぜ祖国を愛することができるでしょう」と書いてあったんです。何か頭をなぐられたような思いがしました。わたしもね、この頃、国の為だけを思って、人を、男の人を好きになっただの、愛したのなんの、ということはいけないことのように思っていましたし、先ほどもお話ししましたように、男女で喋っただけでもいけないといわれていた時代でしたから……。

——ましてや、そういう気持ちがあったとしても、とても形にならない時代状況だったんですよね。だけど、そういう中で、良司さんの手紙の内容は、どうなんでしょうね。

神村 それをくつがえしているんですよね。

——しかし、この手紙を受け取られた時、ハッとするものがあったでしょうね。

神村 そうです。わたしもね、それまで、男のように、「我々は」なんて言ってましたからね。そういう時代で、そういう男女の愛情というものを考えちゃいけない、と思っていた時代に、こういうことを書かれて、なるほど、人間を愛さなきゃいけないんだと。

——男女という関係で、向こうから啓示を与えられて、それが、愛だと感じられたんでしょうね。

神村 ええ、感じましたね。

——良司の人間については、どう見ているのですか。

神村 まじめで、非常に清潔な青年、そしてきれる。いろんなことを企画して、ある程度インテリですね。わたしは結婚は前提にはしていませんでしたから、気楽に、まあ確かに、ほのかな憧れみたいなもの、好意は持ってました。

そこでその良司さんのお便りに対し、わたしは「申し訳ない、ごめんなさい」とお詫びの手紙を出しました。それから間もなく、昭和二十年三月十日の東京大空襲で焼け出され、信州の松本市郊外の村井へ一家で身を寄せることになりました。そしたら良司さんが、東京へお別れに来たらしいんです。

――特攻隊員ときまった二十年四月じゃないかと思いますが……。

神村　そうですか。姉が吉祥寺にお嫁に行ってることを聞いて、一時間ぐらい駅前で姉に会えるかもしれないと立っていたというんです。良司さんは姉の住んでいるこまかい場所までは分からないので、そうしていたらしいのです。

――それは誰から聞かれたんですか。

神村　青木です。姉やわたしに会えなかったって良司さんが青木に知らせたらしいのです。それを聞いて姉もわたしも、申し訳なく、気の毒なことをしちゃって。それから、四月六日には、松本へ疎開していた上高地組のT子さんのお宅も訪ねているんです。女学校の卒業アルバムからT子さんとわたしの写真を欲しいと言われたので、お別れに見えたのだと直感して、配給のお酒を差し上げたそうです。

――良司さんの戦死の知らせは、終戦前でしたか。終戦後でしたか。

神村　良司さんから、お別れのような手紙がきたんです。知覧から。でもと思って知覧へ手紙を出したんです。そしたら宛先不明って戻ってきちゃったんです。そして間もなく、戦死の知らせを聞いたわけです。それが終戦前ですね。

――どんなお気持ちでしたか。

神村　それこそ、最後のお別れのような手紙でしたから、私もあわてて、とにかく折り返し出したんです。それがすぐに戻ってきたんです。ですからもうその時は、出撃してたんですね。

――五月十一日以後だったわけですね。

（みえ子さんはこの時、夕暮れ一人で近くの村井駅に近いお宮へ行き泣いた。泣きながら、もどってきた自分の手紙と良司の手紙を重ねて焼いている。ちなみに、みえ子さんの誕生日は、奇しくも良司の戦死した日と同じである。―中島）

――ところで神村さんは終戦はどこで迎えられたのですか。

神村　当時、広丘に航空隊があり、そこに勤めていたんですが、そこで玉音放送を聞きました。率直にいって、陛下のお言葉はよく意味がわからなかったんです。どんなに不自由でも、苦しくても、頑張れと言ったと思ったんです。そのうちに、ざわざわして、日本は負けたんだということになって、それから全体が大変でした。アメリカ兵がくると、後に残すといけないからと、毛布に陸軍の星のマークのついているところを切りとって、それから、そこにある倉庫にあるいろんなものを兵隊さんたちに分けてあげて、それぞれ、くもの子を散らすように、故郷へ帰って行きました。そこで一カ月くらい、残務整理があって、将校さん達と勤めていたわたしたち十五、六人の女の人達が残りました。女の人達はみんな東京で焼け出された人達ばかりでした。

戦後に生きて

――それで、良司さんの遺書、所感をご覧になったのは、いつ頃ですか。

神村　『きけ　わだつみのこえ』で。

——やっぱり、本ですか。初版ですか。

神村　だと思います。本に良司さんのが載っていると聞いた時、すぐに。昭和二十四年ぐらいです。

——結婚された頃ですね。

神村　その前に、青木さんのお兄さん（貞章）が、築地の海軍省から終戦後、復員されまして、その節お会いした時に、「良司が冷子ちゃんを好きだったことを言っておけは、僕が一緒にさせてあげたのに、一言もそういうことを聞いてなかったので、可哀想だ」と言っていました。『きけ　わだつみのこえ』を買ってみたら、第一頁が良司さんでしょう。良司さんの考えによって、ずいぶん利巧になったというか、戦争に対する批判も出てきましたし……。

——御自身の戦争時代の姿勢というものが、今からみたら、どうだったかということを強く考えさせられたということでしょうか。

神村　そうですね。二・二六事件は、わたしの小学生の時代の頃でしたから、この頃から、だんだんこういう風に進んでましたからね。軍人さんというものは、威張ってきたし、そういう時代になってましたね。

——それは、戦後になって、判ったわけですね。

神村　それまでは、聖戦っていって、日本を守るときかされていたのは、アメリカが、輸出入の問題で、日本をしめつけるので、日本が怒って攻撃を仕かけたというふうに教えられて、十二月八日の開戦の詔勅を感激して聞き、毎月八日には、詔書を墨で書いて日本の為すべきことが、「八紘一宇」

であり、大東亜共栄圏で日本が中心だということを、当然だと思いこんでいましたから。そして満州へどんどん信州あたりから行きましたものね、農家の人達が。満州開拓でね。『大日向村』なんて、お芝居でやってね。今でも覚えてるんですけど、演舞場の花道の横で見てましてね。亡くなった加東大介が、前進座で、恋人が自殺して、骨を抱いて満州に行く時、みんなに、花道で「行ってまいります」っていうのを、わたし本気になって、客席から「いってらっしゃい」って、言っちゃったんです。そのくらい興奮した時代でした。良司さんの遺書が公表され、遺志を知った時、間違った教育により人間の本質を考えずに行われた戦争であったことを教えられました。良司さんがね、偉いというか、立派な考えを持っていたことは、全然知りませんでした。そういう内面的なことはわかりませんでした。特攻隊に志願して、戦死したぐらいにしか思っていませんでした。戦後あの人の遺書を読み、ひそかに戦争を憎んでいたことを知りました。良司さんはそう考えながらも、死を選ぶことしか道が与えられなかったんですね。それなのに、わたしはあの人をしかるような手紙まで出してしまって。知らないということは恐ろしいことですね。悲しい青春の思い出でした。でもそれ以上に悲しかったのは、間違った教育により完全にわたしがだまされていたことです。

戦後四十年、わたしはずうっと良司さんのことを忘れられないできました。良司さんの亡くなった五月十一日が奇しくもわたしの誕生日と一致しているのです。毎年五月十一日の幸福の誕生日に良司さんのことが心をかすめていくのです。

正直いって、冷子さんがいたってことがわかり、わたしの気持ちは、良司さんを眺められることができるようになりました。良司さんと冷子さんのことを知らなかったら、たまらなかったと思うんですよ。冷子さんがいて下さったことで、わたしは、ある程度解放感を感じました。

——最後にひとこと、何か。

神村　良司さんに教えられて、二度とあのような悲劇が繰り返されないよう、体験した者たちが声を大きくして、戦争反対を叫ばねばならないと心に誓いました。しかし四十年守られた平和に、また不穏な足音が近づいて来たような気配が感じられる今日この頃、戦争反対が左派であると言われる世の中には、けっして、してはならないのです。

日本を愛する国民は、「武器を持って人を殺すことが愛国心である」と教えられないよう見張っていなければならないと思います。これからの人たちに、またあんな悲しい思いをさせてはなりません。

——長時間、どうもありがとうございました。

1937(昭和12)年

青少年・教育・思想の動き

- 2・19 「兵役法施行令改正」(学徒の兵役逃避を防ぐ)。
- 2・21 日本無産党結成。
- 3・16 (同志社事件) 同志社大学で一部の教官、国体明徴問題で総長に上申書を提出。
- 3・27 文部省・国体明徴の観点から高専・師範・中等・高女の教授要目を大幅に改訂。
- 4・9 東京・京都両帝大、東京・広島両文理科大に国体・日本精神に関する講座を新設。
- 4・1 警察部長会議で言論取締強化方針を明示。
- 5・31 文部省、『国体の本義』を全国の学校、社会教化団体等に二十万部配布開始。
- 5・31 「学校教練教授要目」を改正。
- 7・21 文部省、思想局を拡充、教学局を設置。
- 7・22 日本基督教連盟「時局に関する宣言」を発表、国策協力を表明す。
- 7・― 日・英交換教授第一回派遣
- 7・― 法政大学予科で、荒木陸軍大将の講座を開設。
  同志社大学で新教育綱領をめぐり内紛。
- 9・― 矢内原忠雄『国家の理想』〈中央公論〉全文削除。
- 10・20 新興仏教青年同盟関係者、翌年五月上旬にかけて約二百人検挙。
- 11・8 中井正一・新村猛・真下信一らの『世界文化』『学生評論』『土曜日』関係者検挙。

日本国内の動き

- 1・21 衆議院で浜田国松・寺内睦相と腹切り問答(軍と政党の対立激化)。
- 1・25 宇垣一成(陸軍大将)組閣を命じられるも陸軍の反対で陸相を得られず、1・29辞退。
- 2・2 林銑十郎(陸軍大将)内閣成立。
- 3・31 「母子保護法」公布。
- 4・5 「防空法」公布。
- 5・14 内閣企画庁設置。
- 6・4 第一次近衛文麿内閣成立。
- 8・14 陸軍軍法会議、北一輝・西田悦に死刑判決。
- 8・24 国民精神総動員実施要綱を閣議決定(総動員運動始まる)
- 9・10 金融・貿易・物資の戦時統制開始。
- 9・25 内閣情報部設置
- 10・1 政府、小冊子「我々は何をなすべきか」一、三〇〇万部各戸に配布。
  朝鮮人に「皇国臣民の誓詞」を配布。
- 10・21 国民精神総動員中央連盟結成
- 10・17 全日本総同盟大会、ストライキ絶滅、戦争支持を決議。

世界と戦争の動き

- 2・10 中国共産党、国民党に国共合作を提議。
- 4・26 独空軍、スペインのゲルニカを爆撃(死傷者二、〇〇〇余人)。
- 4・1 パリで戦争反対平和擁護国際大会開かる。
- 6・23 独・伊・スペイン内乱不干渉委員会から脱退。
- 7・7 蘆溝橋で日中両軍衝突(日中戦争開始)。
- 7・11 政府、華北派兵声明。
- 7・17 蒋介石・周恩来の蘆山会談。
- 8・13 上海で日中両軍交戦開始。
- 8・15 中国、対日抗戦総動員令。
- 8・15 中ソ不可侵条約締結。
- 9・23 第二次国共合作成立。
- 9・― 米、ニューディール政策遂行を声明。
- 10・6 国際連盟、日本の行動は九ヵ国条約・不戦条約違反との決議採択。
- 10・27 蒙古連盟自治政府樹立。
- 11・6 日独伊防共協定締結。
- 11・22 蒙古連盟・察南・晋北の三自

1937（昭和12）年

11・24　東京帝大土方経済学部長、教授会で矢内原忠雄の言論活動を非難す。

12・4　東京帝大矢内原忠雄教授、著書発禁のあと辞表提出、免官。

12・15　（人民戦線第一次検挙）山川均などの労農派グループ四四六人一斉検挙。

12・22　日本無産党、日本労働組合全国評議会に結社を禁止。

12・―　内務省警保局、人民戦線派の執筆禁止を出版業者に通告。

10・25　企画院設置。

11・20　宮中に大本営設置。

12・11　南京陥落祝賀行事全国で挙行。

12・26　内閣情報局、国民詩「愛国行進曲」を発表（五万七五七八編応募）。

治政府、関東軍の指導で蒙彊連合委員会を結成。

12・11　イタリア、国際連盟から脱退

12・13　南京占領、大虐殺事件起る。

12・14　中華民国臨時政府、北支那方面軍の指導で北平に樹立。

1938（昭和13）年

2・1　（人民戦線第二次検挙）大内兵衛・有沢広巳・脇村義太郎・美濃部亮吉ら労農派学者グループ四五人検挙。

2・3　東京帝大セツルメント解散。

2・6　大日本農民組合結成（反共・反人民戦線を唱う）

2・7　岩波文庫社会科学関係書目二八点など自然的休刊を強要される。

2・3　唯物論研究会解散。

2・15　警視庁、盛り場で学生狩り。三日間で三四八六人検挙、改悛誓約書提出、宮城遥拝後釈放。

2・22　「陸軍特別志願兵令」公布（朝鮮人志願兵募集）。

2・25　「兵役法」改正（学校教練修了者の在営期間短縮の特典を廃止）。

2・1　石川達三『生きている兵隊』掲載〈中央公論〉発禁。

3・4　「朝鮮教育令」改正公布（内地の学校体系に統一）

3・3　安部磯雄社会大衆党委員長、襲撃され負傷。

1・11　厚生省設置（内務省社会局を廃止）。

3・1　衣料切符制始まる。

3・3　陸軍省軍務課員佐藤賢了中佐衆議院で国家総動員法案を審議中に「だまれ」と委員を恫喝、問題化す。

4・1　「国家総動員法」公布。

4・6　「電力管理法」、「日本発送電株株式会社法」公布。（電力の国家管理を開始）。

5・1　メーデー永久禁止。

5・17　西住戦車長戦死、陸軍報導部支那事変初の軍神と戦意昂揚に活用。

5・20　中国機と推定される飛行機が熊本・宮崎に飛来、反戦ビラをまく。

5・26　近衛文麿内閣改造。

1・11　御前会議。支那事変処理根本方針を決定（国民政府が和を求めて来ない場合は、以後これを相手にせず、新政権成立を助長するなど）。

2・4　ドイツ国防相、陸軍司令長官を解任、ヒトラー、統帥権を掌握。

3・13　ドイツ、オーストリアを併合

3・18　メキシコ政府、米英石油会社の資産を接収。

3・28　中華民国維新政府、中支派遣軍の指導で南京に成立。

4・25　英・エール協定調印。アイルランド独立を承認。

5・14　国際連盟理事会、日本の毒ガス使用に対し非難決議を採択。

5・19　日本軍、徐州を占領。

1938(昭和13)年

3・1 内務省警保局、雑誌社に村し戸坂潤・宮本百合子らの原稿掲載を見合わせるよう内示。
5・2 満州国立建国大学開学式(総一四六名中、日本人七〇名)。
5・26 陸軍大将荒木貞夫文部大臣に就任。荒木・石黒文部行政により、大学の自治を否定。
5・27 日本青少年ドイツ派遣団出発。
6・9 文部省「集団的勤労作業運動実施ニ関スル件」を通牒(七月から学徒勤労動員はじまる)。
6・29 文部省「時局ニ鑑ミ学校当事者ノ学生生徒薫化啓蒙方」を訓令。
7・1 内務省、出版物の検閲強化。
8・16 ヒトラー・ユーゲント来日。
8・24 「学校卒業者使用制限令」公布。(工業・技術系学生の雇用を統制)。
9・— 文化関係海外留学生の派遣を中止。
10・5 河合栄治郎『ファシズム批判』『社会政策原理』『第二学生生活』『時局と由由主義』発売禁止。
11・29 東京帝大・早大・外語等・松高などの学生自治運動グループ(インターカレッジ)関係の検挙はじまる。
11・29 旧唯物論研究会関係者検挙。
12・20 東京帝大総長に海軍造船中将平賀譲就任。
11・20 『ドイツ戦歿学生の手紙』高橋健治訳
1・28 東京帝大平賀総長、経済学部河合栄治郎・土方成実両教授の休職処分を文相に上申(平賀粛学

6・8 久保栄「火山灰地・第一部」を築地小劇場で初演。
7・30 産業報国中央連盟創立。
7・1 東京市営バス、木炭車に改造。
11・2 農業報国連盟結成。
12・16 興亜院設定。
12・23 新南群島(南シナ海)の領土編入を閣議決定。台湾総督府の管轄下に入れる。
1・5 平沼騏一郎内閣成立。
1・7 「国民職業能力申告令」公布。

6・15 御前会議で武漢作戦・広東作戦実施を決定。
7・1 張鼓峰で国境紛争(日ソ両軍の武力衝突に発展)。
8・10 日ソ停戦協定成立。
9・22 中華民国政府連合委員会、北平に成立(臨時・維新両政府連合)。
10・21 日本軍、広東を占領。
10・27 日本軍、武漢三鎮を占領。
11・3 近衛首相、東亜新秩序建設を声明。
12・20 汪兆銘、重慶脱出、ハノイ着。
1・1 国民党、汪兆銘を永久除名。
2・24 ハンガリー、日独伊防共協定

1939（昭和14年）

はじまる）

3・9 「兵役法」改正。（中等学校在学者の徴集延期を一年短縮、満二六歳までとなる）。

3・30 文部省、大学における軍事教練の必修を決定。

3・31 名古屋帝国大学設置（医・理工学部）

4・4 文部省、大学予科・高等学校の教科書認可制を強化。教科書から恋愛ものの一掃を各学校に通達。ハーディ、ジョイス、クライスなど優れた文学作品二四冊を追放。

4・26 「青年学校令」を改正（義務制とする。満一二歳以上一九歳以下の男子）。

5・15 各帝大医学部・官立医大に臨時付属医学専門部〈通称、戦時医専〉を設置（軍医の需要に対応）。

5・22 「青少年学徒ニ賜ワリタル勅語」渙発。学徒軍事教練実施十五周年記念学生生徒観閲式宮城前広場に全国から代表三二、五〇〇名参加天皇親閲（新聞は“青春武装の大絵巻”と報道）。

5・23 室蘭・盛岡・多賀・大阪・宇部・新居浜・久留米に七高等工業学校を新設、計二五校となる。

5・29 小学校武道指導要目制定（五年生から武道正課）。

5・1 学生コミュニストグループ一〇七名検挙、自治活動弾圧。

6・7 満蒙開拓青少年義勇軍二千五百人の壮行会挙行。

6・10 文部省の夏期休暇中、学生生徒の集団勤労作業等の実施を通達。

6・16 教育審議会、女子高等学校の新設を決定（戦時体制下反対に水準は低下し、実現されず）。

1・17 生産力拡充計画を閣議決定。

1・18 内務省、一市町村に一基の忠霊塔建設を進める。

1・25 「警防団令」公布。

2・9 国民精神総動員強化方策決定。

2・16 鉄製不急品の回収始る。

3・4 大陸開拓文芸懇話会結成式。

3・15 内務省、各地の招魂社を護国神社と改称。

3・20 交通総連、興国交通労働連盟と改称。

3・25 「軍用資源秘密保護法」公布。

3・28 国民精神総動員委員会設置。

3・31 「貸金統制令」等公布。

4・5 「映画法」公布（映画の国家統制を強化）。

4・8 「宗教団体法」公布。

4・9 初の就職列車、秋田から高等小学校卒五八〇人上野着。

4・12 「米穀配給統制法」公布。

4・17 華北交通㈱、華中鉄道㈱設立中国占領地域の鉄道経営を支配。

4・25 国策ペン部隊、満州へ出発。

5・9 物価統制の大綱を閣議承認。

7・6 第一回聖戦美術展。

7・8 「国民徴用令」公布。

8・24 内務省、家庭防空隣保組織要

に参加。フランコ政権も加入。

2・10 日本軍、海南島上陸。

2・27 英・仏、フランコ政権を承認。

3・28 フランコ軍、マドリードを占領（スペイン内乱終結）。

5・12 満蒙国境ノモンハンで満・外蒙軍衝突（ノモンハン事件の発端）。

5・31 汪兆銘、東京着、首相と会談。

6・14 日本軍、天津英仏租界を封鎖。

7・1 日本軍、ノモンハン攻撃開始。

7・26 米、日米通商条約等破棄通告。

8・20 ノモンハン激戦、日本軍全滅的損害を受く。

8・23 独ソ不可侵条約調印。

9・1 蒙古連合自治政府成立。

9・1 ドイツ軍、ポーランド進撃を開始、（第二次世界大戦始まる）。

9・3 大本営、関東軍にノモンハン作戦中止を命令。

9・3 英仏、ドイツに宣戦布告。

9・4 政府、欧州戦争不介入を声明。

9・9 東郷駐ソ大使、ソ連にノモンハン停戦、通称条約締結など申入れ。

9・15 モスクワでノモンハン事件停戦協定成立。

9・17 ソ連軍、東部ポーランド占領。

9・27 独軍、ワルシャワ占領。

1939(昭和14)年

6・21 (日本燈台社事件)良心的兵役拒否百数十人検挙。
6・1 文部省、各学校に「修文練武」を訓令。
7・5 学生の長髪禁止(イガ栗頭論)。
7・― 六大学野球リーグ戦に対し「試合一本勝負論」出る。石黒文部次官の行政方針に賛否論沸騰。
8・16 文部省、学生の運動競技を休日・土曜日の午後以外禁止の通達。
8・― 陸軍少年戦車兵募集はじまる(一五～一八歳)。
9・28 文部省、全国中等学校入試における学科試験の廃止を通牒。
9・― 戦争未亡人再教育のため、小中学校教員・保姆養成所開設。
10・― 文部省、全国の大学・高専の学内団体を調査。
11・― 興亜青少年勤労報国隊(各大学・高専・師範校から選抜)の教職員・学生を外地に派遣。
12・13 「青年団員・学徒・生徒ノ木炭増産勤労報国運動実施ニ関スル件」を通達。
12・25 鹿地亘ら、桂林で日本人民反戦同盟結成大会。
12・― 蓑田胸喜主宰『原理日本』津田左右吉を攻撃。
12・― 東亜同文書院大学予科創設(上海・外務省所管)

1・26 教育審議会、女子大学の設置と大学の男女共学について意見一致。
1・― 大学・実業専門学校一二四校に産業報国講座を設置。
1・― 拓務省、高等小学校生徒に対し拓務訓練を開始(満蒙開拓義勇軍への応募策を強力に推進)。

綱を通牒(隣組制確立)。
8・30 阿部信行(陸軍大将)内閣成立。
8・26 大毎・東日機ニッポン号羽田発、世界一周飛行へ。
9・1 初の興亜奉公日(毎月一日)。
10・1 厚生省、一五～二五歳男子に体力章検定を義務化(初・中・上級)。
10・18 「価格等統制令」「地代家賃統制令」「賃金臨時措置令」等公布。
11・1 海軍、舞鶴鎮守府設置。
12・12 「軍機保護法施行規則」を改正(ビルや高台からの附瞰撮影禁止)。
12・16 「総動員物資使用収用令」公布。
12・25 木炭・配給統制実施。
12・26 朝鮮総督府、朝鮮人に氏名に関する件公布(日本式に創氏改名)。
12・29 「土地耕作物・工場事業物使用収用令」各公布。

1・16 米内光政(海軍大将)内閣成立。
2・2 民政党斎藤隆夫、衆議院で日中戦争処理を批判し問題化、3・7議員除名。
3・9 衆議院、聖戦貫徹決議案可決。
3・29 聖戦貫徹議員連盟結成。各党

9・28 モスクワで独ソ友好条約調印(ポーランド分割占領を決める)。
11・4 野村外相、米グルー大使と日米国交調整につき会談開始。
11・26 フィンランド、ソ連の相互援助条約締結要求を拒絶。
11・30 ソ連軍、フィンランド攻撃開始(冬期戦争)始まる。
11・30 野村外相、仏アンリ大使に仏印経由中国援助の停止、軍事監視団のハノイ派遣を申入れ。
12・14 ソ連、国際連盟から除名。
12・22 グルー米大使、日米新通商航海条約などの締結を拒否。

3・1 インド国民会議派、全インド不服従運動を決議。
3・12 ソ連・フィンランド講和条約。
3・30 汪兆銘、南京に中華民国政府を樹立。
4・9 独軍、ノルウェーを急襲、デ

1940（昭和15）年

2・1 「青少年雇入制限令」公布。
2・6 山形県で村山俊太郎ほか二人検挙、この後全国で生活綴方、生活学校関係教員約三〇〇人検挙。
2・10 津田左右吉『古事記及日本書紀の研究』等発禁。
3・8 出版法違反で津田左右吉・出版者岩波茂雄起訴。
3・1 上原良司、松本中学校を卒業。
4・16 第一回日独学徒大会を文部・外務省の下で開催。
4・24 神宮皇学館大学設置（官立）。
4・24 「陸軍志願兵令」公布（少年兵の動員を図る。）
4・1 東京学生消費組合解散。
5・5 旅順高等学校開校式（官立・関東局所管）。
6・1 音階、ドレミファからハニホヘトイロハに変更。
6・22 文部省、修学旅行の大幅制限を通牒。
6・31 文部省、女学校卒業者へ、女子労務の重要性徹底指導を通牒。
7・10 内務省、左翼出版の弾圧強化。三〇余出版社の一三〇余点を発禁、紙型を押収、古書店を検索。
8・19 新協・新築地劇団関係者ら一〇〇余人検挙。
8・30 文部省、学生・生徒の映画・演劇観覧は土曜・休日に限る旨通達。
8・23 新協・新築地両劇団解散。
9・12 文部省、中等学校教科書検定制廃止、指定制へ。
9・19 文部省「習練強化ニ関スル件」を高専へ通牒。
9・28 修練組織の名称を報国団に統一する旨通牒。
9・― 各学校で、防空・防火訓練開始。
10・― 女子拓務訓練所設立（長野）。
11・1 ダンスホール閉鎖。警察、不良学生狩りを実施。

党首に解党進言。
3・26 東京～下関間新幹線計画予算成立（弾丸列車、将来はベルリンまで貫通と宣伝、昭和一九工事中止）。
4・8 「国民体力法公布」（一七～一九歳男子の身体検査を義務化）。
4・20 米・マッチ・砂糖等切符制。
5・1 「国民優性法」公布。
6・24 近衛文麿、枢密院議長を辞任、新体制運動にのり出す。
7・6 「奢侈品等製造販売制限規則」公布。
7・8 日本労働総同盟解散を決定。この頃より労働組合の解散始まる。
7・22 第二次近衛文麿内閣成立。
7・26 閣議、基本国策要綱を決定。（大東亜新秩序・国防国家建設方針）。
7・27 大本営政府連絡会議（武力行使を含む南進政策を決定）。
7・31 東京憲兵隊、救世軍植村司令官らをスパイ容疑で取調。
9・11 内務省、隣組制を強力に推進。
10・1 人口調査。内地七三、一一四、三〇八・外地三二、一一一、七九三）
10・1 総力戦研究所設置。
10・12 大政翼賛会発会式。
10・22 既存の政治団体すべて解散。

ンマークを無血占領。
5・10 独軍、北仏・オランダ・ベルギー・ルクセンブルク奇襲攻撃開始。
5・10 英国、チャーチル内閣成立。
5・27 英軍、ダンケルク撤退開始。
6・10 ノルウェー軍降伏。
6・14 独軍、パリに無血入城。
6・18 ドゴール仏将軍、ロンドンへ自由フランス委員会を設立、対独抗戦をアピール。
6・29 大本営、仏印の援蒋物資禁絶監視団を陸海外3省より四〇人派遣。
7・30 汎米外相会議、共同防衛決議を採択（ハバナ宣言）。
8・1 日本、フランスに日本軍の仏印通過及び仏印内飛行場使用を要求。
9・7 独軍、ロンドン猛爆撃開始。
9・13 イタリア軍、エジプトに侵攻。
9・22 日本・仏印軍事細目協定成立。翌日、日本軍、北部仏印に進駐開始。
9・27 日独伊三国同盟調印。
10・12 独軍、ルーマニア進駐。
10・28 伊軍、ギリシア侵入開始。
10・30 日本、ソ連に不侵略条約締結を提議。
11・18 ソ連・中立条約を提議。

1940（昭和15）年

11・26 文部省、高等師範・専門学校の教科書認可制へ。

12・9 産業界の要請に応じ、実業学校卒業者の上級学校進学制限措置を訓令。

12・24 文部省「大学教授ノ責務」を訓令（研究者タルト同時ニ教育者タルノ責務ヲ有スル）。

12・― 高等小学校卒業女子の短期養成により日赤看護婦の人員増加をはかる。

12・― 陸軍少年工兵募集はじまる。

11・2 「大日本帝国国民服令」公布。

11・10 紀元二千六百年記念祝賀行事。全国で提灯行列等多彩に展開。赤飯用もち米を特配。

11・23 大日本産業報国会創立。

11・24 西園寺公望没（12・5国葬）。

12・6 情報局設置。

12・19 日本出版文化協会設立。

1941（昭和16）年

1・11 「新聞紙等掲載制限令」公布。

1・16 大日本青少年団結成。

2・8 文部省、「青少年学徒食糧増産運動実施要綱」を通達。

2・26 情報局、各総合雑誌に執筆禁止者名簿を内示。

2・― 大政翼賛会、国防理工科大学の創設を提唱。

3・1 「国民学校令」公布。小学校を国民学校と改称

3・3 厚生省、産報青年隊結成に関し通牒。

3・7 「国防保安法」公布（スパイ活動防止法）。

3・7 左翼関係出版物約六〇〇点を一括発禁。

3・― 上原良司、慶応義塾大学予科へ入学。

3・10 「治安維持法」全面改正（国体変革への重罰）。（特別な刑事手続制度新設）。

4・4 閣議、文部省の流轄下に植民地・占領地への教員大量派遣を決定。

4・8 （企画院事件）経済新体制企画院案にからみ治安維持法違反で調査官等関係者を検挙。

4・― 東京帝大にて執銃教練、必修科目となる

1・1 全国の映画館でニュース映画の強制上映実施。

1・8 東条陸相「戦陣訓」を示達。

3・3 「国家総動員法」改正公布（政府権限を大幅に拡張）。

3・21 大日本壮年団連盟結成。

3・10 「借地法」「借家法」各改正公布（賃借人の権利保護強化）。

3・17 「船舶保護法」公布（海軍による船舶運航護衛など）。

3・24 大日本仏教会結成。

4・1 「生活必需物資統制令」公布。（配給統制の全面化）

5・中 東京でタバコ一人一個売厳守。

6・9 情報局の監督下に日本移動演劇連盟発会式。

7・1 全国一斉に隣組の常会を開催。

7・18 第三次近衛文麿内閣成立。

4・13 日ソ中立条約モスクワで調印。

4・16 ハル国務長官、野村大使の間で日米交渉正式に始まる。

5・6 スターリン、ソ連首相に就任。

5・19 ベトナム独立同盟（ベトミン）結成（盟主ホーチミン）反仏・反日民族解放路線を決定。

6・22 独軍三〇〇万、突如ソ連攻撃を開始（独ソ戦始まる）。

7・2 御前会議「情勢の推移に伴う帝国国策要綱」を決定。対ソ戦を準備、南方進出のため対英米戦辞せず。関特演（関東軍特別演習）を発動、9月、満州に七〇万の兵力を集中。

7・25 米、在米日本資産凍結（英・蘭もこれに続く）。

7・28 日本軍、南部仏印に進駐。

8・1 米国、日本を含む全侵略国へ

1941（昭和16）年

4・— 台北帝大予科創設（官立、台湾総督府所管）。
4・— 中等学校新入生の制服を新作。戦闘帽を着用。
5・14 「予防拘禁所官制」公布（予防拘禁の運用拡大）。
7・5 海軍特別年少兵募集（一四～一六歳）。
7・21 文部省教学局『臣民の道』刊行。各学校に配布。
8・8 文部省、「学校報告団ノ体制確立方法」を訓令。（校長を隊長とし軍隊組織とする）。
8・30 大学の学部にも軍事教練担当の現役将校を配属。
10・15 （ゾルゲ事件）尾崎秀実検挙。ゾルゲ（18）検挙。
10・16 「大学学部等ノ在学年限又ハ修学年限ノ臨時短縮ニ関スル件」公布。（昭和十七年三月卒業年度学生の卒業・修了は三ヵ月短縮され、本年十二月となる。卒業と同時に徴兵検査を実施）。
11・15 「兵役法施行令」改正公布（丙種合格も召集）。
11・22 「国民勤労報国協力令」公布。（男子一四～四〇歳、未婚女子一五～二五歳勤労奉仕義務法制化）。
12・10 東京の新聞通信八社主催、米英撃滅国民大会挙行。各地で撃滅大会盛ん。
12・19 「言論出版集会結社等臨時取締法」公布。
12・— 第一回大学繰上げ卒業（三ヵ月）。
12・— 「現役将校配属令」改正（教練独立科目となる）。

7・13 厚生省、団体旅行、全国的競技大合中止を通達。
8・2 大政翼賛会、みそぎ錬成講習会開催。
8・30 「重要産業団体令」「金属類回収令」等公布。
9・2 翼賛議員同盟結成。
9・6 逓信省、九配電統制会社設立を命令（電力国家管理配電に及ぶ）。
10・1 乗用自動車ののガソリン使用、全面的に禁止となる）。
10・14 「臨時郵便取締令」公布（外国郵便の開封検閲など）。
10・18 東条英機（陸軍中将）内閣成立。（東条陸相が現役のまま内閣組織）。
10・30 「重要産業指定規則」公布（二一企業に重要産業団体令を摘要以後次々に統制会設立）。
12・8 新聞・ラジオの天気予報、気象報道中止。
12・19 「戦時犯罪処罰特例法」公布。
12・19 「戦争保険臨時措置法」公布。
12・23 「敵産管理法」公布。
12・24 文学者愛国大会開催。
12・27 「農業生産統制令」公布。

の石油輸出を全面禁止。
9・6 御前会議、帝国国策遂行要領決定（一〇月下旬を目途に対英米蘭戦争準備を完了）。
9・11 陸軍防衛総司令部を設置。
10・2 米国、四原則と中国・仏印からの撤兵要求の覚書を手交。
10・2 独軍、モスクワを総攻撃。
11・5 御前会議、十二月初旬に武力発動を決意。
11・26 ハワイ作戦海軍機動部隊、南千島のヒトカップ湾を出港。
12・1 御前会議、対英・米・蘭開戦を決定。
12・8 日本時間午前二時、日本軍マレー半島に上陸開始。三時、ハワイ真珠湾奇襲攻撃開始、米主力艦撃破。四時過ぎハル長官に最後通牒を手交。
12・8 米英両国に宣戦の詔書。
12・8 ヒトラー、モスクワ攻撃放棄。
12・10 マレー沖海戦、英二戦艦撃沈。
12・10 日本軍、グァム島占領、フィリッピン北部に上陸。
12・12 閣議、戦争の名称を、支那事変を含めて大東亜戦争と呼称す。
12・25 香港の英軍降伏。

1942（昭和17）年

1・9 「国民勤労報国協力令施行規則」に基く学徒出動命令出る。
1・13 文部省、官立高等学校の理科生大増員計画を発表（ドイツ系科学導入を積極的に意図）。
1・24 文部省に国民錬成所を設置へ中等諸学校の教員に学寮制で錬成を行なう）。
2・18 三木清・中島健蔵・清水幾太郎ら陸軍宣伝員として徴用、南方戦線へ赴く。
2・23 文部省、全国高等学校長・大学予科長会議に従来の「外国語偏重の知性教育」から「大東亜経綸の指導者の目指す経世教育」への転換を提案。
2・26 女子青年団指導要綱（傷痍軍人との結婚奨励）。
4・24 尾崎行雄・選挙応援演説中に不敬の言辞ありと不敬罪で起訴（のち無罪判決）。
5・26 日本文学報国会創立（文芸協会解散）。
6・29 中西功ら上海反戦グループ検挙。
7・24 情報局、全国新聞社整理統合方針発表。
8・21 中等・高等学校学年短縮要綱を閣議決定（各一年短縮し中学校四年、高等学校・大学予科二年制となる。昭一八年度から実施）。
9・14 （泊事件）細川嘉六、『世界史の動向と日本』〈改造〉八・九月）情報局により共産主義の宣伝と指摘検挙さる。（横浜事件の発端となる）
9・21 満鉄調査部関係者四四人検挙（第一次）。
9・― 第二回繰上げ卒業（大学・高専六ヵ月）。
10・1 朝鮮総督府、「朝鮮青年特別練成令」制定。
11・1 文部省、専門学務局科学課を科学局に昇格。

1・1 塩の通帳配給制始まる。
1・2 毎月八日を大詔奉戴日とする（興亜奉公日は廃止）。
1・6 陸海軍機、東京上空で一〇〇機示威飛行。
1・8 大東亜戦争国庫債権を発行
1・16 大日本翼賛壮年団結成
1・20 全国水平社解消。
2・1 味噌・醤油切符制配給実施。衣料に点数切符制実施。
2・2 大日本婦人会発会式（愛国・国防婦人会を統合）。
2・18 大東亜戦争戦捷第一次祝賀国民大会開催。酒・菓子・小豆等特配。
2・24 「裁判所構成法戦時特例」公布（裁判手続簡易化）。
3・5 東京に初の空襲警報発令。
3・6 海軍省、真珠湾攻撃の特殊潜航艇の戦死者九名を軍神と発表。
3・21 大日本武徳会結成。
3・21 日本出版文化協会、全出版物の発行承認制実施を決定。
3・1 陸海軍、それぞれ戦争記録映画製作のため画家を動員、南方各地派遣を決定。
4・30 第二一回総選挙（翼賛選挙・当選―推薦三八一、非推薦八五）。

1・1 ワシントンで連合国共同宣言。
1・2 日本軍、マニラを占領。
1・18 日独伊軍事協定調印。
1・23 日本軍、ラバウルへ上陸。
1・25 タイ・米英へ宣戦布告。
2・15 日本軍、シンガポールを占領。
3・1 日本軍、ジャワ島へ上陸。
3・8 日本軍、ニューギニア島上陸。
3・8 ジャワの蘭印軍降伏。
4・5 海軍機動部隊、インド洋に進出、コロンボを空襲。
4・18 米機動部隊、日本本土初空襲。東京・神戸・名古屋など襲来。
5・1 日本軍、ビルマのマンダレーを占領。
5・7 マニラ湾コレヒドール島の米軍降伏。
5・7 珊瑚海海戦（日本軍、ポートモレスビー攻略戦を延期）。
6・5 ミッドウエー海戦（日本海軍四空母を失い戦局の転機となる）。
6・7 日本軍、アリューシャン列島に進出、キスカ島・アッツ島へ進攻。
8・7 米海兵隊、ツラギおよびガダルカナル島に上陸。米軍反撃に転じ日本軍の全滅相次ぐ。
8・8 第一次ソロモン海戦。

1942（昭和17）年

- 11・3　大東亜文学者大会開会（満・蒙・華代表出席）。
- 11・24　昭和一八年度も、学生の修業年限を六カ月ないし三カ月繰上げ実施を決定。
- 12・23　大日本言論報国会設立総会。
- 12・1　陸軍少年防空兵（のち高射兵）・少年重砲兵・少年野砲兵の募集始まる。
- ○　翌年三月にかけ全国三二高校一三万余、開墾・農耕・植林・土木等の勤労動員に従事。

- 5・9　寺院の仏具梵鐘等強制供出。
- 5・22　陸軍省、加藤建夫隼戦闘隊長の戦死を空の軍神として発表。
- 6・11　関門海底トンネル竣工。
- 9・20　「陸軍防衛召集規則」公布。
- 10・10　陸軍兵器行政本部等設置。
- 11・1　大東亜省設置（拓務省・興亜院廃止）。
- 12・3　第一回大東亜戦争美術展開く。

- 8・22　独軍、スターリングラード猛攻撃開始。
- 8・24　第二次ソロモン海戦。
- 11・8　米英連合軍、北アフリカ上陸作戦開始。
- 11・19　スターリングラードでソ連軍の大反攻始まる。
- 12・31　大本営、ガダルカナル島撤退を決議。

1943（昭和18）年

- 1・21　中学校・高等女学校・実業学校の修業年限を一年短縮して四年制とし、教科書を国定化。
- 1・21　「高等学高令」を改正、『皇国ノ道』をはじめて明文化。大学予科・高等学校高等科の修業年限を一年短縮し二年制とする。
- 1・21　実業学校の名称を専門学校と改称。
- 3・2　「兵役法」改正公布（朝鮮にも徴兵制）。
- 3・8　「師範学校令」改正（師範学校を官立専門学校とする。教科書を国定化）。
- 3・29　「戦時学徒体育訓練実施要綱」を通達
- 4・1　文部省、「高等学校規程」等につき訓令（教室中心から全生活を修練とする塾教育を志向す）。
- 4・28　東京六大学野球連盟解散。
- 4・―　軍事保護院補助で軍国未亡人三四各女子医専へ。
- 6・25　「学徒戦時動員体制確立要綱」を閣議決定（本土防衛のため軍事訓練と勤労動員を徹底）。
- 7・5　陸軍特別操縦見習士官募集（学徒兵を大量吸収）。

- 1・1　中野正剛「戦時宰相論」で東条首相を批判した朝日新聞発禁。
- 1・13　内務省、ジャズなど米英楽曲のレコード・演奏を禁止（約千曲）。
- 1・1　谷崎潤一郎〈細雪〉「中央公論」三月号、軍・情報局の圧力で中断。
- 2・14　大日本仏教会、聖旨奉戴護国法要を行う。
- 2・23　陸軍省、決戦標語（撃ちてし止まむ）のポスター五万枚配布。
- 2・―　英米語の雑誌名を禁止、改題するもの続出。
- 3・24　金属回収本部設置。
- 3・27　樺太・内地に編入。
- 4・15　日本基督教団、聖旨奉戴基督教大会、全国一七ヵ所で開く。
- 5・18　日本美術報国会創立。

- 1・2　ニューギニアのブナで日本軍全滅。
- 1・1　ミュンヘンの学生「白ばら」グループ、反ファッショ抵抗運動展開。
- 2・7　ガダルカナル島の日本軍一万一千余撤退完了（地上戦闘の戦死者餓死者二万五千人）。
- 2・21　日本軍、広州湾仏租借地進駐。
- 4・3　連合艦隊司令部ラバウル進出。
- 4・18　連合艦隊司令長官山本五十六海軍大将、ソロモン上空で戦死。
- 5・29　日本軍、アッツ島で全滅。
- 5・31　御前会議、大東亜政略指導大綱を決定（マレー、蘭印の日本領土編入、ビルマ・フィリッピン独立）。
- 6・10　コミンテルン解散。
- 6・10　米英、ドイツに昼夜爆撃開始。

1943年（昭和18）年

7・30 女子学徒の動員を閣議で決定。
8・20 「科学研究ノ緊急整備方策要綱」を閣議決定（大学その他の科学研究は戦争遂行を唯一絶対の目標とすべきこととする）。
9・― 上原良司、慶應義塾大学予科を繰上げ卒業。
9・24 文部省、学徒体育大会を全面禁止。
9・29 文部省、大学院・研究科に特別研究生制度を設置（学資給与、軍の委託特別研究生を受入れ）。
9・30 台湾に昭二〇年より徴兵制実施を決定。
9・― 第三回大学卒業繰上げ卒業（六ヵ月）。
9・― 女子勤労挺身隊、一四～二五歳の未婚女子動員。
10・2 「在学徴集延期臨時特例」公布（学生・生徒の徴兵猶予停止）。
10・4 上原良司、慶応義塾大学（本科）経済学部へ進学
10・12 「教育ニ関スル戦時非常措置方策」を閣議決定。（理工科系・教員養成諸学校学生を除き徴兵猶予を停止、義務教育八年制無期延期、高校文科生三分の一減・理科増員、文科系大学の理科系への転換、勤労動員を年間三分の一実施）。
10・16 学徒出陣壮行早慶戦挙行（選手・観客「海ゆかば」を斉唱）。
10・21 文部省、出陣学徒壮行会を東条首相観閲のもと神宮外苑競技場で挙行、東京近在七七校の学徒数万を動員、「学徒空の進軍」へ学徒航空兵参加。
11・1 「兵役法」改正（一七～四五歳まで服役）。
12・1 徴兵猶予撤廃による第一回学徒出陣始まる（陸軍入隊）。

6・4 休閑地を食糧増産へ動員。
6・26 内務省、防空待避施設の整備強制を通牒（各戸に防空壕を）。
7・1 東京都制を施行。
9・4 上野動物園、猛獣を薬殺。
9・21 「兵役法施行規則」改正公布、昭五以前検査の第二国民兵も召集）。
10・5 関釜連絡船、米潜水艦により撃沈さる。死者五四四人。
10・6 「食糧管理法」改正（闇米麦買入者に罰則を新規定）。
11・1 軍需省・運輸通信省・農商省設置（企画院・商工省・逓信省・鉄道省・農林省・海務院は廃止）。
11・1 「兵役法」改正公布（国民兵役を四五歳まで延長）。
12・8 第二回大東亜戦争美術展。

7・29 キスカ島の海軍陸戦隊撤退。
8・1 日本占領下のビルマでバー・モウ政府独立宣言。米英に宣戦布告。
7・25 イタリア・ムッソリーニ首相失脚逮捕。バドリオ元帥首相就任。
9・8 イタリア、無条件降伏。
9・10 連合軍、ローマ占領。
10・14 フィリッピン共和国独立宣言（大統領ラウレル）。
10・21 チャンドラ＝ボース、シンガポールで自由インド仮政府樹立。
11・5 大東亜会議開催（日本・タイ・ビルマ・フィリッピン・中国汪政権）
11・25 マキン・タラワの日本軍全滅。
12・8 東条首相、世界向け放送で、カイロ宣言・テヘラン宣言を反撃。

1943（昭和18）年

12・1 **上原良司、学徒出陣により陸軍・松本第五十連隊に入隊、二十一歳**

12・9 学徒出陣（海軍へ入隊）。

12・15 陸軍特別幹部候補生（飛行・船舶兵）募集。

12・24 「徴兵適齢臨時特例」公布（徴兵年齢を一年引下げ、一九歳に変更）。

12・― 陸軍・東部軍司令部女子通信部隊一九五〇部隊発足（女子軍属）。

1944（昭和19）年

1・18 「緊急学徒勤労動員方策要綱」を閣議決定。

1・29 （横浜事件）〈中央公論〉〈改造〉の編集者検挙される。その後〈日本評論社〉などの関係者、さらに翌年四月～六月にわたり東京を中心に多数の言論知識人検挙さる。

2・4 文部省、大学・高専の軍事教育強化方針を発表。（航空・機甲訓練・軍事学・兵器学・軍陣医学等）。

2・9 文部省、中等学校教育内容の戦時措置を決定。

2・9 上原良司、熊谷陸軍飛行学校相模教育隊へ入校。

2・15 河合栄治郎死去。

2・17 「師範教育令」改正（青年学校教員養成所廃止、各県に官立の青年師範学校を設立）。

2・17 文部省、軍人・官吏等を無試験で国民学校・青年学校・中等学校の教員に採用（徴兵による教員不足に対処）。

2・25 文部省、食料増産に学徒五〇〇万人動員を決定。

3・7 「決戦非常措置要綱ニ基ヅク学徒勤労動員実施要綱」を閣議決定（通年動員の態勢を確立）。

2・22 臨時人口調査と国民登録実施（男子一二～六〇歳、女子一二～四〇歳に登録拡大）。

2・23 「竹槍では間に合わぬ、飛行機だ」の毎日新聞記事に東条首相激怒。新聞差押え、執筆記者の懲罰召集をめぐり陸海軍当局衝突。

3・6 全国の新聞、夕刊を廃止。

3・10 東京都、空地利用本部設置。全都の戦時農園化推進、・運動場の耕作、上野不忍池も水田に。

3・31 松竹少女歌劇団解散。松竹芸能本部女子挺身隊を結成。

4・1 日本音楽文化協会、米国型楽器編成の楽団禁止。

4・1 国鉄、一等車・寝台・食堂車全廃、急行列車削減。百キロ以上の旅行には警察の証明が必要となる。

2・6 クエゼリン・ルオット全滅。

2・17 米機動部隊、トラック島強襲。

2・21 首相兼陸相兼軍需相東条英機が参謀総長を、海相島田繁太郎が軍令部総長を兼任。

3・2 連合軍空挺部隊北ビルマ侵入。

3・8 インパール作戦開始。

3・19 独軍、ハンガリーに進駐。

3・31 連合艦隊司令長官古賀峯一海軍大将殉職。

4・22 米軍、ニューギニア反攻熾烈。

5・15 アウシュビッツ強制収容所へユダヤ・ハンガリー人の移送開始。

6・4 米英軍、ローマ入城。

6・6 連合軍、ノルマンディ上陸。

6・16 中国基地からB29、北九州を初空襲。

6・15 ドイツ、V1号ロンドン爆撃。

1944（昭和19）年

3・20 金沢高等師範学校を新設。
3・24 上原良司、館林教育隊にて飛行操縦訓練始まる。
3・29 中学生の勤労動員大綱決定。
3・29 長崎・名古屋・横浜各高等商業学校を工業経営専門学校に、彦根・和歌山・高岡各高等商業学校を工業専門学校に転換。
4・28 決戦非常措置要綱に基づく学校工場化実施について通達。
4・1 陸軍少年船舶兵募集はじまる。
5・29 学校航空強化について通達。
6・10 大日本言論報国会、言論人総決起大会を開催、ヒトラーへ激励電報を送る。
6・13 城戸幡太郎ら検挙（民間教育運動は壊滅）。
6・30 「帝都学童集団疎開実施要領」を制定。
7・10 情報局、中央公論社・改造社に自発的廃業指示。
7・11 学徒動員の範囲を国民学校高等科・中学校低学年までに拡大することを閣議決定。
7・19 「学徒勤労ノ徹底強化ニ関スル件」を通達。
7・20 上原良司、熊谷陸軍飛行学校卒業。
7・20 学童集団疎開の範囲を一二都市に拡げる。
8・4 閣議、国民総武装決定（竹槍訓練など始まる）。
8・22 沖縄から疎開船対馬丸撃沈さる。学童七〇〇人を含む一五〇〇人死亡。
8・22 「学徒勤労令」公布（学校報告隊を組織）。
8・22 「女子挺身勤労令」公布。
8・23 大学・高専の二年以上理科系学徒一〇〇〇人に限って勤労動員より除外、科学研究要員とする。

4・4 閣議、国内一三道府県に非常警備隊設置決定（国内警備警察強化）。
4・14 防空総本部、都市居住者に身元票所持を通牒。
4・19 東京都、幼稚園休園決定。
7・18 東条内閣総辞職。
7・22 小磯国昭（陸軍大将）内閣成立。
8・5 「防空新聞」毎月五の日発行。
8・10 軍需省「開戦以降物的国力の推移ならびに今後における見通し」を作成（サイパン島失陥後の物的国力崩壊を認定）。
8・14 初の女運転士京成電車に登場。
8・15 「総動員警備要綱」を閣議決定（国内防衛態勢を強化）。
8・28 大達内相、全国神職寇敵撃滅祈願訓令（夜間・早暁の熱禱を指示）。
8・28 各官庁第一・三日曜出勤決定。
9・30 神仏基三〇万の宗教家により大日本戦時宗教報国会結成。
10・16 「国内防衛方策要綱」閣議決定。
10・20 戦況日々悪化、日比谷で一億憤激米英撃摧国民大会開催。
11・1 総合計画局設置（首相直属、重要国策の企画）。
11・1 たばこ、隣組配給となる（男子一日六本）。

6・19 マリアナ沖海戦（海軍、空母、航空機の大半を失う）。
7・4 インパール作戦中止を命令、（作戦参加一〇万人中戦死三万、戦傷病死四万五千人）。
7・7 サイパン島守備隊三万、住民一万人全滅。
8・4 ビルマ、ミートキーナで全滅。
8・4 閣議、国民総武装を決定。
8・5 最高戦争指導会議設置（大本営政府連絡会議廃止）。
8・10 グァム島守備隊一万八千全滅。
8・24 連合軍、パリ入城。
9・9 フランス、ドゴール将軍首班臨時政府樹立。
9・10 中国軍、雲南の拉孟守備隊を全滅す。
9・14 雲南の騰越守備隊を全滅。
10・10 米機動部隊、沖縄を空襲。
10・20 米軍、レイテ島上陸。
10・24 レイテ沖海戦（連合艦隊突入作戦失敗）〈武蔵・瑞鶴〉など失う）。
10・25 海軍神風特別攻撃隊、レイテ沖で初めて米艦に突入。
10・25 中国基地のB29一〇〇機、北九州を爆撃。
11・1 マリアナ基地のB29東京偵察。

1944（昭和19）年

8・1 帝国大学は筆記試験なしで入学者を選別。
9・27 東京商大を東京産業大学、神戸商大を神戸経済大学と改称。
10・16 「陸軍特別志願兵令」改正公布（一七歳未満者の志願を許可。
10・8 「兵役法施行規則」改正（一七歳以上兵役に編入）。
11・1 大日本青年団、どんぐり採集。
11・10 厚生省、女子徴用実施、女子挺身隊期間一年延長を通牒。

11・6 政府、戦争完遂に関し声明。
11・20 日本基督教団「大東亜共栄圏に在る基督教徒に贈る書翰」発表。
11・12 トラック輸送に代り、西武武蔵野線で農村向け屎尿電車夜間輸送を開始。

11・19 空母信濃竣工（一〇日後、魚雷四本で撃沈さる）。
11・20 回天特別攻撃隊ウルシー突入。
11・24 マリアナ基地のB29約七〇機東京を初空襲。
11・26 薫空挺隊、レイテ島に突入。
12・19 大本営、レイテ島地上決戦方針を放棄。

1945（昭和20）年

1・20 東京高等師範付属国民学校・中学校で自然科学特別学級（英才教育）発足。引続き広島・金沢高等師範、東京・奈良各女子高等師範にも付設。
1・16 学術研究会議、科学技術の戦力化を徹底。
2・— 女子航空整備員採用。
3・1 九州帝国大学総長に海軍大将百武源吾就任。
3・6 「国民勤労動員令」公布。
3・18 「決戦教育措置要綱」を閣議決定（国民学校初等科を除き、学校における授業を原則として四月から一年間停止）。
3・20 岡崎高等師範学校、広島女子高等師範学校設置。
3・23 国民義勇隊編成を閣議決定。
3・28 三木清、逃走中の高倉テルを援助し、検挙さる（9・26豊多摩拘置所で獄死）。
4・1 東京・神戸両高等商船学校を統合、高等商船学校と改称。
4・— 陸軍女子衛生兵養成。

2・14 近衛上奏文（敗戦の必至と共産革命の脅威を説く）。
2・16 軍・公務・緊急要務者を除き京浜地区着・通過乗車券発売禁止。
2・28 戦時物価審議会設置。
2・— 戦局悪化し敗戦思想蔓延。デマにより東京地区で検事局への送致者増加。
3・— 連行朝鮮人労働者、全国炭鉱労働者の三分の一を占める（昭一四年から終戦まで、連行朝鮮人七二万五千人、うち逃亡二二万人）。
5・1 大本営に海運総監部設置（一〇〇トン以上の船舶を国家管理）。
5・19 運輸省設置（運輸通信省廃止）。
5・24 「戦時要員緊急要務令」を公布（職場死守の重要産業要員指定）。

1・9 米軍・ルソン島上陸。
1・18 最高戦争指導会議、本土決戦即応対勢確立など決定。
2・16 米機動部隊、本土攻撃始まる。
3・9 B29東京大空襲、江東地区全滅（死傷一二万・焼失家屋二三万戸）。
3・17 硫黄島守備隊二万三千人全滅。
4・1 米軍、沖縄本島に上睦。
4・7 水上持攻出撃の戦艦大和撃沈さる。
4・8 陸軍、本土防衛のため、第一・第二総軍、航空総軍を設置。
5・7 独軍、無条件降伏。
5・9 政府、ドイツの降伏にかかわらず日本戦争遂行決意は不変と声明。
5・24 空襲により皇居全焼、東京都区内の大半焼失。

1945（昭和20）年

5・11 上原良司、陸軍特別攻撃隊第五十六振武隊員として沖縄嘉手納湾上の米海軍機動部隊に突入戦死。二十二歳。陸軍大尉に進級。

5・22 「戦時教育令」公布（全学校・職場に学徒隊結成）。

6・10 地方総監府制度公布（全国都道府県を八分割しそれぞれ地方総監を置き、連合軍進攻による本土分断に備える）。

6・18 沖縄戦で負傷兵看護に従事した師範学校女子部第一高女の生徒（ひめゆり部隊）四九人集団で戦死、6・30にかけて多数自害。師範学校男子部、中学生等全学徒参加、戦死多数。

6・23 「義勇兵役法」公布（一五～六〇歳の男子、一七～四〇歳の女子を国民義勇戦闘隊に編成）。

6・26 「国民義勇戦闘隊統率令」公示。

7・11 文部省に学徒動員局を設置。

8・7 豊川海軍工廠、空襲により、女子挺身隊員、高等小学生ら二、四〇〇余人爆死。

8・9 戸坂潤、長野刑務所で獄死。

8・15 文部省、終戦の詔勅に関して訓令、教学の再建を要望。

6・22 「戦時緊急措置法」公布（内閣に独裁権限を付与）。

6・30 秋田県花岡鉱山で強制労働中の強制連行中国人八五〇人が蜂起、収容所脱走、鎮圧軍と戦闘数日に及ぶ。四二〇人虐殺される（戦時中の連行中国人、約四万人、うち死亡約七千人）。

7・14 米艦載機の攻撃により青函連絡航路壊滅（七隻撃沈さる）。

8・15 陸軍の一部将校、終戦阻止のため反乱、録音盤の奪取を図り皇居に侵入したが鎮圧さる。

8・15 鈴木貫太郎内閣総辞職。

6・8 天皇臨席の最高戦争指導会議本土決戦方針を採択。

6・23 沖縄守備軍全滅（戦死九万、県民死者一〇万人）。

7・16 米国、原子核爆発実験に成功。

7・17 ポツダム会談開く。

7・28 鈴木首相、ポツダム宣言黙殺、戦争邁進と談話。

8・6 広島に原子爆弾投下（爆死者約二〇万人）。

8・8 ソ連、対日宣戦布告（満州・北鮮・樺太に進攻開始）。

8・9 長崎に原子爆弾投下。

8・11 各新聞、情報局下村総裁の国体護持、阿南陸相の全将兵への断乎抗戦訓示を並べて掲載。

8・14 御前会議、ポツダム宣言受諾を決定、中立国を通じて申入れ。

8・15 正午、戦争終結の詔書を放送。太平洋戦争の戦没者（政府発表）陸海軍人一五五万五三〇八人、一般国民二九万九四八五人（事実上は、合計三〇〇万人と推定）。

参考文献　『学制百年史』資料編　文部省、『近代日本総合年表』第二版　岩波書店、『現代婦人運動史年表』三井禮子編　三一書房、『きけわだつみのこえ・日本戦没学生の手記・第一集』光文社、『写真図説、あ、玉杯に花うけて・第一高等学校八十年史』講談社

上原良司の史跡

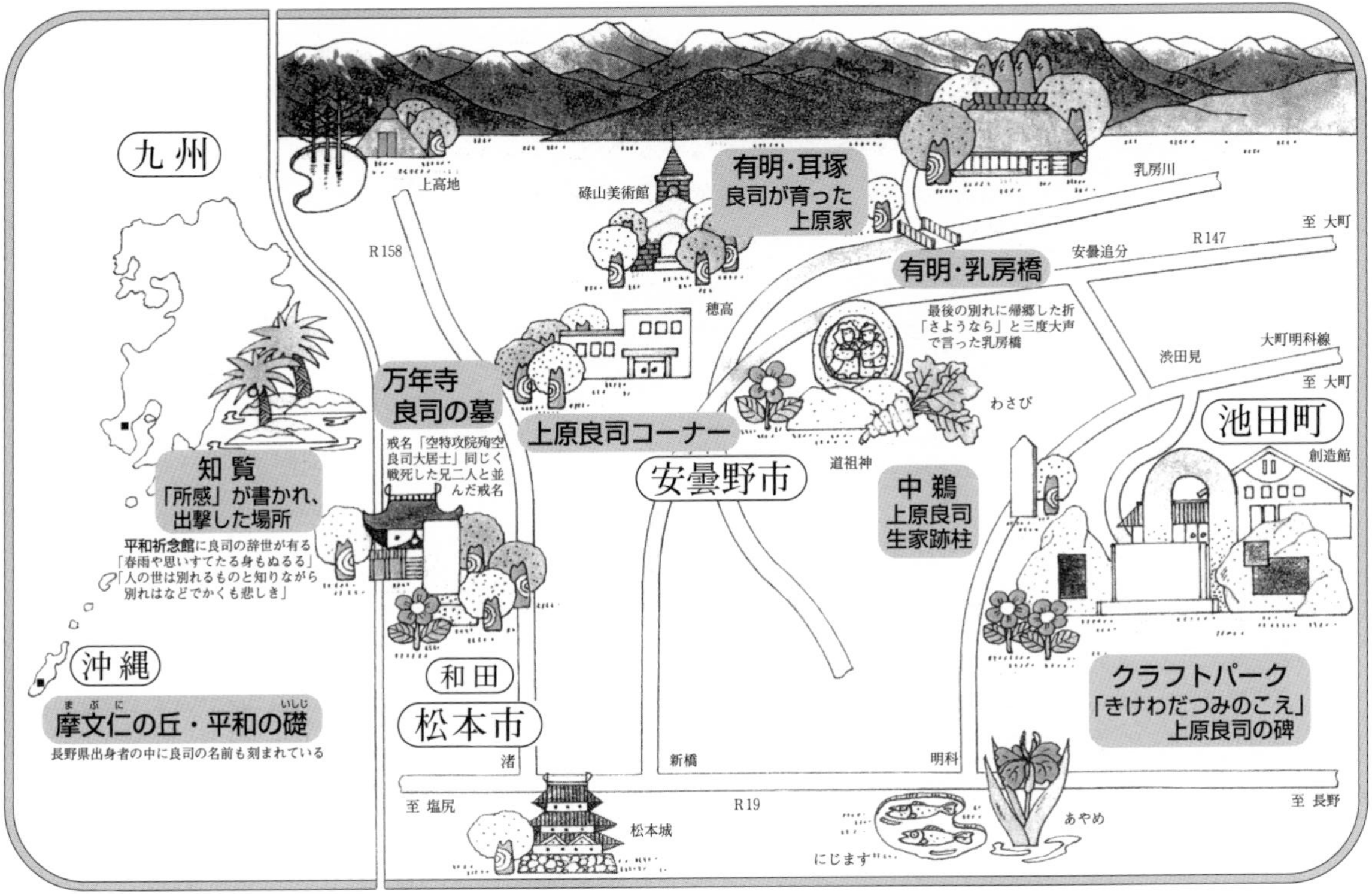

九州
知覧
「所感」が書かれ、出撃した場所
平和祈念館に良司の辞世が有る
「春雨や思いすてたる身もぬるる」
「人の世は別れるものと知りながら
別れはなどでかくも悲しき」
沖縄
摩文仁《まぶに》の丘・平和の礎《いしじ》
長野県出身者の中に良司の名前も刻まれている
上高地
R158
万年寺
良司の墓
戒名「空特攻院殉空良司大居士」同じく戦死した兄二人と並んだ戒名
和田
松本市
渚
至 塩尻
松本城
碌山美術館
穂高
上原良司コーナー
安曇野市
新橋
R19
有明・耳塚
良司が育った
上原家
乳房川
有明・乳房橋
最後の別れに帰郷した折
「さようなら」と三度大声
で言った乳房橋
安曇追分
R147
至 大町
道祖神
わさび
中鵜
上原良司
生家跡柱
明科
にじます
あやめ
渋田見
大町明科線
至 大町
池田町
創造館
クラフトパーク
「きけわだつみのこえ」
上原良司の碑
至 長野

あとがき（新版所収）

『あゝ祖国よ　恋人よ　きけわだつみのこえ　上原良司』が、今回新版として信濃毎日新聞社から出版されることとなった。誠に歓ばしい限りである。折しも戦後60年を迎えて上原良司に向ける関心が日毎に、かつてなく高まりつつある。命日を数日後に控えた五月七・八日には『上原良司と「いま」を生きる—わだつみのこえ60年』の催しが松本市で開かれる。ふり返ってみると、初版（昭和60年昭和出版発行）が出されてからもう20年にもなる。

なぜこの本を出したか

「一器械である吾人は何も云う権利もありませんが、ただ、願わくば愛する日本を偉大ならしめられん事を、国民の方々にお願いするのみです」

国民にお願いするという、上原良司が出撃前夜書いた「所感」の中にある一文が、わたしに与えた衝撃は大きかった。一見、見落としがちな箇所であるが、その発言に至る彼の思想変革の軌跡を調べれば調べるほど、その一文の内容がきわだって先進的で、その切願は悲壮で鋭い。上原の願いはわたしの心の深部に向かって一つの問いかけとなった。一体太平洋戦争後に生きる国民として、わたしたちの生き方はこれでよいのだろうか。一学徒兵によって戦後の国民の生き方の指針を、ここに提起された思いであった。

そして「所感」はこの一文によって、若い特攻隊員が命とひきかえに戦後に向けて発したメッセージであった。

わが国のファシズム化は、平和と自由を愛する多くの人々を弾圧した上に強行され、戦後は国民自らの反戦運動の成果という形でなく、反ファシズムの連合国の勝利によってもたらされたとみられていた。その見方から戦後の自由主義は連合国、とくにアメリカによって、敗れたが故にもたされたと見る誤解をも生み出した。わが国の国民の力による戦後への橋わたしは、直接的に戦争時の国民が戦後を見透して国民に働きかけた努力は、余り多くはみられない。上原良司のこの一文は、当時の戦争体制を否定して戦後に橋わたしを試みたもので、いままで埋もれてきた注目すべき動きである。

しかも上原の「所感」の価値は、戦後半世紀以上たった今もなお、わが国の動きに鋭い指摘となり得る迫力を保っている。いや戦争を知らない国民が過半数を超えた今だからこそ、上原良司の発したメッセージは、祖国の進路の原点にも据えられるほどの重要な意味をもち、多くの人々に語り伝えるべき価値を持っているように思える。

出版にあたり、上原の六冊の日記を原稿用紙にリライトする困難な仕事に協力して下さった永沼孝致、望月一樹、小林作栄、小山茂の四氏のご努力は銘記しておかなければならない。

出版の影響はどうであったか

初版は、『きけわだつみのこえ』に自由主義の立場からの遺書を残した数少ない特攻隊員として注目されてきていた上原良司の全貌をはじめて明らかにした。出撃前夜にしたためた「所感」にみられる自由主義の思想体系がどのような過程で形成されていったか、伝えた。

出版を機に、地元の各界の人々が結集して、出版記念会や「きけわだつみのこえ　上原良司展」が松本市や穂高町で開催された。

全国サイドでも、平成三年劇団四季がミュージカル『李香蘭』に上原を登場させ、「所感」を紹介した。

翌四年上原良司を偲ぶ会主催の「上原良司を偲ぶ集い」が開かれた。そのとき、劇団四季の団員による朗読劇「特攻隊員の戦後へのメッセージ」と浅利慶太氏の「上原良司とミュージカル李香蘭」の講演が行なわれた。

戦後五十年を記念して平成七年には、上原良司顕彰をめぐって二つの動きがあった。ひとつは、東映が映画『きけわだつみの声』をリメイクして、脚本を担当した早坂暁氏がこの本を基に上原を大きく取り上げ、上原役を芥川雄二の名前で仲村トオルが演じた。この映画はのちにビデオ化された。これを観た全国各地の若い人々から本の注文が殺到した。もう一つの動きは、岩波文庫の『きけわだつみのこえ』が全面的に改訂され、この本を土台として、いままでプロローグにのせていた第二の「遺書」を本文中にあった「所感」に切り替え、彼の日記をはじめて掲載し上原を正しく伝えた。

放送でも、NHKで一時間のドキュメント番組を制作したり、長野放送がこの本に載った関係者を追って一時間番組を創り、民間放送連盟の最優秀賞を獲得して全国放映され、「知ってるつもり」でも彼がとりあげられた。上原の郷土の安曇野では、上原を紹介する展示を、他の先人たちと共に実現する動きが、いま進められている。

「所感」を冒頭に掲げた『新版きけわだつみのこえ』がアメリカで英訳されたり、韓国テレビ局が上原家を訪れ取材し放映したりして、いまや上原良司はわが国だけでなく、世界の上原良司になりつつある。

この本が、現代の古典である『新版きけわだつみのこえ』と並んで末長く多くの人々に読まれ、時代に流されない確かな鏡として一層役立てばこんなに嬉しいことはない

二〇〇五年四月五日

中島博昭

新装版刊行にあたって

アジア太平洋戦争の敗戦から76年経ったいま、歴史研究と教育をめぐって二つの動きが出てきました。一つは、２０２２年度から始まる、日本と世界の近現代史を横断的に学ぶ高校の新科目「歴史総合」であり、もう一つは、日本近現代史における「戦後民主主義」を明治から見通してみる同志社大学などでの動きです。

歴史研究と教育をなりわいとしてきた私にとって、待ち望んでいた段階にやっとたどり着いたような安堵感と喜びを感じています。

このたび安曇野出身の特攻隊員・上原良司自身の唯一の記録集である本著が、信濃毎日新聞社から新装版として発刊されることになりました。

彼の孤独な思想闘争の成果であり、日本国民へのメッセージである、出撃前夜に書き残した「所感」は、日本を舞台としながら世界に通ずる普遍的真理であり、そして、明治以来の日本先人たちの苦闘の成果としての民主主義が、昭和初期にいったん中断され独裁国家となったのを「やっぱり民主主義」と、敗戦後へと橋渡しをした貴重な証言であります。

１９８５（昭和60）年に昭和出版から出版されて以来、現在の信濃毎日新聞社に引き継がれ何刷かを重ね36年目、今回の出版となりました。

２０２１年夏

編者　中島　博昭

著者＝上原 良司（うえはら・りょうじ）／1922年9月27日長野県北安曇郡池田町に生まれ南安曇郡穂高町有明耳塚で育つ／松本中学校から慶応義塾大学予科を経て本科経済学部へ進学／1943年12月学徒出陣で松本第50連隊に入隊・第2期特別操縦見習士官／1945年5月11日陸軍特別攻撃隊第56振武隊員として沖縄嘉手納湾上の米海軍機動部隊に突入戦死、22歳、陸軍少尉

編著者＝中島 博昭（なかじま・ひろあき）／1934年、長野県南安曇郡穂高町に生まれる。信州大学文理学部卒。現在、地域史研究家、安曇野文芸代表／長年、松本深志高校など県内の高校社会科教師や長野県短期大学講師を務めるかたわら、郷土の優れた人物や文化財の掘りおこしと顕彰、地域づくりに尽力してきた／著書「鋤鍬の民権—松沢求策の生涯」「がいどぶっく　安曇野の里　穂高ものがたり」「安曇野に八面大王は駆ける」「探訪安曇野—その旅と歴史ロマン」「唄え、安曇節」「常念山麓」「犀川川筋ものがたり」／自宅〒399－8304　長野県安曇野市穂高柏原999－1、TEL0263－82－2999

［新装版］

あゝ 祖国よ 恋人よ

きけわだつみのこえ　上原良司

2005年5月11日　新版初版 発行
2007年9月 2日　同　第3刷 発行
2021年7月31日　新装版初版 発行

著　　者　上原良司
編 著 者　中島博昭
発 行 者　信濃毎日新聞社
〒380-8546　長野市南県町657番地
電話026-236-3377
印 刷 所　株式会社綜合印刷

ISBN978-7-7840-7380-1 C0095